上海三联人文经典书库

上海三联人文经典书库

74

优西比乌：
生平、作品及声誉

[美] 麦克吉佛特 著

林中泽　龚伟英 译

EUSEBIUS:
THE LIFETIME、
WORKS
AND REPUTATION

上海三联书店

"十二五"国家重点图书出版规划项目

国家出版基金资助项目

总　序

陈　恒

　　自百余年前中国学术开始现代转型以来,我国人文社会科学研究历经几代学者不懈努力已取得了可观成就。学术翻译在其中功不可没,严复的开创之功自不必多说,民国时期译介的西方学术著作更大大促进了汉语学术的发展,有助于我国学人开眼看世界,知外域除坚船利器外尚有学问典章可资引进。20世纪80年代以来,中国学术界又开始了一轮至今势头不衰的引介国外学术著作之浪潮,这对中国知识界学术思想的积累和发展乃至对中国社会进步所起到的推动作用,可谓有目共睹。新一轮西学东渐的同时,中国学者在某些领域也进行了开创性研究,出版了不少重要的论著,发表了不少有价值的论文。借此如株苗之嫁接,已生成糅合东西学术精义的果实。我们有充分的理由企盼着,既有着自身深厚的民族传统为根基、呈现出鲜明的本土问题意识,又吸纳了国际学术界多方面成果的学术研究,将会日益滋长繁荣起来。

　　值得注意的是,20世纪80年代以降,西方学术界自身的转型也越来越改变了其传统的学术形态和研究方法,学术史、科学史、考古史、宗教史、性别史、哲学史、艺术史、人类学、语言学、社会学、民俗学等学科的研究日益繁荣。研究方法、手段、内容日新月异,这些领域的变化在很大程度上改变了整个人文社会科学的面貌,也极大地影响了近年来中国学术界的学术取向。不同学科的学者出于深化各自专业研究的需要,对其他学科知识的渴求也越来越迫切,以求能开阔视野,迸发出学术灵感、思想火花。近年来,我们与国外学术界的交往日渐增强,合格的学术翻译队伍也日益扩大,同时我们也深信,学术垃圾的泛滥只是当今学术生产面相之一隅,高质量、原创作的学术著作也在当今的学术中坚和默坐书斋的读书种子中不断产生。然囿于种种原因，人文社会科学各学科的发展并不平衡，学术出版方面也有畸轻畸重的情形（比如国内还鲜有把国人在海外获得博士学位的优秀论文系统地引介到学术界）。

有鉴于此，我们计划组织出版"上海三联人文经典书库"，将从译介西学成果、推出原创精品、整理已有典籍三方面展开。译介西学成果拟从西方近现代经典（自文艺复兴以来，但以二战前后的西学著作为主）、西方古代经典（文艺复兴前的西方原典）两方面着手；原创精品取"汉语思想系列"为范畴，不断向学术界推出汉语世界精品力作；整理已有典籍则以民国时期的翻译著作为主。现阶段我们拟从历史、考古、宗教、哲学、艺术等领域着手，在上述三个方面对学术宝库进行挖掘，从而为人文社会科学的发展作出一些贡献，以求为21世纪中国的学术大厦添一砖一瓦。

目　录

目录

中译者序

　　西方的历史学虽然是从希罗多德开始的,但早期西方的历史编纂学传统,则是修昔底德创立的。修昔底德坚持以军事和政治事件为叙事中心,拒绝过多地涉及经济、社会和宗教信仰,这一传统为后起的历史学家所继承。进入罗马时代以后,历史学全面勃兴,无论是波里比乌、李维、塔西佗,还是普鲁塔克、阿庇安、阿里安,无不以记述军事政治现象为乐事。尽管间或有人也注意到某些信仰习俗和奇迹,但他们对于此类事件的关注是偶然性的,它们与历史叙述的最终目标无关:首先,这些信仰习俗与奇迹,只被当作附带的部分来描述,旨在表明人与神的交互作用;其次,宗教与奇迹有时也以专章的篇幅被叙及,但其目的只在于说明撰述者本人的主旨并非在此;其三,撰述者常常用超然的态度来提及宗教和奇迹,意在表明自己并未介入其间;其四,撰述者把宗教和奇迹当作人种学的奇闻来书写,目的在于表明文明人与野蛮人的差异;最后,撰述者在写作宗教和奇迹时的轻蔑态度,反映了某种贵族特性,即认为宗教和奇迹是下等人特有的现象。

　　进入 4 世纪以后,这种写史传统逐渐发生了变化。随着基督教最终成为合法宗教,历史编纂学开始融入了明确无误的宗教感情,开宗明义地宣布荣耀上帝、追求永恒生活是历史撰述的唯一目标;许多教会史学家把宗教与科学融为一体,认为科学是达于宗教认知的手段之一,因此并不害怕揭示科学真相,但也不以追求纯粹的科学真相为目的。与此同时,历史编纂学的贵族气消失殆尽,精英的高尚追求与普通民众的通俗愿景趋于一致。这种变化被普遍看作是一场新的史学革命运动，该运动的最大成果就是诞生了把上流阶级的爱好与民众的情趣结合一体的所谓"新历史"。而这一革命运动的始作俑者就是我们这部小传的主人公恺撒利亚的优西比乌（Eusebius of Caesarea，265—340 年）。

优西比乌在西方历史编纂学上，无疑是一位开创性人物。他是第一个重视文献考证、并用批判精神和接近科学的态度去对待文献证据的历史学家。在他的努力下，宗教信仰和习俗取代了军事和政治事件，成为了历史叙述的中心话题；在他的影响下，甚至4—5世纪的异教历史学家也开始大量报道信仰习俗和奇迹，以回应基督教的冲击。他的《教会史》以罗马皇位的更替和亚历山大里亚、耶路撒冷、安条克及罗马四大主教区主教职位的变化作为叙事的双重时间框架，这种撰述体例被苏佐门（Sozomen）、苏克拉底（Socrates）及菲洛斯托尔吉乌斯（Philostorgius）等继起的教会史学家完全接受。他的作品不仅报道了世俗君主和教会领袖人物的活动，也报道了大量一贯默默无闻的普通信徒的信仰生活及其殉道事件，从而在历史叙事的层面上缩小了上流社会与民间社会之间的距离。即使是他的《君士坦丁传》（The Life of Constantine），在写法上也不无新意——他一反希腊罗马人的传统做法，开创了"死者为尊"的传记原则，即在为死去的先人立传时，只讲好话不讲坏话；即使需要揭示其幼年的无知和浪荡，目的也在于突出其后的伟大转变和确证神意在信者身上的屡试不爽。这一原则后来显然被各式各样的中世纪圣徒传记作家所沿袭。因此，我们完全可以用100多年前斐迪南·鲍尔（Ferdinand Baur）说过的一句话来概括优西比乌在史学上的显赫地位："如果希罗多德是历史之父，那么优西比乌便是新历史之父。"（*Studies in Church History* [8]：*Popular Belief and Practice*，Cambridge University Press，1972，'Popular Religious Beliefs and the Late Roman Historians'，by Arnaldo Momigliano）

这样一位在历史编纂学上拥有开创之功、在神学及释经学等方面均有较高造诣的人物，自然早就引起了西方学界的广泛关注。

千百年来,人们不是通过人物性格去透视作品思想,就是借助作品内涵去揭示人物特性,企图对这位新历史之父的所作所为有一个接近正确的最终认知。可惜的是,由于史料的缺陷、立场的不同及观察角度的差异,这一目的似乎从未真正达到过。尽管如此,西方人对优西比乌及其作品的研究,已经积累了大量的研究资料和经验,这些宝贵的遗产完全可以为我们所继承和利用。对于一名中国学人而言,了解优西比乌这样一位历史人物,与了解他的作品一样重要。有鉴于此,我们特把麦克吉佛特博士的这个优西比乌小传翻译出来,并将之推荐给读者,期待人们在进入优氏的具体作品之前,对他的生平、个性、著述及历史评价等情况有一个总体上的把握。

既然讲到即将要展示的这个小传,我们就不得不提及它的作者麦克吉佛特。根据有关文献的记载,亚瑟·库什曼·麦克吉佛特(Arthur Cushman McGiffert,1861—1933 年)是一位上了《大英百科全书》的美国神学家。他出生于纽约,父亲是一名带有苏格兰—爱尔兰血统的长老会牧师。他于 1882 年毕业于西部预备学院(Western Reserve College),1885 年毕业于联合神学院(Union Theological Seminary),1885—1887 年,学习于德国,其间曾师从著名的教会历史学家哈尔纳克教授(Harnack,1851—1930 年),1888年学习于意大利和法国,同一年度,在马尔堡(Marburg)获得哲学博士学位,旋即在莱恩神学院(Lane Theological Seminary)担任教会史的讲师(1888—1890 年)和教授(1890—1893 年)。1893 年,成为联合神学院的教授;1917 年,成为同一学院的第八任院长。麦克吉佛特的作品涉及教会史和教义史,偶尔也涉及哲学批评,其最成功的作品是《使徒时代的基督教史》(*A History of Christianity in the Apostolic Age*),由于该书坚持今天仍然很盛行的历史批判的态度对待早期教会和圣经,叛离了传统主义,激起了与长老会总会的对抗,因而曾遭到异端审讯。1900 年,他被迫辞去长老会牧师职位,但因其受到公理会教会的由衷承认,他得以享有良好的名声,并保有在联合神学院当中的崇高地位。他的两卷本作品《基督教思想史》(*A History of Christian Thought*)，奠立了一种神学研究的美国标准，因此至今仍然被学者们不断地征引。他的其他作品包括：《一名基督徒与一名犹太人的对话》(*A Dialogue between a Christian and a Jew*)、《使徒信经》(*The Apostle's Creed*)以及对优西比乌《教会史》的英译。

目前这个小传，实际上是麦克吉佛特博士给优西比乌《教会史》英译本所作的导读，这个导读写得如此透彻，其所揭示的相关事项是如此详尽，所展现的相关研究资料和文献又是如此丰富，以至于我们没有任何理由不把它当作一部真正意义上的优西比乌传来看待。麦克吉佛特博士虽然是一位神职人员，可是他却较少带有一般神职人员所难免的宗教偏见。总体而言，麦克吉佛特对优西比乌的评价是比较客观和公允的，这个小传并没有被写成一曲一味歌颂传主的赞歌。例如，在阿里乌争端的问题上，麦克吉佛特在为优西比乌的神学态度作辩护的同时，并没有否定后者曾经一度站在阿里乌主义的立场上；又如，麦克吉佛特虽然对《教会史》的开创性意义作过高度肯定的评价，但与此同时，他对优西比乌的散漫笔法和有时对待史料的漫不经心提出了严厉的批评。总而言之，这是一个写得比较成功的优西比乌传，它也是后起的研究者在研究优西比乌的道路上无法轻易绕过的一道重要界碑，这正是我们要把它翻译和推荐给读者的主要理由。

毋庸讳言，这个小传的最后部分(第4章，《古人对优西比乌的评价》)在内容安排上仍然给人留下了一种混乱的印象。例如在"有利的证言"一节中，出现了许多攻击优西比乌神学倾向的话语；而在"不利的证言"一节中，却夹杂着不少赞扬优氏品行的言辞。这种混乱多少会让挑剔的读者感到不舒服。然而，这一过错的责任不应当被归在麦克吉佛特先生身上，因为如其所说，他不过是把瓦列修斯(Valesius)的已有成果借用过来而已。

本集子包含了两个部分的内容，其中主体部分(《优西比乌：生平、作品及声誉》)由林中泽翻译和作注；附加部分(优西比乌著《巴勒斯坦殉道者史》)由龚伟英翻译，并由林中泽校订和加注。

值得特别提及的是,中译者的自身并不具备任何希腊文知识,底本中古希腊词句的释义问题之所以能够得到解决,完全仰仗林英教授、郝际陶教授和李丞欣先生的无私赐教。

本译稿是国家社会科学基金一般项目"优西比乌历史作品汉译及研究"(项目批准号 09BSS005)的阶段性成果,它的出版,得到陈恒教授的热情推荐,也得到黄韬总编和殷亚平编辑的大力支持,在此特致衷心谢意。

林中泽

2012 年 11 月 14 日

谨识于广州华南寓镜园

优西比乌：
生平、作品及声誉

该中文译稿的底本是：Nicene and Post-Nicene Fathers：Second Series，Volum I—*Eusebius*：*Church History*，*Life of Constantine the Great*，*Oration in Praise of Constantine.* Cosimo，Inc.，New York，2007（影印本），pp. 3 - 72：'Prolegomena to the Church History of Eusebius'，by McGiffert。

撰述者:亚瑟·库什曼·麦克吉佛特博士
莱恩神学院(辛辛那提)教会史教授
1890 年 4 月 15 日

第1章　优西比乌的生平

第1节　文献资料

优西比乌的学生和他的恺撒利亚主教职位的继任人阿卡丘（Acacius），曾经撰写过尤氏的一个传记（见苏克拉底《教会史》第2卷第4章），不幸，这个传记已经佚失。阿卡丘是一个能力很强的人（见苏佐门《教会史》第3卷第2章，第4卷第23章），有额外的机会来撰写一个有关优西比乌生平的完整和准确的报道；他的作品的丢失因而变得令人深感惋惜。

对优西比乌的大量介绍，被发现于苏克拉底①、苏佐门②、狄奥多雷③、阿塔纳修斯④及杰罗姆⑤等人的作品中，以及他的时代和随

① Socrates Scholasticus，约380—450年，出生于君士坦丁堡，基督教会历史学家，著有《教会史》（*Ecclesiastical History*），记载305—439年间的教会历史。——中译者

② Salminius Hermias Sozomenus，约400—450年，出生于巴勒斯坦加沙地区，希腊律师及教会历史学家，优西比乌《教会史》的续作者，其作品记载324—440年间的教会历史。——中译者

③ Theodoret of Cyrrhus，约5世纪时人，出生于安条克，基督教作家和神学家，其《教会史》（*Ecclesiastical History*）记载了323—429年间的教会历史。——中译者

④ Athanasius，293—373年，亚历山大里亚人，著名的希腊教父。325年在尼西亚公会议上极力反对阿里乌主义。328年任亚历山大里亚主教。终其一生，均致力于与阿里乌派在三位一体教义问题上的论战，认为圣子为圣父所生，而非圣父所造；圣父与圣子同性同体。曾遭受五次流放，366年起才安居下来，并得到亚历山大里亚正统派教徒的拥戴而复位。——中译者

⑤ Jerome，342—420年，生于斯特利顿城，著名拉丁教父。曾在罗马学习（转下页）

之而来的时代的其他作家的作品中，这些作品中的许多，正是下面所要参考的材料。有一个涉及该内容的集子，由瓦列修斯编撰，本英译本的第 57 页之后将谈及它。有关优西比乌生平和性格的信息的主要资料来源，应当在他自己的作品中能够找得到。这些将在本书第 26 页之后进行讨论。在描述优西比乌生平的或长或短的大量现代作品中，我只提及那些我认为是最有价值的部分。

瓦列修斯：《优西比乌的学术和撰述生涯》（Valesius, *De vita scriptisque Eusebii Diatribe*），收录于他所编辑的优西比乌《教会史》；亦收录于克鲁兹（Cruse）的英文版的同一作品。

卡夫：《教父列传》（Cave, *Lives of the Fathers*），第 2 卷第 95—144 章，卡里（H. Cary）编辑，牛津，1840 年。

提勒蒙特：《教会史》（Tillemont, *Hist. Eccles.*），第 7 卷第 39—75 页，也请参照他在第 6 卷中对阿里乌分子的报道。

斯特洛斯：《优西比乌的生平和著述》（Stroth, *Leben und Schriften des Eusebius*），收录于他的《教会史》德语译本。

克罗斯：《优西比乌的生平和著述》（Closs, *Leben und Schriften des Eusebius*），收录于他的《教会史》德文译本。

但兹：《教会史作者恺撒利亚的优西比乌：其虔诚信仰及历史价值》（Danz, *De Eusebio Caesariensi, Historiae Eccles. Scriptore, ejusque fide historica recte aestimanda*），其中第 2 章：《关于优西比乌的生平事迹》（第 33—75 页）。

斯坦因：《恺撒利亚主教优西比乌，其生平、著述及学说特征》（Stein, *Eusebius Bischof von Caesarea. Nach seinem Leben, seinen Schriften, und seinem dogmatischen Charakter dargestellt*），维尔茨堡，1859 年；此书完整而又有价值。

（接上页）希腊文、希伯来文和研究圣经，后于安条克升任神父，并往君士坦丁堡注释圣经。382 年又赴罗马，任教皇达马苏一世（Damasus I）的教务秘书，并受命编订一部统一的圣经拉丁文译本。385 年定居伯利恒，至 405 年根据圣经拉丁文旧译本编订成新译本，即通俗拉丁文本圣经，此版本在 16 世纪中叶特兰托公会议上被定为天主教会的法定本。——中译者

布赖特(Bright)，他的伯顿(Burton)版本的《教会史》导论(很优秀)。

莱特富(Lightfoot，达腊姆的主教)：《恺撒利亚的优西比乌》(*Eusebius of Caesarea*)，见史密斯和韦士的《基督徒传记词典》(Smith and Wace，*Dictionary of Christian Biography*)，第 2 卷，第 308—348 页。莱特富的文章代表了早期教父学术中的一个里程碑，它包含了所写过的有关优西比乌生平和作品的最好的和最为透彻的叙述。

学者们也许最终还得参考所有较大篇幅的教会历史书(例如沙夫[Schaff]主编的相关大型丛书，第 3 卷，第 871 页之后和第 1034 页之后)，这些历史书或多或少包含了对优西比乌的报道。

第 2 节　出生和教育

古代人通常把我们这位作者称作恺撒利亚的优西比乌，或优西比乌·潘菲利(Eusebius Pamphili)。前者是因为他曾在恺撒利亚担任主教多年；后者是因为他是恺撒利亚的教会长老和殉道者潘菲鲁斯(Pamphilus)的一位密友和忠诚的仰慕者。很有必要加上这样一些特定的名称，以便把他与其他的同名者区分开来。史密斯和韦士的《基督徒传记辞典》提到，在头八个世纪时有 137 个男子拥有优西比乌这一名字，其中至少有 40 个是我们这位作者的同时代人。他们中最有名的是尼科米底亚的优西比乌①(他被阿里乌称作是恺撒利亚的优西比乌的兄弟)、埃美萨的优西比乌(Eusebius of Emesa)和萨摩萨塔的优西比乌(Eusebius of Samosata)。

我们无法得知我们这位作者的确切出生日期，不过他的《教会史》却包含了使我们得以大概确定它的某些信息。在《教会史》第 5

4

---

① Eusebius of Nicomedia，？—342 年，出生于腓尼基。尼西亚公会议上阿里乌派的领导人，历任贝鲁特、尼科米底亚和君士坦丁堡主教，曾为君士坦丁施洗。其后半生与皇室关系密切。——中译者

卷第 28 章中,他报道说,萨摩萨塔的保罗①在他的时代里试图再次复兴亚尔特蒙异端②。萨摩萨塔的保罗是在 272 年时被罢免了安条克主教一职的,他被斥为异端的时间则是在 268 年,因此如果他说的话可以信赖,优西比乌应当出生于这后一个日期之前。依照《教会史》第 3 卷第 28 章,狄奥尼修斯③是优西比乌时代亚历山大里亚的主教。狄奥尼修斯担任主教的实际时间是 247 或 248 年至 265 年,因此如果他的话可以信赖,他应当出生于 265 年以前。另一方面,由于他死于 340 年,我们就能推断出他的出生日期不可能早于 260 年太多。当然,对保罗和狄奥尼修斯的提及,并不结论性地证明优西比乌就生活在他们的时代里,因为他的话也可以被使用于一种宽松的意义上。在《教会史》第 7 卷第 26 章中,就在他着手叙述萨摩萨塔的保罗之前,他在他自己的一代与此前的一代之间划出了一条界线,并宣称他现在就要叙述他自己时代的事件。这进一步证实了其他的提示,因此我们可以有把握地得出结论说,优西比乌的出生日期不会离 260 年之前太远。他的出生地无法明确确定。他被马尔切鲁斯④(Euseb. lib. *adv. Marcell*. I. 4)、巴西尔⑤

① Paul of Samosata,3 世纪间的安条克主教,亚尔特蒙异端的倡导者,长期受到巴尔米拉(在叙利亚境内)王后泽诺比娅(Zenobia)的宠幸和庇护,曾连续三次遭到教会的责罚,其学说延至 5 世纪时才灭绝。——中译者

② Artemon,2—3 世纪期间的基督嗣子论神学家,宣称耶稣基督是贞女所生,具有超人的才能,高于所有的先知,没有罪;但只是人,不是神。后被罗马主教泽菲利努斯(Zephyrinus)判为异端。——中译者

③ Dionysius of Alexandria,190—265 年,奥利金(Origen)的学生,亚历山大里亚的主教。曾因迫害而被流放于利比亚等地,后返回亚历山大里亚。一生致力于反对撒伯里乌(Sabelius)的一位论学说,同时反对物质的永恒性,主张目的论,认为物各有其用;也反对千禧年论,否定《启示录》出自使徒约翰之笔。——中译者

④ Marcellus,300—374 年,曾任安基拉(Ancyra,今阿卡拉)主教,因于 325 年尼西亚公会议上反对阿里乌(Arius)而扬名。后强调圣子的神性,被认为忽视其人性,接近撒伯里乌学说,于 336 年君士坦丁堡公会议上被解职。337 年,罗马主教尤里乌一世(Julius I)登位后恢复其职务。尤里乌一世死后,又被解职。——中译者

⑤ 这里指的应当是安基拉主教巴西尔(Basil of Ancyra,? —363),此人认为基督不与上帝圣父同性同体,而只与圣父的本性和本体相似,其神学观点接近阿里乌学说,因而被认为是"半阿里乌派"的创始人。——中译者

(*Lib. ad. Amphil. de Spir. Sancto*, c. 29)及其他人称作巴勒斯坦人优西比乌,这一事实本身并不能证明他出生于巴勒斯坦,因为这一称号也许仅仅是被用来表示他的居住地(他担任巴勒斯坦的恺撒利亚主教许多年)。斯坦因和莱特富以当时人比起选择一个外乡人来更喜欢选出一个本地人充当本城主教的习惯为例,坚称优西比乌是巴勒斯坦人,这种说法也不太能够说明问题。一个人要想被选为主教,最重要的条件似乎是他必须早就是其所在教会的一名成员,不过,即使是这一规则也并不具有普遍意义(见Bingham, *Antiquities*, II. 10,2 and 3)。因此,他成为恺撒利亚的主教这一事实,充其量只能使我们得出如下结论:在他被选为主教之前,他已经居住在恺撒利亚有一段时间了。但是,尽管这些论据均无法证明他出生于巴勒斯坦,他却很有可能是这个国家出生的人,或至少具有这个国家的部分血统。他通晓古叙利亚语和古希腊语,对拉丁语却一窍不通(见下文第 47 页),这种种迹象表明,叙利亚地区便是他的出生地。而且,我们从他自己提供的证据中获悉,他从幼年时期就呆在恺撒利亚(《君士坦丁传》第 1 卷第 19 章),他在写给恺撒利亚教会的书信中(见下文第 16 页)说道,他在孩提时期(或至少在其基督徒生活开始时)就被教以恺撒利亚教会的信经,他在洗礼的时候接受了它。因此,他必然从小就生活在恺撒利亚,或在恺撒利亚的附近,即在恺撒利亚信经被使用的地方。尽管没有人因此(除了 14 世纪的梅托奇塔[Theodorus Metochita],见他的 *Cap. Miscell.* 17;Migne, *Patr. Lat.* CXLIV. 949)而直接地说,优西比乌出生于巴勒斯坦,但我们有充分的理由说他的确是巴勒斯坦人。

我们对他的父母一无所知。尼斯佛鲁斯·卡里斯图斯(Nicephorus Callistus, H. E. VI. 37)报道说,他的母亲是潘菲鲁斯的一个姐姐。他没有为这一陈述提出凭证,在优西比乌本人及其他作者的沉默面前,这极其不可能是真的。更有可能的是,这种关系是后来被推测出来解释两个人的密切来往的。阿里乌①在写给尼科米底亚的优西比乌的一封信函(收录在狄奥多雷的《教会史》第 1 卷第 5 章中)中,称恺撒利亚的优西比乌是后者的兄弟。这与如下的事实相抵触:有一次尼科米底亚的优西比乌称恺撒利亚的优西比乌为他的"老师"(见他写给鲍里努斯[Paulinus]的一封信函,该信函被收录于狄奥多雷的《教会史》第 1 卷第 6 章中),而恺撒利亚的优西比乌则称尼科米底亚的优西比乌为"杰出的优西比乌"(Euseb. lib. *adv. Marcell.* I. 4),这两种表达与兄弟关系都是不相容的。莱特富公平地评述道,赞成的观点和反对的观点都起不了大作用。"兄弟"一词也许只是被用来表示神学的或教会的联系,虽然在另一方面,兄弟关系并不排除各自在谈到对方时所使用的表达方式。更值得注意的是这样一个事实:无论是优西比乌本人还是那时的任何历史学家,都没有提到这样一种关系,而且同一个家庭中的两个成员也是不可能拥有相同名字的。

从优西比乌的作品中我们可以推测出,他在世俗哲学及圣经和神学科学方面必然曾受过广泛的教育。尽管其渊博的学识无疑是贯穿其一生的大量阅读的结果,不过极有可能,他在很年轻时就已经获得了这样一种对阅读的兴趣。他早年的老师是谁,我们一无所知,因而无从判断出他们给他施加影响的程度。然而,既然他是这样一个人,他对他所认为的伟大和善良的人物怀有深深敬佩的心情,既然他拥有一种非同寻常的好学心和一种柔顺圆通的性格,我们自然就会认为,他的老师们必然对他产生了重大的影响,他晚年的研究方法必然基本上是按照他们的榜样和训导塑造出来的。我们看到,这种示范作用在很大程度上是由潘菲鲁斯施加给他的,此人是他的最亲密的朋友,同时似乎也是他最初成年时的导师。这位伟大的书籍收藏家在增强优西比乌的无书不读的天然兴趣方

① 约 250—336 年,亚历山大里亚的长老,反对圣子与圣父同体同性的正统学说,认为圣子不是上帝,前者从属于后者,是受造物,并认为圣灵比圣子更低一级。该学说在 325 年的尼西亚公会议上被斥为异端,阿里乌因而受到放逐。他的追随者形成为一个颇有影响的阿里乌派。——中译者

面,必然作出了巨大的贡献,他的庞大书库为培养这样一种兴趣提供了持久的机会。潘菲鲁斯是奥利金①的忠诚仰慕者和热情拥护者,他的这一倾向也无疑在很大的程度上影响了优西比乌,后者对这位杰出的教父显示出深深的尊重,这种尊重就体现在他的《教会史》当中,他在第 6 卷中以冗长的篇幅报道了奥利金,这些报道的一部分来自潘菲鲁斯和他自己一起撰写的《为奥利金辩护》(*Defense of Origen*)一书,不幸,该书已经佚失。优西比乌必定把大量的功劳归之于这位热情洋溢的学者和高贵的基督徒英雄的友谊,他总是带着深深的感激之情承认后者对他的恩情(见下面第 7 卷第 32 章对于潘菲鲁斯的报道)。可能还有不少至少在促成他渴望知识的过程中明显成功的更为早期的老师,不过他们的名字已经不为我们所知。他对柏拉图的持久敬仰——他总是把他放在所有哲学家的首位(见斯坦因,第 6 页)——使我们认为,他至少从某位柏拉图主义者那里接受到一部分世俗知识的训练,尽管他对辩护学具有强烈的兴趣,这种兴趣贯穿着他的一生,影响了他的全部作品,这似乎表明他早期接受基督教教育的特别倾向。特里德缪斯(Trithemius)从他的《教会史》的一段话(第 7 卷第 32 章)中得出结论说,优西比乌是博学的安条克人多罗修斯(Dorotheus of Antioch)的一名学生,瓦列修斯、莱特富及其他人显然倾向于接受这一结论。不过,斯特洛斯评述道(*Eusebii Kirchengeschichte*, p. xix),优西比乌所说的所有东西就是,他曾经在教堂里听多罗修斯阐释圣经,就是说,他曾经听他布道。单凭这一陈述就得出结论说他是多罗修斯的一名学生,这肯定是缺乏根据的。

斯特洛斯认为,在迫害期间他可能接受梅列提乌(Meletius)的教诲达七年之久,这一说法也缺乏根据,因为他所赖以维持自己这

---

① 约 185—254 年,著名希腊教父。曾主持亚历山大里亚教理学校长达 40 多年。他把希腊哲学中的一些术语作神学化的解释,并应用于基督教神学命题。他认为圣子与圣父同质,都是上帝;子由父所生而非被造,但低于父。圣灵也与前二者同质,序居第三而低于前二者。他还认为性欲是罪的根源,并因此而自阉。其主要作品有《六文合参本》和《驳凯尔苏斯》等。——中译者

一观点的那段话(《教会史》第 7 卷第 28、32 章)只是说,优西比乌在那七年期间"很好地注意到梅列提乌"。

在恺撒利亚时,优西比乌曾一度是一名教会长老,这一点我们可以从早已提到的他的一封写给教会的信函里的话当中推测到,在这封信函中他谈到该教会的信经,他说:"它是我们在长老职位中和主教职位中所相信的和所教导的。"不过,确定他担任该职位的日期的企图是徒劳的。人们通常假设,他成为长老是在阿加皮乌斯(Agapius)担任恺撒利亚主教期间,这并非不可能,尽管我们并不拥有证明此点的证据(关于阿加皮乌斯,见下文,《教会史》第 7 卷第 32 章,注释 39)。在他的《君士坦丁传》第 1 卷第 19 章中,优西比乌报道说,他在恺撒利亚时,在皇帝戴克里先①的随员中第一次看到君士坦丁。在他的《编年史》(*Chronicle*)中,优西比乌报道说,戴克里先对埃及发动了一次远征,目的是为了镇压 296 年之前所爆发的叛乱,狄奥法尼斯(Theophanes)在其《编年史》(*Chronicle*)中也说,君士坦丁陪伴着这位皇帝。因此很有可能,正是在这时,优西比乌在恺撒利亚第一次见到了君士坦丁,此时后者不是在前往埃及的路上,就是在从埃及回去的路上(见 Tillemont, *Hist. des Emp.*,第 4 卷,第 34 页)。

在戴克里先大迫害——爆发于 303 年之前——以前那些平静的岁月里,优西比乌的生活必然是舒适愉快的。潘菲鲁斯的家似乎成了基督徒学者聚集的地方,也许是某种定期开讲的神学学校。因为我们从优西比乌的《巴勒斯坦的殉道者史》(Cureton 版本,第 13、14 页)中获悉,他和其他人,包括殉道者阿菲亚努斯(Apphianus)在内,在迫害时期共同居住在一间房屋里,阿菲亚努斯向潘菲鲁斯学习《圣经》,并从他那里获得了有德行的习惯和行为。潘菲鲁斯庞大的书库自然使他的家变成了神学研究的中心,

---

① Diocletian,284—305 年间的罗马皇帝,他仿效东方专制君主的朝仪,从而使罗马进入专制主义的时代;他用划分皇权的方式(四君共治制),恢复了被一系列军事政变所打乱的社会秩序。他曾对基督徒实施迫害,于 305 年退位。——中译者

在复制不同版本的《圣经》和奥利金的著作(见杰罗姆:《杰出人物传》,75、81;《驳鲁菲努斯》I.9)中,以及在从事其他同类文献活动中,潘菲鲁斯所撰写的以及在他指导下由别人撰写的大量作品,使他得以在自己的周围聚集起一个巨大的朋友和学者圈子,这些人为他的劳作提供帮助,他们反过来则得益于他的教导和忠告。在这些交际当中,优西比乌度过了自己的最初的成年期,这些智力上的刺激因素无疑与他的未来生涯有着极大的关系。他首先是一名学者,直到他生命的终结他依然如此。这些日子里那些令人愉快的伙伴,那些必然把潘菲鲁斯的学生和门徒们紧紧连结在一起的相互兴趣和同情心,也许与后来成为优西比乌基本特征的气量宽大的同情和容忍精神有着重大的关系。他总是尽可能远离一名隐居者的性格特征。他似乎总是被非常强烈的纽带束缚于这个世界自身和束缚于他的伙伴们。假设他的早年充满着磨难和艰难困苦,充满着失望的痛苦和无法实现的野心,充满着他人自私自利和背信弃义的严酷经历,那么谁还会说他的整个生活过程也许未曾改变过、他的作品展示出了一种如今已成为他的最大魅力之一的与众不同之精神呢?在恺撒利亚的这些早年岁月里,他肯定有巨大的机会来培植那种欣赏他人的自然秉性,这种秉性常常是如此强烈,以至于使他对他人的缺陷甚至视而不见,这种自然的厚道使他在基督徒兄弟当中总是看到了善的存在。同时,这些交际在抚育他的护教气质方面必然也具有重大的影响。这个小圈子的追求显然是全然基督教的,在基督教总是站在防卫地位的日子里,为宗教辩护出力并把自己的一切精力都使用在这一任务上,对于他们来说就自然成了一种神圣的责任。有人评论道,在优西比乌的作品中,护教的气质非常引人注目。不仅是如此;我们的确可以笼统地说,他所写的每一样东西都是一篇信仰的辩护书。他的《教会史》是公然带着一种护教目的写成的,他的《编年史》也是带着同样的目的写成的。即使在对一位死去的皇帝致颂文的时候,他都会抓住每一个可能的机会从那位皇帝的生涯中、从他统治的情形中获得有利于基督教真理的论点。他的自然的心智秉性,以及他早年所受的教育，也许与他的这种思想习惯有着很大的关系，不过可以肯定，与潘菲鲁斯及其朋友们在恺撒利亚相处的那些岁月，必然增进和发展了这一习惯。

潘菲鲁斯及其周围的圈子在我们这位作者的身上所发展起来的另一个特征，是某种对于纯粹传统主义的束缚的优势，或者我们可以更好地说，他们在某种程度上阻止了屈服于传统的对立趋势，这一趋势似乎对他而言本该是很自然的。潘菲鲁斯对奥利金的深深尊敬立刻便宣告他优越于那种狭隘的保守主义，这种保守主义使许多博学而又有良心的人对奥利金和他的所有教义进行了严厉和无条件的谴责。为他的事业而斗争的结果，必然在这个小圈子——这个小圈子是奥利金主义的温床——里培植了对纯粹传统主义者那种狭隘和不公正的评判的蔑视态度，必然导致他们在某种程度上只是为真理自身的缘故去追求真理，并在一定程度上对它与任何教派或教会的观点之间的关系变得毫不在意。由于奥利金的作品，他的那种自由和毫无畏惧的精神只能够给这个学术小圈子留下了印记，因而这些恺撒利亚的学生们对他总是忠心耿耿。这些影响必然会在敏感的优西比乌身上起作用。然而，他带给他们的并不是敏锐的思辨能力，也不是奥利金自己所拥有的深刻的独创性。从本质上来说，他是一名好学之人，而不是一个生产性的人，因此他根本不可能变成第二个奥利金。可以肯定，奥利金对他的影响多少会弱化他对于传统的信任——在他这样一种人身上，这种信任自然是很大的——不过与此同时，这一影响却很少减弱过去对他的真正支配力。他继续从他人那里、从他曾经与之一起生活过的过去的伟大人物那里，以及从他欣赏过其思想的人们那里获取到事实真相。他相信他从他们当中所获得的一切；他没有创造出任何对于自己来说是新的东西，他的信条就是一种传统的信条。然而与此同时，他也从自身的周围环境中吸收了质疑甚至批评过去的习惯，尽管他对过去具有持久的尊敬，但他也学会了感觉到，多数人的声音并不总是真理的声音，被古人所广泛接受的东西，有时候会被某一位人士的更为清晰的见解所纠正。尽管他完全依赖于过去来

决定他所相信的一切,但他的交际却有助于他从对于某个特定党派
所接受的一切东西的依附中摆脱出来,这就使他在关系到较早几代
人的教义和观点的问题上成为一名较小程度上的折衷主义者。他的
这种折衷主义的一个显著例子,在他对约翰《启示录》的叙述中可以
看到。他感到了赞同该文献由使徒所写的这种几乎普遍的传统力
量,可是面对这一传统,他又能够听取狄奥尼修斯[①]的怀疑,并得以受
后者的榜样的带动——他自己对该书被用作一种诱因也感到不
满——以至于如果不是完全、那么也是几乎拒绝这一传统,并把它的
作者归之于另一个约翰。他的类似行为的例子举不胜举。虽然他永
远是一名基督教的坚定的辩护士,但他很少——如果曾经有过的
话——退化成为任何特定学派或党派的纯粹党羽。

在优西比乌的作品中,有一个特别引人注目的现象,那就是他
花费相对少的时间和篇幅来叙述异端分子。以其宽阔的和种类繁
多的学识和对于过去的广泛了解,他有机会进行成功的异端追猎,
这一点是很少有人做得到的,然而,在任何意义上,他都不是一名
异端追猎者。如果我们记起他的那个时代里有如此之多的学者迷
恋于这项工作的话、如果我们领悟到他的历史品味和天赋似乎本
应注定他要像热衷于此项工作的人们那样的话,这一点就更是令
人惊讶了。那种赋予恺撒利亚学派以生命的崇高的奥利金精神,
难道与这样的愉快事实——他变成了一位辩护士而不是一位纯粹
的争论者,他选择了写作一部教会史这样一种高尚的任务而不是
抢占艾皮法纽斯[②]的《药箱》(*Panarium*)的风头——不存在某种关
联吗?

他并非没有注意到异端的邪恶。他与他的那个时代的几乎所

---

① 这里显然是指作为亚历山大里亚主教的狄奥尼修斯,见上面的相关注释。——中
译者

② Epiphanius,约 315—403 年,出生于巴勒斯坦的希腊教父,曾创建隐修院,并任塞
浦路斯岛主教,一贯反对奥利金学说,认为它是一切异端的根源。他在其代表作
Panarium(意译为"药箱")一书中收罗了 80 种异端,认为必须用教会正统的药方
去加以调治。——中译者

有善良的教会人员一样，都强烈地厌恶那些他所相信的败坏了真正基督福音的人。像他们那样，他把异端归之于魔鬼的运作，在他视作一个真正异端分子的人当中，他们再也无法看到任何的善，其所教导的谬误无论如何都是无法施行正义的。他在《教会史》中对异端分子的谴责是最为严厉的。语言似乎不足以用来表达他对他们的厌恶。然而，尽管他是彻头彻尾的自己时代的产物，可是他与大多数同时代人之间的差异还是非常明显的。他提到这些异端分子，只是为了表达自己的不赞成或谴责。他很少——如果曾经有过的话——讨论和驳斥他们的观点。他的兴趣被明显地吸引到别的方面去了；他所关注的是更为重要的事情。在他本人与他同时代的许多教会人员之间的一个更为强烈显示出来的不同之处，便是他对于在信仰的较为次要的观点上与自己有分歧的同时代人的特别的宽宏大量，以及他对于教会中各不同派别之间的观点差异的相对冷淡。我们相信，所有被看到的这一切，不仅仅是此人内在的秉性所造就，而且是在奥利金的学生潘菲鲁斯所主持的学校中所培养成的。

第 3 节　戴克里先的迫害

在这种极为愉快的圈子里从事这样一种令人惬意的工作，优西比乌必然觉得自己已经度过了非常幸福的时光，直到 303 年，戴克里先的可怕迫害，就像晴天的霹雳一样降临到了教会的头上。戴克里先的政策突然改变的缘由，以及教会所经受的可怕劫难，并不是我在这里所想要讨论的问题（见下文，第 8 卷第 2 章，注释 3）。我们只是在涉及到与目前这个主题有关的事项时才关注这场迫害。在迫害的头一年，巴勒斯坦的第一位殉道者波洛科皮乌斯（Procopius）被处死于恺撒利亚（优西比乌：《巴勒斯坦的殉道者史》，第 4 页），从那时起，这个作为一个重要的基督教中心城市的恺撒利亚，便在七年内成了迸发或大或小的暴力冲突的舞台，虽然中间也偶有停歇。优西比乌本人是发生在那里的殉道事件的目击者，他在其《巴勒斯坦的殉道者史》中向我们描述了这些事件。潘菲鲁斯周围的小圈子并没有逃避。在迫害的第三年(《巴勒斯坦的殉道者史》,第 12 页及以后),有一名叫阿菲亚努斯(Apphianus 或 Epiphanius,前者来自希腊文本,后者来自叙利亚文本)的年轻人,他"与我们居住在同一间屋子里,对神圣的教义坚信不移,接受了完美的殉道者潘菲鲁斯的教导"(此话为优西比乌所说),作出了一种狂热的大胆行为,因而导致自己被捕获和殉道。他似乎背着自己的朋友,向与自己同居一室的人们隐瞒了自己的意图,在总督阿尔巴努斯(Arbanus)正准备进行献祭的时候,他抓住了总督的手,极力劝阻他向"没有生命的偶像和邪恶的魔鬼"献祭。其结果自然是他受到了逮捕,因而获得了见证一种良好信仰表白以及经历一种成功死亡的荣耀。尽管优西比乌用如此钦佩的口吻谈到他的行为,可是阿菲亚努斯不得不向优西比乌等人隐瞒自己的目的,这一点在很大程度上表明了优西比乌及其所在的小圈子中的大多数人对于此行为的态度。他无疑害怕他们会不允许他从事他所企图的轻率行为,我们也许会由此得出结论:这个圈子大体上是由某种良好的共同意识的戒律所控制,它尽力避免像目前导致阿菲亚努斯那样无必要地暴露自己甚至引致殉道的那种狂热行为。从我们所了解到的优西比乌的总体性格中,我们很清楚地看到,他本人非常明智,以至于不会贸然以这种方式行动。他的确是以一种钦佩的口吻谈论到阿菲亚努斯的行为,在《教会史》第 8 卷第 5 章中,他也以钦佩的口吻谈论到一名尼科米底亚基督徒的同样轻率的行为;可是这并不意味着他认为他们的行为是最明智的,也不意味着他不会为了保存生命而宁愿建议采取一切合适和体面的谨慎措施。的确,在《教会史》第 4 卷第 15 章中,他以明显赞同的口吻谈论到波里卡普①在不破坏基督教信仰的前提下尽最大可能来保住自己

① Polycarp,约 69—155 年,小亚细亚士麦拿主教和殉道者,据信为耶稣门徒圣约翰的学生,他是从使徒时代向早期教父时代过渡的一个关键性人物,其传世的作品为《致腓立比人书》,此书信被认为最早引用了新约作品的内容,从而证明了这些使徒著作的早期存在。——中译者

生命所采取的谨慎手段，他也明显地不赞同弗里吉亚的昆图斯（Quintus）的轻率行为，此人放肆地主动招惹殉道，结果当真正的考验到来时，他却退却了。潘菲鲁斯也拥有太多正统基督徒的意识，以至于无法倡导任何这样的狂热，或者自己亲自实践这种狂热，这一点从如下事实中便足以看得很清楚：他直到迫害的第五年才被逮捕。这种在迫害当中产生的不健康情绪的确几乎受到教会中最聪明人士的普遍谴责，可是那些自愿地和毫无必要地浪费生命的人们的莽撞和轻率，却也招致广泛的欣赏，并且常常引致某种程度的赞美，这些赞美足以促成类似不健康感情的成长。

9　　　　在迫害的第五年，潘菲鲁斯被逮捕并被投入了监狱，他在监狱里呆了两年，最后在迫害的第七年，他和其余 11 个人一起殉道，这些人当中有一些是他的学生，有一些是他自己的家庭成员（*Pal. Mart.* Cureton's ed. p. 36 sq. ; *H. E.* App. Chap. 11.）。在潘菲鲁斯坐牢的两年期间，优西比乌花了大量的时间和他在一起，两个人一起撰写了五卷本的《为奥利金辩护》，优西比乌后来又加上了第 6 卷（见下文第 36 页）。但兹（但兹，第 37 页）推测说，优西比乌可能与潘菲鲁斯一起被囚禁，当我们想象一下他们俩有多少时间必须在一起编撰《辩护》一书时，这一推测便显得不无道理了。不过，没有任何其他证据表明他因此而受到监禁，面对优西比乌本人的沉默，推测他只是拜访牢里的潘菲鲁斯（如大多数历史学家所认为的）则也许更为安全些。为何恰恰是潘菲鲁斯及其如此众多的追随者被监禁并殉道，而优西比乌却逃脱了，这就不好说了。在他的《巴勒斯坦的殉道者史》第 11 章中，他叙述道：在 12 名殉道的同伴中，潘菲鲁斯是恺撒利亚教会中唯一一位长老；他根本就没有提及有其他的长老殉道，从这一事实我们也许可以得出一个结论：他们全都逃脱了。因此，毫不奇怪，优西比乌也一样逃脱了。不过，有点难以理解的是，他如何能够如此频繁地来来去去而未受逮捕、未落入像其他人那样的命运。有可能他在当局当中拥有朋友，这些朋友的影响力使他获得了安全。这一推测从如下事实中找到了某种支持：他在定居恺撒利亚的好几年前就已经结识了君士坦丁

（《君士坦丁传》第 1 卷第 19 章使用希腊文 Ζγυωμευ①一词，这意味着如但兹所说，他不仅见到，而且很熟悉君士坦丁）。除非他在城市的高级官员中拥有一些朋友，否则他就不可能认识君士坦丁。有影响力的家庭联系，也许还部分解释了他后来在君士坦丁的皇室里所获得的突出地位。如果在迫害期间他在恺撒利亚的当局中拥有朋友，他的免受逮捕就可以获得令人满意的解释。有人推测优西比乌在可怕的迫害期间曾否定信仰，或者采取了某种可疑的妥协让步行为，因而逃脱了殉道。下列事实有助于支持这一说法：在 335 年的泰尔（Tyre）公会议上，埃及的赫腊克利亚主教波塔摩（Potamo）对优西比乌讲了下列一席话："啊，优西比乌，你就这样坐在法官席上；像阿塔纳修斯这样清白的人也要受到你的审判吗？有谁能够容忍这样的事情？请告诉我，在迫害期间你没有和我一起坐牢吗？我为了真理失去了一只眼睛，可是你似乎没有受到任何肉体的伤害，你也未曾殉道，你可毫发未损地活了下来。除非你曾允诺那些把迫害的压力加在我们身上的人们去作非法的事情，或实际上你的确作了这些事情，否则你如何能够被从监牢里释放出来呢？"优西比乌似乎没有否认这一指控，他只是愤怒地站了起来，并用下列的话语宣布散会："如果你们来到这里是为了向我们提出这样的指控的话，请你们的指控者务必讲实话。如果你们来到这里横行霸道的话，那么请到你们自己的国家去横行霸道吧。"（Epiphan. *Haer*. LXVIII. 8）然而，值得注意的是，波塔摩并没有直接指控优西比乌有什么不名誉的行为，他只是猜测优西比乌为了逃避惩罚而必定作过不名誉的事情，仿佛每个与波塔摩一起坐过牢的人都必须像他那样受过苦难似的！正如斯特洛斯所指出的，很可能正是他那种非常容易激动和火爆的性格，成为他蒙受肉体损失的一个原因。他显然根本就不懂得这种行为在优西比乌看来是毫无价值的，就目前我们的判断而言，其他任何人也未必理解这

----

① 英文对译为"we read"，意即"在路上相逢时，我们可以相互辨认出对方是谁"。——中译者

一点。因为在那个激烈争辩的时代里——那时，一个人的性格特征往往是被其对手列入最黑暗的范围之内的——如果人们得知优西比乌在迫害时扮演了懦夫的角色，他就必然会在阿塔纳修斯一派手里受尽苦难。阿塔纳修斯本人提到过这一事件（*Contra Arian.* VIII. 1），不过他只是说优西比乌"被控以献祭"，他并不敢冒险肯定他的确献了祭，因此很明显，他对这样一种行为一无所知。而且，他从来不称优西比乌为"献祭者"，如他称阿斯特里乌斯（Asterius）那样，如果他拥有这样的证据来进行这一指控的话，他肯定会给予这样的称呼（见 Lightfoot, p. 311）。而且，优西比乌随后就被选为恺撒利亚的主教，因此在恺撒利亚，他在迫害期间的行为和表现必然曾经被很好地了解，他晚年被选择去充当很重要的安条克主教，这件事本身就使他在迫害期间曾经扮演过懦夫角色的推测不攻自破。最后，如果他已经意识到自己有罪过的话，他写下的作品却是对受苦的信仰表白者如此充满着安慰和同情，他得以如此公开和以如此强烈的措辞谴责迫害时期所出现的大量叛变行为，这在心理学上是不可能的。如上所述，很有可能，有影响力的朋友保护了他，使他得以免除以自己一方为代价的妥协；或者，如莱特富所提出的，推测他曾经与波塔摩一道被监禁，迫害结束时他和其他许多人一起被释放。因为把被监禁的日子放在迫害的后半段，这将是很自然的，他很可能就在这个时期里访问埃及，而埃及就是波塔摩的故乡。我们无论如何必须就懦弱和叛教等毫无根据的指责为优西比乌作辩解；我们要与卡夫一道发问："如果在任何时间里针对任何人的每一项指控都应当被相信的话，那还有谁会是清白的呢？"

从他的《教会史》及《巴勒斯坦的殉道者史》中我们获知，优西比乌在大多数时期里处于斗争的最深处，他不仅是巴勒斯坦，而且是泰尔和埃及的大量殉道事件的一位目击者。

他访问后面两个地方的确切时间（《教会史》第 8 卷第 7、9 章）无法确定。它们被描述得似乎与较早些的迫害事件有联系，不过根本就无法肯定在叙述中严格遵守时间顺序。残害囚犯的肢体——如波塔摩所遭受过的——似乎只是在 308 年时及以后才变得普遍（见 Mason，*Persecution of Diocletian*，p. 281），因此，如果优西比乌在访问埃及期间与波塔摩一起遭到监禁的话，那么似乎最有可能的是，把这次访问的时间确定在迫害的后几年便是有一定理由的。在确认这一点时，也许必须强调，当潘菲鲁斯还活着的时候，他不大可能离开恺撒利亚，无论是后者被监禁之前，还是被监禁之后，而且他自己在《教会史》第 7 卷第 32 章中陈述道，他在巴勒斯坦用了七年时间来观察梅列提乌如何逃脱迫害的风险。因此很有可能，优西比乌到了迫害临近结束的时候才开始了必须占用一些时间的埃及之旅，此时正逢臭名昭著的马克西敏（Maximin）[①]短暂暴怒期间，于是迫害以异常激烈的方式肆虐开来。

第 4 节　优西比乌就任恺撒利亚的主教

迫害结束之后不久，优西比乌成了自己的故乡巴勒斯坦的恺撒利亚主教，担任该职直至去世。他就任的确切日期无法确定，我们的确不好说这件事情不会发生在迫害结束之前，不过这几乎是不可能的，实际上，我们知道没有一个历史学家认为该日期早于 313 年。他的前任主教是阿加皮乌斯，在《教会史》第 7 卷第 32 章中，优西比乌以赞扬的口吻提到他。有些作家在阿加皮乌斯与优西比乌之间插入了一个叫阿格里科劳斯（Agricolaus）的主教（例子见 Tillemont，*Hist. Eccles.* VII. 42），理由是，他的名字出现在一个安基拉公会议（约 314 年）出席人员的名单上，他是作为巴勒斯坦的恺撒利亚主教的身份出席的（见 Labbei *et Cossartii Conc.* I. 1475）。可是，如赫菲列（Hefele）所表明的（*Conciliengesch.* I. 220），这个名

[①] Gaius Galerius Valerius Maximinus，即历史上的"马克西敏二世"，戴克里先的女婿，曾与君士坦丁、马克森提乌斯（Maxentius）、李锡尼（Licinius）一道共据罗马皇位，其势力范围在东部，308—314 年间在位。最后败于李锡尼之手。——中译者

单是较晚时期的产物，因此不足为凭。在另一方面，如莱特富所指出的，在《宗教会议日志》(*Libellus Synodicus*, Conc. I. 1480)中，阿格里科劳斯据说出席过安基拉公会议，他被称作卡帕多西亚的恺撒利亚主教，这个说法被库珀的《杂记》(Cowper, *Miscellanies*)第41页中列出的一个叙利亚文名单所证实。尽管这些名单中的任何一个的正确性都不是十分可靠，不过后两个名单无论如何都是与第一个相抵牾的。我们可以得出结论：没有任何理由可以认为阿加皮乌斯不是优西比乌的直接前任，因为他是优西比乌所提到的在他之前的最后一位恺撒利亚主教。我们并不知道阿加皮乌斯何时去世。对于有关他殉道的说法，优西比乌保持了沉默，因此该说法几乎不可能是真的。似乎更有可能的是，迫害过后他还活着。然而，在他的朋友、泰尔城主教鲍里努斯领导下为该城崭新而又雅致的教堂献辞的时候，优西比乌也许早就是主教了。在这一场合中，他发表了一篇冗长的致辞，这篇致辞已经被他插入他的《教会史》第10卷第4章中。他并没有说自己是该致辞的作者，不过他引入这篇演讲的方式，以及他记录整篇演讲却没有给出发表它的那个人的名字这一事实，均使它的来历一清二楚。而且，前一章的最后一句已经让人们明白演讲者是一名主教："出席的每一位领导人都发表了颂扬性的演讲。"这个教堂落成的日期是一个有争议的问题，尽管通常把它定在315年。从优西比乌的演讲中可以很清楚地看到，这一演讲发表于李锡尼①开始迫害基督徒之前，如高雷斯(Görres)所指出的，即在君士坦丁与李锡尼至少在表面上和平相处的时期。314年，两位皇帝开始爆发战争，结果是，如果李锡尼的迫害开始于事件发生不久后——如通常所认为的那样，那么致辞必然被发表于战争开始之前，亦即是至少早在314年，这也是高雷斯所认为的时间(*Kritische Untersuchungen ueber die licinianische Christenverfolgung*, p. 8)。可是如果高雷斯有关迫害开

11

---

① 罗马帝国东部地区的皇帝(311—323年)，君士坦丁的同父异母妹妹君士坦提娅的丈夫。323年被君士坦丁彻底击败投降，翌年被杀。——中译者

始的日期(319 年之前)被接受的话(尽管几乎无法肯定他已经证实了该日期,但他极力提出一些强有力的理由来支持它),该致辞就有可能发表于 315 至 319 年之间的几乎任何一个时间里,因为如高雷斯自己所表明的,李锡尼与君士坦丁在此时段的大部分时期里在表面上是和平相处的。该演讲自身中并没有包含任何妨碍这个较晚日期的东西,大教堂也许只是完成于 315 年或更晚些,这并非真正不可能。实际上,必须承认,优西比乌也许在约 311 至 318 年之间的某个时间内成了主教。

李锡尼的迫害持续到 323 年[①]他被君士坦丁击败为止,这一迫害只不过是地方性的,似乎根本就不是很严重。的确,它并不具有血腥迫害的性质,尽管一些主教似乎以或这或那的理由而面临死亡威胁。巴勒斯坦和埃及似乎所受的苦难并不是特别大。

第 5 节　阿里乌争端的爆发:优西比乌的态度

在 318 年前后,当亚历山大是亚历山大里亚的主教时,阿里乌争端在该城市中爆发了,整个东部教会不久便被卷入了这场争斗。在这里,我们无法进入有关阿里乌观点的一种讨论,不过为了理解阿里乌派成长的速度,以及从一开始它在叙利亚和小亚细亚所拥有的强劲威力,我们必须记住,阿里乌本人并不是我们所知道的、称作阿里乌主义的体系的作者,其实我们是从他的老师卢西安[②]那里了解到该体系的精神实质。卢西安是东方教会中他的那个时代里最博学的人之一,他在安条克建立了一所释经—神学学校,这所学校在若干年里一直处在城内正统教会的团体之外,不过就在卢西安本人殉道(发生于 311 或 312 年)前夕,它与教会和好了,因

---

① 吉本似乎把李锡尼的最终失败定在 324 年,《罗马帝国衰亡史》(席代岳译,吉林出版集团有限责任公司 2008 年版)第 1 卷,第 463 页。——中译者
② Lucian,约 240—312 年,安条克神父,阿里乌的老师,曾拥护萨摩萨塔的保罗的学说,认为上帝圣子仅为圣父的嗣子,为此遭到正统教会的谴责。晚年重新与正统教会和好。——中译者

此受到教会的承认。他受到自己学生的高度尊重；即使在他死后也对他们发挥巨大影响。这帮学生中有阿里乌、尼科米底亚的优西比乌、阿斯特里乌斯以及其他后来被称作坚定的阿里乌主义者的人们。根据哈尔纳克①的说法，卢西安及其学生的体系中的关键要点是认为子是被创造出来的，否定他与父一起拥有无始无终的性质，以及他由始终一贯的进步和坚定所获取的不变性。他的学说之所以不同于萨摩萨塔的保罗的学说，主要在于它坚持如下观点：变成"主"的，并不是一个人，而是一个被创造出来的神圣存在，因此很显然，他的学说是保罗与奥利金教义相混合的结果。人们将会看到，我们在这里至少从萌芽状态中拥有了真正意义上的阿里乌主义的一切本质要素，即子是从无中被创造出来的，因此结论必然是：曾经有过没有他的时候；他的本质与父有差别。不过与此同时，也强调了如下事实：他"不像其他被造物那样被创造出来"，因此他与它们严格地分别开来。阿里乌所作的，不外是把卢西安所给出的要素合并在一个更为完整和更为有序的体系中，然后清楚和公开地把该体系提出来，并努力使该体系成为教会的笼统信仰。他的基督论在本质上是与亚历山大里亚人相对立的，因此很自然他很快就与那里的教会发生了冲突，而他是该教会的一名长老（有关卢西安的学说和它与阿里乌主义的关系，请见哈尔纳克的 *Dogmengeschichte*，II. p. 183 sq. ）。

苏克拉底（《教会史》第 1 卷第 5 章）、苏佐门（《教会史》第 1 卷第 15 章）和狄奥多雷（《教会史》第 1 卷第 2 章）等人都叙述过阿里乌主义的崛起，他们虽然在谈到争端的直接场合时各自不同，但他们都同意，阿里乌被在亚历山大里亚召开的一次公会议革除教籍，他和主教亚历山大都给其他教会派发信件，后者为自己的行为辩

---

① Adolf von Harnack，1851—1930 年，德国基督教新教神学家和教会史家。先后在莱比锡大学、吉森大学、马尔堡大学及柏林大学任教。神学上具有自由主义倾向。重视从历史研究着眼探索基督教教义的形成和变迁，对早期基督教文献的研究尤为精专。后被选为柏林科学院院士，并任柏林皇家图书馆主任。著有《基督教的本质》等作品。——中译者

解,前者则抱怨自己受到了苛刻的对待,并极力为自己的学说吸引追随者。尼科米底亚的优西比乌立刻成了他坚定的支持者,以及整个争端期间阿里乌一方的领导人物之一。他作为皇帝寓所所在地的尼科米底亚主教以及后来的君士坦丁堡主教所具有的影响力和地位,对于阿里乌的事业而言是极为有利的,尤其在君士坦丁的统治行将结束的时候。从这位优西比乌写给泰尔的鲍里努斯的一封信函中(狄奥多雷:《教会史》第 1 卷第 6 章),我们获悉,恺撒利亚的优西比乌相当热衷于阿里乌的事业。这封信的确切日期我们一无所知,不过它必定是写作于争端的早期阶段。阿里乌本人在一封写给尼科米底亚的优西比乌的信函中(狄奥多雷《教会史》第 1 卷第 5 章),声称恺撒利亚的优西比乌与其他人一道至少接受他的其中一个基本学说("由于你在恺撒利亚的兄弟优西比乌,以及狄奥多图斯[Diodotus]、鲍里努斯、阿塔纳修斯①、格利高里、爱提乌斯,和东部的所有主教,均说上帝存在于子之前,因此他们受到了谴责",等等);而且,苏佐门(《教会史》第 1 卷第 15 章)也告诉我们,在阿里乌请求"允许他自己"——他早已获得了长老职位——"及其追随者把与他们在一起的人们组成一个教会"时,恺撒利亚的优西比乌和其他两位主教以及"聚集在巴勒斯坦"的其他人一致同意接受阿里乌的请求,允许他像以前那样召集人们,不过他们"责成向亚历山大屈服,命令阿里乌不断地努力以恢复与他的和平和交流"。这最后判决的附加部分很引人注目,因为它表明,他们并不愿意支持一名长老公开而又顽固地反叛自己的主教。我们这位优西比乌写给亚历山大的一封信函的一个残篇尚在,它被保存在第二届尼西亚公会议的文件汇编第 5 册第 6 条决议当中(*Labbei et Cossartii Conc*. VII. col. 497)。在该信函中,优西比乌苦苦规劝亚历山大不要曲解了阿里乌的观点。更有甚者,亚历山大里亚的亚历山大在写给君士坦丁堡的亚历山大的一封信函

---

① 显然,这位"阿塔纳修斯",与作为正统派领袖的亚历山大里亚主教阿塔纳修斯必定不是同一人。——中译者

中(狄奥多雷:《教会史》第 1 卷第 4 章),抱怨三位叙利亚主教"偏袒他们(指阿里乌一派的人),并煽动他们陷入越来越深的不义当中"。这里所提到的,通常被认为是恺撒利亚的优西比乌以及他的两名朋友泰尔的鲍里努斯和劳迪西亚(Laodicea)的狄奥多图斯,他们因偏袒阿里乌而为人所熟知。有可能,但不能确定,我们的优西比乌便是这里所指的人之一。最后,许多教父(最重要的是杰罗姆和佛提乌斯①)以及第二届尼西亚公会议②直接指责优西比乌持有阿里乌异端,这一点从下面第 67 页及随后各页所援引的证据中可以看得出来。与这些早期教父相一致,许多现代历史学家曾经极其严厉地攻击过优西比乌,并极力表明,他是一名阿里乌主义者这一观点受到了他自己的作品的支持。用最苛刻的态度来审判他的人,包括巴罗纽斯(Baronius, *ad ann*. 340, c. 38 sq.)、皮塔维乌斯(Petavius, *Dogm. Theol. de Trin*. I. c. 11

13 sq.)、斯加利吉尔(Scaliger, *In Elencho. Trihaeresii*, c. 27, and *De emendationo temporum*, BK. VI. c. 1)、摩歇姆(Mosheim, *Ecclesiastical History*, Murdock's translation, I. p. 287sq.)、蒙特缶肯(Montfaucon, *Praelim. in Comment. ad Psalm*. c. VI.)、提勒蒙特(Tillemont, *H. E.* VII. p. 67sq. 2d ed.)等。

　　在另一方面,如从援引于下面第 57 页及随后各页的有利于优西比乌的证据来看——其中许多证据提供者本身即为正统的教父——则把优西比乌看作是与三位一体③问题同样的完善。在现代,在针对阿里乌主义指控的问题上,他获得了大量著名学者的辩

---

① Photius,约 820—891 年,君士坦丁堡的大主教,圣像崇拜的反对者。858 年取代圣伊纳爵(St. Ignatius)成为大主教,但得不到教皇的承认。877 年又一次被选为大主教。——中译者

② 此次公会议于 787 年 9 至 10 月在尼西亚举行。会议反对圣像破坏运动,确立使用和崇拜圣像的合法性及意义。会议还订立了 20 条教会法规。——中译者

③ Trinity:基督教正统信条之一,即上帝只有一个,但包括圣父、圣子、圣灵三个位格;三者虽各有特定位份,却完全同具一个本体,同为一个独一真神,而不是三个神,又非只是一位。——中译者

护,这些学者包括瓦列修斯(Valesius, *Life of Eusebius*)、布尔
(Bull, *Def. Fid. Nic.* II. 9. 20, III. 9. 3, 11)、卡夫(Cave, *Lives of
the Fathers*, II. p. 135 sq.)、法布里丘(Fabricius, *Bibl. Graec.* VI.
p. 32 sq.)、杜品(Dupin, *Bibl. Eccles.* II. p. 7 sq.)等,而最充分和
最细心的辩护,则由李(Lee)在其优西比乌的《神的显现》
(*Theophania*)一书序言(该书第 24 页及之后各页)中作出。莱特
富也就异端指控问题为他辩护,还有大量其他作者也这样作过,他
们的名字就不必一一提及了。面对这样的观点差异——包括古代
的和现代的,我们应当得出什么样的结论呢? 像李所作的那样,极
力清除掉优西比乌身上的一切同情和偏向于阿里乌主义的做法是
没有益处的。有人也许会承认他的作品中有大量的表达本身是完
全正统的,只不过在可能受到歪曲时便产生了某种阿里乌主义趋
势的可能怀疑,可是如果要以这样的方式来为对他如此普遍和持
续的谴责作辩解的话,则是令人难以相信的,因为在大量古代作家
的作品中也有如此的表达,可是他们的正统性却从来没有遭受过
质疑。也不能够以承认他曾一度是阿里乌的朋友,却否定他接受
或同情后者的观点,来为他是一名阿里乌分子这样的流行信念作
辩解(见 Newman, *Arians*, p. 262)。事实上,有某些书信的残篇尚
在,可以毫不夸张地说,这些书信就其表达方式上看无疑是阿里乌
主义的,在形成优西比乌的一种观点时,这些书信必须被考虑在
内,因为没有任何理由像李那样否定它们出自优西比乌之手。在
另一方面,如果与某些教父及许多现代人一起,坚持优西比乌不仅
是而且终其一生都是一名真正的阿里乌分子,那么这一主张将与
如下一系列事实公然相悖:当时的人和后来的教父因他的正统性
问题而发生分裂;他在随后的几个世纪里受到教会的高度尊崇;除
了在某些时期里以外,他甚至被封为圣徒(见莱特富的文章,第 348
页);他严肃地在尼西亚信经上签了名,这个信经包含了一段谴责
阿里乌不同学说的表达;最后,至少在他的后期作品中,他所使用
的措辞是绝对正统的,他明确地拒绝了阿里乌主义的两个主要方
面——曾有一个父之子不曾存在的时间;他是从无当中被创造出来

的。要在优西比乌的作品中就有争议的题目对这些段落进行详尽的讨论是不可能的。李已经相当详细地研究过它们中的许多内容，读者如果需要获取进一步的信息，可以参看他的作品。

我认为，对它们的小心谨慎的考察将有助于公正的学者确信，在阿里乌主义崛起之前写作的作品，和在阿里乌主义崛起期间与尼西亚公会议之间写作的作品之间，以及此后写成的作品之间，可以看到明显的差别。通常人们喜欢在公会议之前的作品与在公会议之后的作品之间看出差异来，却没有人——就我所知——把优西比乌写作于318至325年间的作品，即由争论自身所引发的作品，从他的其他作品中区别出来。然而这样一种差异似乎为问题的解决提供了钥匙。优西比乌的对手从他写给亚历山大和尤弗雷孙（Euphration）的信函中获取最强有力的论点，他的辩护者主要是从他在325年以后所写的作品中获取论点，而他在争端爆发之前所撰写的作品中所使用的表达方式的确切意义则总是一个激烈争论的问题。李大量地利用了优西比乌的《驳马尔切鲁斯》（Contra Marcel.）、《论教会神学》（De Eccl. Theol.）、《神的显现》（此书写作于尼西亚公会议之后，而不是像李所想象的那样是写作于公会议之前）以及其他后期的作品来证明他是彻头彻尾的正统分子，这些作品不包含有一个信仰三位一体的人不会写出的东西。在他的

14 《教会史》、《福音的准备》（Praeparatio Evang.）、《福音的证明》（Demonstratio Evang.）以及其他较早的作品中，尽管我们发现了某些一名正统三位一体信仰者在尼西亚公会议之后将不可能使用的表达，但至少如果没有小心翼翼的限制以防止误解的话，甚至在这些作品中，也没有任何东西会要求我们去相信他接受了阿里乌的先辈、安条克的卢西安的学说，亦即是，关于它们，没有任何明显和明确的阿里乌因素，尽管存在着一些偶尔的表达，这些表达可能导致读者会预期：如果优西比乌曾经了解阿里乌学说的话，便会变成一名阿里乌分子。不过如果人们觉察到似乎缺乏一种对于子的神圣性的强调，或者缺乏一种子的神圣性质的明确的概念表达，那么必须记住，在这个时期里并不存在强调和限定它的特别理由，恰

恰相反，为了抵制撒伯里乌①主义，有大量的理由要求人们把重点放在子的附属性上，在 3 世纪期间，撒伯里乌主义相当流行，它甚至对于那些并非自觉地接受撒伯里乌信条的许多正统神学家也产生了影响。优西比乌是一名明确无误的从属说信仰者，这一点对于每一个小心地读过他的作品、特别是他的较早时期的作品的人来说都是很清楚的。如果他不是这样的话，那倒是令人惊奇的，因为他出生在这样一个时代里，那时，撒伯里乌主义（神格唯一论）被认为对正统基督论构成了最大的危险，优西比乌是在奥利金追随者的影响下接受教育的，而奥利金则把强调子的从属性当作自己的主要目标之一，以对抗神格唯一论②。在奥利金的两名最伟大的学生亚历山大里亚的狄奥尼修斯和格利高里·索摩特格（Gregory Thaumaturgus）的作品中，也可以非常清楚地看到同样的从属论。我们不可忘记，在 4 世纪初，如何保持基督的神性同时又维持他对于父的从属地位（与神格唯一论相对立）问题，还没有获得解决。优西比乌在其较早的作品中表明，他持有这两种观点（他不能够被认定是否定了基督的神性），不过他远远没有解决问题，他不能够确定父与子的确切关系，就像德尔图

---

① 3 世纪时的利比亚教士，反对三位一体论，主张上帝只有一位，认为圣父、圣子、圣灵只是同一位上帝的三种不同显现。该学说被罗马主教责为异端，其影响要到 5 世纪之后才逐渐消失。——中译者

② 注意一下如下情况是很有趣的：优西比乌提交给尼西亚公会议的恺撒利亚教会信经包含了一个从句，该从句似乎是特意编造出来与撒伯里乌分子的流行模式相对立的："同一个是父，同一个是子，同一个是圣灵。"见 Epiphan. *Haer.* LXII. 1. 比较同一部分中所作出的陈述，撒伯里乌分子教导说，上帝在三种形式中行动：在父的形式中，是作为造物主和立法者存在；在子的形式中，是作为救世主存在；在灵的形式中，是作为生命的赐予者存在，等等。恺撒利亚信经的从句这样写道："父是真正的父，子是真正的子，圣灵是真正的圣灵。"颇有意义的是，在公会议所采用的业经修订后的信经中，这些言辞被删去了，明显是因为使用到它们的场合再也不存在了，因为现在不是撒伯里乌主义而是阿里乌主义成了被反对的异端。此外更重要的是，它们的使用只会弱化公会议期望对所有三个位格本质神性的强调。

良[①]、希波里图斯[②]、奥利金、狄奥尼修斯、格利高里·索摩特格[③]等人那样；他和他们一样在表达方式上很不连贯（有关这些教父对于该问题的观点解释，请见哈尔纳克的 *Dogmengeschichte*，I. pp. 628 sq. and 634 sq.）。优西比乌带着整个 3 世纪期间所有人都会持有的同样未成熟和欠发展的观点，撰写了那些较早时期的作品，这些作品已经在那些指控他是阿里乌分子的人与针对该指控而为他辩护的人当中，引起了如此激烈的争议。当他撰写这些作品时，他既不是一名阿里乌分子，也不是一名阿塔纳修斯分子，只是在这些作品中所发现到的一些段落如果按照以后的尼西亚公会议的标准，便可能证明他是一名阿里乌分子，而另一些段落则可以证明他是一名阿塔纳修斯分子，就像两派均可以在奥利金的作品中找到支持各自观点的段落一样，格利高里·索摩特格的作品也一样，其中的一些段落似乎明显地教导阿里乌主义，而另一些段落则教导其对立面即撒伯里乌主义（见 Harnack, ib. p. 646）。

因此我们应当设想，优西比乌坚持基督的神性，然而又坚信子对父的从属，他本人虽然与阿里乌或与安条克的卢西安的其他具有同样思想的学生们相当熟悉，可是他却具有如下的思想，即维护基督的神性，同时又强烈地强调子的从属性，这种思想用一种清晰和理性的方式系统表达了父与子的关系。他必然很热切地接受这样一种学说，这正是我们所应当期待的东西，也正是我们发现他正

---

① Tertullian，约 160—220 年，第一位用拉丁文写作的基督教神学家，出生于迦太基。在进呈非洲总督的护教文中，呼吁罗马帝国容纳基督教，同时号召教徒忠于皇帝。认为上帝从无中创造出物质世界；主张精神是先在的和第一性的，物质是被造的和第二性的；反对物质不灭的观点。其所创始的拉丁文神学术语为后代所沿用。晚年转向支持被正统教会斥为异端的孟他努派。——中译者
② Hippolytus，约 170—236 年，拉丁教父。第一位受信众拥立的"对立教皇"，与当时的法定教皇卡利斯图斯（Callistus）及其继承人对抗达 18 年，后与法定教皇庞提安（Pontianus）一起殉道。代表作有《驳斥所有异端》（*Philosophumena*）等。——中译者
③ 约 213—270 年，希腊教父，奥利金最出色的学生之一。——中译者

在做的事情。在写给亚历山大和尤弗雷孙的信函中,他表明自己 15
是一名阿里乌分子,阿里乌及其追随者也相当正确地声称他是一
名支持者。在这些信函中的确存在着在其早期作品中所无法见到
的东西,这些东西明确地把他从正统派中分离开来。那么我们又
应当如何解释几年以后他签署了尼西亚信经并咒逐阿里乌学说这
样一个事实呢? 在我们能够理解他的这一行为之前,有必要小心
翼翼地审查一下这两封信函。这样一种审查将会告诉我们,优西
比乌在信函中所为之辩护的,并非真正的阿里乌主义。他显然认
为,他与阿里乌通过讨论可以在相关问题上达成完全的一致,然而
他错了。两封信函的现存残篇将会在下面第 70 页中出示出来。
人们将会看到,在信函中,优西比乌为阿里乌的如下学说作辩护:
存在着一段没有神子的时期。人们还将看到,他对亚历山大感到
不满,因为后者说阿里乌教导"神子从无中被创造出来,就像所有
的被造物那样",他因而争辩道,阿里乌教导说神子是**被生**出来的,
而并不像所有被造物那样被造出来。我们知道,阿里乌分子非常
经常地把"被生"(begotten)一词运用在基督身上,在这样的情况下
该词与"被造"(created)是同义词,因此并不像阿塔纳修斯分子使
用该词时那样是暗指他与父拥有同一个实体(例如,试比较尼科米
底亚的优西比乌在致鲍里努斯的信函中所给出的这个词的意义解
释,见 Theod. *H. E.* I. 6)。显然,这个词的使用欺骗了我们这位优
西比乌,它导致他认为,他们所教导的是:在某种独特的意义上,子
是属于父的,因此的确在实际上分享了某种本质神性。阿里乌在
致亚历山大里亚的亚历山大的信函(见 Athan. *Ep. de conc. Arim.
et Seleuc.*, chap. II. 3;Oxford edition of Athanasius' *Tracts against
Arianism*, p. 97)中所说的话,在优西比乌致同一个亚历山大的信
函中被援引,这些话给了优西比乌这样的印象,这是一点也不奇怪
的。这些话的内容如下:"律法的、先知的和新约的上帝在永恒时
代之前生下了一位唯一被生的儿子,借助他上帝也创造了时代和
宇宙。上帝生子不是在外表上,而是在实际上,他使子服从他自己
的意志,使子成为不会改变和变化的一个上帝的完善创造物,而不

是作为创造物之一。"在这里阿里乌对"生"（begat）一词的使用，他用形容词"完善的"来限定"创造物"一词，以及他使用"并非作为创造物之一"等表达，势必使优西比乌认为，阿里乌承认子的真正神性，这种子的神性对他来说似乎是完全必要的。同时，亚历山大在其致君士坦丁堡的亚历山大的信函中，如优西比乌所说的，错误地表达了阿里乌的观点，或至少把如下信念归到了他的身上：基督"就像所有其他曾被生出来的人那样被创造出来"；而阿里乌则明确否定拥有这样的信念。亚历山大无疑以为，这一信念是阿里乌其他观点必然要导致的合乎逻辑的结果，可是优西比乌并不这样认为，他感到自己有义务就自认为的阿里乌所受的不公平对待向亚历山大进谏。

当我们审查优西比乌作为自己信仰的一种鲜明陈述而提交给公会议的恺撒利亚信经时①，我们在其中并未发现任何与他在致亚历山大信函中为之辩护的那种阿里乌主义倾向的不一致，他明显认为这种倾向实际上是阿里乌本人的阿里乌主义。然而，在致尤弗雷孙的信函中，最初一看，优西比乌似乎朝前迈进了一步，并放弃了子的真正神圣性。他的话是："因为子自身是上帝，却不是真正的上帝。"可是，如果我们不对优西比乌在该信函别的地方以及在明显写于大约同一时期的致亚历山大的信函中所表达出来的信念给予留意的话，我们便没有权利来解释这些话，并弄清楚这些话得以获得完整意义的前后联系。在致亚历山大的信函中，他清楚地揭示出一种有关子具有真正神性的信念，而在致尤弗雷孙信函的其他残篇中，他详论了子的从属性并赞成阿里乌的一个观点，他在致亚历山大的信函中也为该观点辩护，该观点就是："父在子之
16 前。""不是真正的上帝"这一表达（一个非常普通的阿里乌主义表达，见 Athan. *Orat. c. Arian.* I. 6）似乎因此而曾被优西比乌使用来表达一种信念：并非是子不拥有真正的神性（如真正的阿里乌分

---

① 该信经的一个译本见下文第 16 页，在那里它作为优西比乌致恺撒利亚教会的信函的一个部分出现。

子所说的），而是他不等同于父，在优西比乌看来，父是"真正的上帝"。他的确明显地称子为 θεος①，该词表明——当考虑到他在别的地方使用该词的意义时——他的确相信子分享了神性，虽然是以某种神秘的方式，在某种较小的程度上，或以一种比起父来较不完全的方式。优西比乌误解了阿里乌，他没有觉察到后者实际上否定了赋予子的所有真正神性，无疑，这部分是因为他缺乏神学的洞察力（优西比乌从来就不是一名伟大的神学家），部分是因为他对撒伯里乌主义的习惯性恐惧（阿里乌曾经谴责亚历山大是撒伯里乌主义者，优西比乌显然认为后者真的倾向于撒伯里乌主义），撒伯里乌主义导致他以巨大的好感来看待强硬的阿里乌从属论，因而忽视了阿里乌会把从属论带到危险的极端。

因此，如作者所希望的，我们准备承认优西比乌在阿里乌争端爆发之后变成了一名阿里乌分子——如他所理解的阿里乌主义，并以充沛的精力来支持该派别。这并不仅仅是私人友谊的结果，而更是神学信念的结果。同时，他总是一个爱好和平的人，尽管给阿里乌以赞同和支持，他和其他巴勒斯坦主教们联合一致来责成他服从他的主教（Sozomen, *H. E.* I. 15）。作为一名阿里乌分子，他仍然迷恋于尽一切可能促成两派和平与协调的愿望，他出席了尼西亚公会议，在那里签署了一个包含有阿塔纳修斯学说并咒诅阿里乌主要信条的信经。我们应当如何解释他的行为呢？也许我们应当尽最大努力让他自己来解释自己的行为。在致恺撒利亚教会的一封信函中（由苏克拉底保存着，见其《教会史》第 1 卷第 8 章，也为其他作者所保存），他写下了如下话语：

"亲爱的人们，有关在尼西亚召开的大公会议所要解决的基督教会信仰问题，由于你们也许从别的渠道获取到信息，因此谣言总是抢先于对正在作的事情的准确报道。不过为了防止在这样的报道中事实真相被误传，我们有义务首先向你们传达由我们自己所提出的信仰表述；其次就是转达教父们提出的作为我们信经增补

———————

① 其意义类似于"god"，这意味着优西比乌曾明确称子为"神"。——中译者

29

部分的信仰表述。我们自己的文件在我们最虔诚的皇帝面前宣读，据说是优秀的和无懈可击的，它是这样写的：

"'如下信经是我们从我们的前任主教们那里得到的，它写在我们的最初的教理问答中，在我们收到神圣的洗礼盆的时候，我们从神圣的圣经当中获得的，是我们所相信并在长老会议和主教管区中被教授的，如今我们还是一如既往地相信它，我们向你们报告我们的信仰，它是这样的：

"'我们相信一位上帝，全能的父，可见的和不可见的万事万物的创造者。相信一位主耶稣基督，上帝之道，来自上帝的上帝，来自光的光，来自生命的生命，唯一被生的子，每一种创造物中最初被生下的，在一切时代之前，从父所生，借助他万物也被创造；为了我们的拯救他被造成肉身，活在人们当中，受苦难，第三天复活，并上升到父那里，将要再一次荣耀地来临以审判活人和死者。我们还相信一位圣灵；相信这些的每一个都是存在的：父真正是父，子真正是子，圣灵真正是圣灵，就像我们的主，在派出他的门徒去传道时说的：去教导万邦万民，以父、子和圣灵的名义为他们施洗吧。关于他们①，我们自信地证实：我们是这样奉持的，我们是这样思考的，我们从以前到现在都是这样奉持的，我们坚持这一信仰直到死去，咒诅每一种邪恶的异端。这些是我们自从能够回想往事的时候开始就发自内心和灵魂所思考的东西，如今也的的确确正在思考和说出来，我们在全能的上帝和我们的主耶稣基督的面前作证，这些信念借助证明得以显示给你们，并使你们确信，即使在过去的时间里，我们的信仰和所传之道一直就是如此。'

"这个信条被我们公开提出来之后，不存在任何反驳和否定的余地；不过我们最虔诚的皇帝抢在别人之前证明，它包含了最为正统的陈述。而且他承认，他自己的意见也是这样的；他建议所有出席的人同意这个信经，支持它的每一条款，批准它们，不过他只插入了一个词组：'本体为一'（ομοουσιος），而且，他解释该词组，不是

---

① 指上面的父、子、灵。——中译者

在肉体爱慕的意义上,也似乎不像是以任何分割或分离的方式而谈论子从父而生存。因为非物质的、理性的和无肉体的本性不可能是任何物质作用的对象,可是它适宜于我们以一种神圣的和不可言喻的方式去想象这样的事情。这就是我们最聪明和最虔诚的皇帝的神学意见,不过,为了增添上'本体中为一',他们起草了如下的表述: 17

　　"'我们相信一位上帝,全能的父,可见与不可见的万事万物的创造者。相信一位主耶稣基督,上帝之子,为父所生,是唯一被生的,即来自上帝的本体;来自上帝的上帝,来自光的光,来自真正上帝的真正上帝,是被生的,而不是被造的,在本体中与父为一,借助他万物被创造,包括天上的事物和地上的事物;他为了我们人类和为了我们的拯救而降临,并被造成肉体,被造成人,受苦难,第三天复活,上升到天上,并且前来审判活人和死者。

　　"'相信圣灵。可是有人说:他①曾经一度不存在,或,他在产生之前是不存在的,或,他从无中出来,还有人说上帝之子是属于其他的存在或本体,或是被造的,或是可改变的,或是会改变的,这些人必须受到大公教会的咒诅。'

　　"在他们口授了这一表述之后,我们并没有让它通过,因为我们质问他们所采用的'有关父的本体'和'与父在本体上为一'是什么意思。于是,问题和解释便出现了,这些词语的意义遭受到理性的彻底审查。他们宣称,'有关本体的'这一词组是表示子的确来自父,然而似乎又不是他的一个部分。我们认为这种理解与如下的宗教学说和教义具有同样的意思,即子来自父,但并不是他的本体的一个部分。于是,我们赞同我们自己的理解,甚至也没有拒绝'在本体中为一'这一术语,因为和平是我们在自己面前设置的目标,我们必须坚持正统观点不动摇。我们还以同样的方式承认'被生而不是被造'的表达;因为公会议宣称,'被造'是一个通常使用于其他被造物的名称,而这些被造物是借助子而产生的,子与它们

_____

① 根据下文,可以推断出这里的"他",指的应是子耶稣基督而不是圣灵。——中译者

没有任何相像之处。他们说，因此，他不是一个类似于借助他而被创造出来的事物的作品，因为他具有某种本体，这种本体对于任何作品的水平来说都是太高的，圣经教导说，这种本体自父而生，这种产生方式对于每一种被造的生命来说是高深莫测和难以预测的。经审查后有理由说，子与父'在本体中为一'；不是以肉体的方式，也不像必死的存在，因为他并非通过本体分割或分离来达到这种状况；也不是通过任何感情影响或父的本体和权能的变化或改变来达到这种状况（因为父的固有性质是与所有这些相排斥的），而是因为'与父在本体中为一'表明，上帝之子与生成的被造物不具有任何相似性，可是他与生他的父无论在哪一方面都完全相同，他不具有任何其他的存在和本体，他来自于父。

"据此解释之后，该术语似乎也为人们所赞同；因为我们知道，即使在古人当中，一些博学而又杰出的主教和作者也在他们有关父与子的神学学说中使用过'本体中为一'这一术语。好了，有关那个公开发表的信条就讲这么多；我们所有人都同意这一信条，虽然不无质问，不过是根据在最虔诚的皇帝本人面前提到的、而又为上述的理由证明是正当的特定意义而提出的质询。至于他们在信条结束时所发表的咒诅，它并不会使我们难受，因为它禁止使用圣经中所没有的话语，正是从这些话语中产生出几乎所有的教会混乱和紊乱。因此，既然由神所授意的圣经根本就不使用诸如'从无中'、'他曾经一度不存在'和其他随之而来的措辞，便似乎没有任何理由使用和教导它们，我们也同意这是一个好决定，因为迄今为止使用这些术语并不是我们的习惯。而且，对'在他产生前他不存在'的咒诅似乎并非荒谬不经，因为所有人都承认，上帝之子依照肉体是在产生以前就有的。而且，我们最虔诚的皇帝同时在一次演讲中也证明，即使依照他的神圣出生——这种神圣出生发生在所有时代之前，他也是存在的，因为甚至在他被生出于活力中之前，18 他也是固有地靠父的力量而生，父永远是父，就如王永远是王、救主永远是救主那样，他在效能上拥有万物，永远处在同样的方面和同样的方式。我们已经被迫把这传达给你们，亲爱的人们，就如我们要向你们讲清楚有关我们的质询和赞成等深思熟虑的做法那样，我们如何合理地拒绝到最后时刻，只要我们受到了来自于与我们意见不同的陈述的冒犯，不过，在公正地审查了这些话语的意义之后，一旦发现它们与我们早已发表的我们自己的信经相一致时，我们便毫无争论地接受了它们，这再也不会令我们感到难受。"①

人们将会看到，虽然"具有父之本体的"、"被生而非被造"、"本体中为一"或"与父同体的"等表述均具有明确的反阿里乌倾向，然而，就我们从优西比乌致亚历山大和尤弗雷孙的信函以及从恺撒利亚信经中所了解到的东西而论，它们中没有一个与优西比乌在公会议之前所持有的学说相抵触。他自己对于那些表达的解释，已经向我们表明了事情的来龙去脉，应当注意到，他这些解释同时也是公会议自身所作出的解释，因此这就为他对这些解释的接受提供了充分的理据——纵然它可能没有如此呆板以至于去满足阿塔纳修斯的要求。他此前就相信，子的的确确分享了神性，他是"被生的"，因此"非被造"，如果"被造"暗含着某些不同于"被生"的意义，如尼西亚教父们所认为的那样；他此前也相信，"上帝之子与被造的事物没有任何的相似性，他在每一个方面都像只生出他来的父，他除了父之外，不具有其他的本体或实质"，因此，如果那就是"同质的"(ομοουσιος)一词所指的意义，他除了接受别无他法。

显然，对撒伯里乌主义的恐惧仍然在优西比乌眼前挥之不去，这一恐惧是他在同意各种改变、特别是同意使用"同质的"一词上犹豫不决的理由，因为它曾经是撒伯里乌使用过的词，为此，它受到安条克宗教会议的拒绝，在大约 60 年前，萨摩萨塔的保罗也在这一词上受到了谴责。

优西比乌允许附着于信经的咒诅部分明确谴责他自己先前曾经持有的至少一种信念，即，"父在子之前"，或如他在别的地方所说的，"在被生出之前他不存在"，这仍然有待于解释。这个结当然

---

① 译文是纽曼（Newman）所作，来自于阿塔纳修斯的牛津版本的 *Select Treatises against Arianism*, p. 59 sq.

可以简单地以设想他具有虚伪行为来解开，可是作者坚信，这样一种结论会整个损害我们所知道的优西比乌的形象，以及他随后对涉及这一讨论的问题的处理。我们完全可以设想，在公会议召开期间，优西比乌的观点发生了真正的变化。的确，当我们意识到公会议开始前他拥有一种多么不完善和不正确的阿里乌主义概念、它的真正意义又是如何明确地被它的敌人揭示出来的时候，我们可以看到，他除了改变以外别无他法；他必然不是成为一名不折不扣的阿里乌分子，便是成为一名阿里乌主义的对手。当他获悉——而且是第一次获悉，阿里乌主义意味着对基督的所有根本神性的否定的时候，和当他看到，它涉及到把可变性及其他有限的属性归咎于基督的时候，他必然不是在这些问题上完全改变自己的观点，就是脱离阿里乌党。对于这位在其所有作品中具有明显从属论倾向而又如此强调道的神圣性（即使他仍未确切地认识到这种神性包含着什么）的作者来说，能够承认他如今已经获悉了阿里乌主义包含着什么，那在他的基督徒生活和信仰中已经是一场革命了。撒伯里乌主义曾经是他恐惧的对象，可是如今这种新的恐惧——这种恐惧唤醒了教会中如此大的一个部分——也侵扰着他，因此他感到必须反对这种把父与子过度分离开来的企图，这种企图正在导致危险的结果。在这种恐惧的压力底下，他变得越来越确信：阿里乌的表述——"有一个子不存在的时期"——会带来严重的后果，亚历山大及其追随者应当已经成功地向他指出了它的虚妄，因为它必然导致一个虚假的结论，这就不足为奇了。他们应当已经成功地和至少是部分地向他解释了他们的信仰，如他在致亚历山大的信函中所表明的，这些

19 信仰在此前是绝对无法理解的，即，子产生自万古千秋，因此父并不在一种时间的意义上存在于他之前，这也是不足为奇的。

他在致恺撒利亚教会的信函的末尾处写道：他并不习惯于使用诸如"有一个他不存在的时间"、"他从无中而来"等表达。没有任何理由怀疑他讲的是真话。即使在致亚历山大和尤弗雷孙的信函中，他都没有使用那些措辞（尽管他的确捍卫过它们中的第一个所教导的学说），阿里乌本人在其致亚历山大的信函中——优西比乌

显然把他对于该体系的认识建立在此封信函的基础上——也没有使用那些表达，尽管他也教导了同样的学说。事实是，在那一封信函中，阿里乌故意回避如此受喜爱的阿里乌派措辞，因为这些措辞凸显了他与亚历山大之间的差异，优西比乌避免使用它们似乎也是出于同样的理由。于是，我们得出一个结论，在 318 年以前优西比乌不是一名阿里乌分子（也不是一名卢西安的信徒），在此日期之后不久，他在他自己所理解的阿里乌主义的意义上成了一名阿里乌分子，但是在尼西亚公会议期间，他再也不是任何意义上的阿里乌分子。他晚年的作品证实了我们所推想的他心智上所发生的学说发展的过程。在他的著作中他再也没有捍卫阿里乌学说了，不过在他对"本体为一"的强调中，他也从未变成一名阿塔纳修斯份子。实际上，他代表了一种温和的正统派，这一派别总是正统的——当用经尼西亚公会议解释过的尼西亚信经来衡量时——然而又总是温和的。此外，他从来就没有喜爱过"同质的"一词，在他的心目中，该词与太多使人联想到愉悦声音的邪恶东西密切相关。他因此故意避免在自己的作品中使用它，尽管清楚地显示出他完全相信尼西亚公会议对它的意义所作出的解释。必须记住，在他后期生活的许多年间，他忙于与马尔切鲁斯的争端，此人是一名彻头彻尾的撒伯里乌分子，在公会议期间，他曾经是阿塔纳修斯最强硬的同事之一。在与他的争论中，正是再一次的反撒伯里乌争端，吸引了优西比乌的注意力，增加了他对"本体为一"一词的厌恶，最大限度地减少了他对尼西亚公会议上所表述的独特的反阿里乌主义学说的强调。除非是对于这样一位拥有最宽大胸怀的人物，否则，要在那些争吵的日子里行走于两个极端之间便是一个充满大量困难的问题；在反对撒伯里乌主义的同时又不致陷入阿里乌主义，在与后者作战的同时又不致被前者所吞没。优西比乌经常处在同时从一个方面陷入到另一方面的压力之中，到了晚年，他也偶尔再次落入这种压力的危险之中，这几乎不能够被援引作为他具有错误心智或软弱头脑的一种证据。他不是一名阿塔纳修斯分子，可是他也不是一名随风倒的人，或虚伪的趋炎附势之人。

第 6 节　尼西亚公会议

在 325 年在皇帝号召下召开的尼西亚公会议上,优西比乌扮演了非常重要的角色。他在《君士坦丁传》第 3 卷第 10 章中描述了开幕的场景。在皇帝壮观地进入到会场就座之后,坐在他右边的一位主教站了起来,为了向他表示敬意而致了开幕词,皇帝用一段简短的拉丁文致了答谢词。这位主教便是我们的优西比乌,这可能是毫无疑问的。苏佐门(H. E. I. 19)直接叙述了此事;优西比乌尽管没有点出发言者的名字,但他就像提及在鲍里努斯为泰尔建造的教堂落成典礼上的演讲者那样提到他,因而他以此种方式清楚地告诉人们,那就是他本人;而且,在他的《君士坦丁传》第 1 卷第 1 章中,他提到了如下事实:他被列入皇帝即位 20 周年(至 325年)纪念典礼上将要向皇帝致词的所谓上帝的仆人的名单当中。然而在另一方面,狄奥多雷(H. E. I. 7)则说道,这个开幕词是由安条克主教尤斯塔修斯(Eustathius)宣读的;而莫普修斯提亚的狄奥多尔①和菲洛斯多尔吉乌斯②(根据 Nicetas choniates, *Thes. de orthod. fid.* V. 7)却认为,演讲者是亚历山大里亚的亚历山大。如莱特富所表明的,也许可以用如下的推测来解释报道中的分歧:作为两个大区主教的尤斯塔修斯和亚历山大,可能先与皇帝寒暄了几句,然后才由优西比乌作正式的致词。这一推测并非完全无可能,因为在优西比乌作正式致词之前,由两位最高教会人员代表与会的高级教士表示例行的欢迎,这是相当合适的。同时,由两位大区主教中的某一位来致开幕词的推测,是如此的自然,以至于该推测被狄奥多雷及上面提到的其他两位作者所采纳而无需任何历史依据。无论如何,可以肯定的是,正式演讲是由优西比乌本人来作的(请见斯特洛斯所提出的有说服力的论点,第 xxvii 页及其后

---

① Theodore of Mopsuestia,约 350—428/429 年,神学家和主教。——中译者
② 约 368—433 年,异教历史学家,皇帝尤利安(Julian)的挚友。——中译者

面各页)。这个演讲词已经佚失,不过其思想特征可以通过优西比乌在皇帝即位 30 周年纪念庆典上所作的演讲词(该文件以《君士坦丁颂》为标题被保存了下来,见下面第 43 页),以及可以通过他的《君士坦丁传》的总语调中得到建构。这是一篇赤裸裸的颂词,无疑就像此类作品通常所能够表现出来的那样令人作呕,他在这方面的能力是一点也不会弱小的。

是优西比乌,而不是某些更为出名的教会主教被挑选去致开幕词,这也许部分是因为他作为教会中最博学之人和最著名的作家这样一种公认的地位,部分是由于他没有像他的某些杰出弟兄那样被宣布为一名党羽这样一个事实,例如亚历山大里亚的亚历山大,以及尼科米底亚的优西比乌,最后,在某种程度上还应归因于他与皇帝的亲密关系。他与后者的亲密关系是如何以及何时发展起来的,我们一无所知。如早已谈到的那样,他也许在许多年前就与他相识,那时君士坦丁陪同戴克里先经过恺撒利亚,也许在后来岁月里显得如此引人注目的相互间的友谊就在那时开始了。尽管如此,优西比乌似乎还拥有某种特别的长处,使他得以与官方圈子进行个人的接触,而一旦经介绍进入皇帝的视觉范围,他那宽阔的知识面、近于完善的通情达理、温和的性格及宽泛的仁爱为他与皇帝本人或任何其他高贵的国家官员的友谊提供了保证。我们没有有关尼西亚公会议之前君士坦丁与优西比乌之间亲密关系的记载,但是在公会议之后却有许多暗示这一关系的明确记载。实际上,至少在皇帝在世的最后 10 年期间,即使有过,也极少有主教能够得到像他那样的一种来自皇上的高度尊重和莫大信任。例如,可以比较一下他们的通信(ib. II. 46,III. 61,IV. 35 and 36)中的交谈记录(收录于《君士坦丁传》第 1 卷第 28 章和第 2 卷第 9 章)与君士坦丁本人的话(ib. III. 60)。皇帝对优西比乌在他面前所致演讲词的引人注目的关注(ib. IV. 33 and 46),也是值得注意的。优西比乌写给君士坦丁的妹妹和李锡尼的妻子君士坦提娅的信函——内容是有关她要求他给她送去一幅基督的画像——中的口气,也同样表明了优西比乌与皇室间的亲密关系。他规劝她放弃错误的热情时所使用的真诚和直率的语气，显示出他与这位皇室成员间长期而又诚挚的关系和相互熟悉的程度。因此，不管还有多少理由合并起作用导致优西比乌成为尼西亚公会议上为表示对皇帝尊敬而致词的最为合适的人选，君士坦丁与他的私人友谊对他的被选中很有关系，这一点可能是没有多少值得怀疑的。公会议在阿里乌主义问题上的举措以及优西比乌在该问题上的表现，早已被讨论过了。参加公会议的主教们大约有 300 人（目击者的报道从 250人到 318 人不等），除了两人以外，大家都签署了公会议所采用的尼西亚信经。那两个人都是埃及人，他们与阿里乌一道被放逐到了伊利里亚，而尼科米底亚的优西比乌与尼西亚的狄奥格尼斯（Theognis of Nicaea）虽然也在信经上签了字，但他们拒绝它的咒诅，因而也被放逐了一段时期，不过不久后他们就屈服了，因而重新回到自己的教会。

在这里没有必要再叙述召集尼西亚公会议的其他目的——解决有关庆祝复活节的日期的争端，以及医治由梅列提乌分子的分裂所带来的创伤。我们没有有关优西比乌在处理这些问题中扮演角色的记载。莱特富已经充分表明（p. 313　sq.），19 年复活节周期的作者为优西比乌的推测是不实的，没有任何理由设想，他与这次公会议上复活节问题的决定有任何特别的关系。

第 7 节　阿里乌争端的继续与优西比乌的角色

尼西亚公会议并没有导致阿里乌争端的结束。正统派的确是胜利了，可是阿里乌分子仍然很顽强，他们不可能放弃对阿里乌的对手们的敌视，也不可能放弃最终扭转局面的希望。同时，在公会议以后的几年内，在我们的优西比乌与安条克主教尤斯塔修斯之间爆发了一场争论，后者是尼西亚正统观念坚定的支持者。依照苏克拉底（H. E. I. 23）和苏佐门（H. E. II. 18）的说法，尤斯塔修斯指控优西比乌曲解尼西亚学说，而优西比乌则否定这一指控，他反倒责备尤斯塔修斯坚持撒伯里乌主义。争端最终变得如此严重，以至于人们均认为有必要召开一次公会议来调查尤斯塔修斯的正统性并解决争端。这次公会议于 330 年前在安条克召开（有关此次公会议召开日期的讨论，见 Tillemont，VII. p. 651 sq.），参加会议的主要是带有阿里乌或半阿里乌倾向的主教。然而，这一事实并没有让优西比乌丢脸。会议举行于另外一个行省，他与会议的组成不可能有任何关系。事实上，会议是在尤斯塔修斯自己的城市召开的，它必定是被合法地组织起来的；通过出席会议并在与会者面前回应别人对他的指控，尤斯塔修斯实际上便承认了会议的裁判权。狄奥多雷有关此次宗教会议的起源及针对尤斯塔修斯的指控的荒唐报道（H. E. I. 21），带有虚妄不实的印记，如赫菲列所表明的（Hefele，Conciliengeschichte，I. 451），该报道在年代次序上是根本错误的。因此，它应当被拒绝为相当无价值的东西。此次公会议的决定无疑清楚地代表了那部分主教中多数人的观点，因为我们知道，阿里乌主义在那里拥有非常强大的势力。设想这是一次被胁迫的公会议、在会议上通过非法的程序来获得对于尤斯塔修斯的裁决，这既无必要，也不应该。此次公会议的结果是尤斯塔修斯被免去了主教职位，他被皇帝放逐到伊利里亚，他后来便死在那里。有关尤斯塔修斯的继任者是谁，我们的资料提供者当中有意见分歧。他们全都同意，优西比乌被要求去担任安条克的主教，可是他拒绝了这一荣誉，于是，尤弗洛纽斯（Euphronius）便被选来取代他。然而，苏克拉底和苏佐门告诉我们，在尤斯塔修斯被免职之后便紧接着发生了对优西比乌的选择，而狄奥多雷（H. E. I. 22）则说，尤拉琉斯（Eulalius）是尤斯塔修斯的直接继任人，并说，他只活了一段很短的时间，然后优西比乌便被要求去接任他。狄奥多雷得到了杰罗姆（Chron.，year of Abr. 2345）和菲洛斯多尔吉乌斯（H. E. III. 15）的支持，此二人都在尤斯塔修斯和尤弗洛纽斯之间插入了一个尤拉琉斯主教。在这一点上，设想苏克拉底和苏佐门也许遗漏了如此一个微不足道的名字，比起其他三位证人毫无根据便插入这一名字来要容易接受些。苏克拉底在同一章中的确暗示，他对这些事情的知识是有限的，在较晚的作者的心目中，对优西比乌的选择——该选择引起了巨大的轰动——应当曾与尤斯塔修斯的免职有着直接的关联，而中间的步骤却被忘记了，这是不值得惊讶的。因此，似乎有可能，同一次公会议在谴责了尤斯塔修斯之后马上就任命尤拉琉斯为接替他的主教，而几个月后这位新主教即死去，于是，同时已回到恺撒里亚的优西比乌，便被临近的主教们为此目的而召开的另一次公会议选择来担任这一职务，他受到了大量市民的支持。引人注目的是，皇帝写给公会议的信函——该函希望把优西比乌调任到安条克（见《君士坦丁传》第3卷第62章）——提到了向五名主教致意，在这五人当中，只有一人（狄奥多图斯）是在别的地方被提名参加黜免尤斯塔修斯的公会议，而尼科米底亚的优西比乌和尼西亚的狄奥格尼斯以及我们所知道的曾经到场的其他人，则没有被皇帝所提及。这一事实表明这里所指的必定是另一次不同的公会议。

　　优西比乌拒绝了提供给他的召请，这一点值得大为赞扬。假如他只是受到自私自利的野心所支配的话，他肯定会接受这一职位，因为就荣耀而言，安条克主教职位在当时的东方教会中仅次于亚历山大里亚主教。皇帝在致安条克人民和致公会议的信函中（《君士坦丁传》第3卷第60、62章），以及在致优西比乌本人的信函中（同上书第3卷第61章），极力举荐他。皇帝从此事中看到了优西比乌遵守古老的教会法规的一种愿望，该法规禁止一名主教从一个主教辖区调任到另一个主教辖区。可是该法规本身几乎并不足于防止主教们接受提供给他们的高度荣耀，因为它到处都被毫无顾忌地破坏掉了。更有可能的是，他看到了安条克人的分裂会因引入尤斯塔修斯的主要对手来任职而加重，他并不觉得他有权利以如此方式来分裂上帝的教会。如我们所知道的，优西比乌的总体性格证明我们的下列推想是合理的：他的这种高尚的动机与他的决定很有关联。我们还可以作出推测，如此困难的地方，对于一位上了年纪并具有爱好和平性格和具有学术气质的人来说可能没有太大的吸引力。在恺撒里亚他度过了自己的一生；在那里，他拥有自己可以随时使用的潘菲鲁斯的巨大书库，还拥有追寻学术工作的闲暇。如果在安条克的话，他将会发现自己被迫陷入到争吵和各式各样的骚乱当中，并且将不得不把自己的全部注意力投入到公职的履行上。因此，他自身的爱好必然与他的责任感一道共同导致了他拒绝提供给他的召请，使自己仍然留在他早已占据的有点低微的岗位上。

　　尤斯塔修斯被黜免之后不久，阿里乌分子及其同情者开始积极活动，以促成其最大的敌人阿塔纳修斯的毁灭。后者于 326 年成为了亚历山大的继任者，当上了亚历山大里亚的主教，并被公认为正统派的领袖。如果能够使他的名声受损，也许就有希望在亚历山大里亚恢复阿里乌的地位，并使阿里乌主义获得承认，最后在教会中获得占支配地位的影响力。因此，为了摧毁阿塔纳修斯，阿里乌分子投入了一切的精力。他们在搞分裂活动的埃及的梅列提乌分子中找到了现成的共谋，这些人是正统的亚历山大里亚教会的顽固的敌人。指控阿塔纳修斯持有异端邪说是没有用的，他作为正统信仰的台柱太为人所知了。必须罗织其他类型的指控，这种指控必须足以煽起皇帝对他的怒火。于是，阿里乌分子与梅列提乌份子开始散布有关阿塔纳修斯的最为卑劣同时又是最为荒谬的故事（特别见后者的 *Apol. c. Arian.* 59 sq.）。最后，这些故事变得如此恶名远扬，以至于皇帝要召唤阿塔纳修斯出席即将在恺撒里亚举行的一次主教会议，以便让其为自己作辩护（Sozomen, *H. E.* II. 25；Theodoret, *H. E.* I. 28）。然而，阿塔纳修斯由于害怕主教会议可能会完全由他的敌人所组成，那将不大可能是一场公平的比赛，因此他借故缺席。可是在第二年（见 Sozomen, *H. E.* II. 25），他从皇帝那里收到一份传唤他出席泰尔主教会议的命令。该传唤令的口气太断然了，以至于无从拒绝，阿塔纳修斯因此只好出席，由他的许多忠诚的追随者伴随着（见 Sozomen, ib.；Theodoret, *H. E.* I. 30；Socrates, *H. E.* I. 28；Athanasius, *Apol. c. Arian.* 71 sq.；Eusebius, *Vita Const.* IV. 41 sq., and *Epiphanius, Haer.* LXVIII. 8）。不久以后，由于意识到自己没有任何参与公平比赛的机会，他突然从主教会议中退出，并直接行进到君士坦丁堡，以便把自己的案子呈交到皇帝面前，并促使后者允许他当着皇帝的面会见自己的指控者，在他面前陈述自己的理由。在他逃走之后，主教会议所能做的就是维持对他的谴责——对其中的某些谴责，他并没有坚持要反驳——并通过了对他的责罚。他除了被控以各式各样的不道德及亵渎行为之外，他的拒绝参与上一年的恺撒里亚公会议，被罗织成受控告的一条重要项目。正是在该次公会议期间，波塔摩讥讽优西比乌怯懦，这一点我们在上面已经提到过，这对于优西比乌对阿塔纳修斯派的不信任和敌意，起到了很大的作用。主持这次公会议的到底是恺撒里亚的优西比乌——如通常人们所设想的那样，还是尼科米底亚的优西比乌，抑或是其他某名主教，我们无法加以确定。艾皮法纽斯的报道似乎暗示，前者主持的时间就是在波塔摩作出其不合时宜的指控的时候。我们所掌握的材料大多数对此问题保持沉默，不过依照瓦列修斯的说法，尼科米底亚的优西比乌受到他们中的一些人的提名，可是，他们是哪一个，我们却无法发现。我们从苏克拉底(*H. E.* I. 28)那里获悉，同时也从其他资料中获悉，这次泰尔宗教会议举行于君士坦丁统治时期的第三十年，也即是在 334 年 7 月和 335 年 7 月之间。由于公会议刚好结束后主教们便于 335 年 7 月时到达耶路撒冷，因此很有可能它被召集于 335 年而不是 334 年。从苏佐门的报道(*H. E.* II. 25)中我们还获悉，恺撒里亚宗教会议举行于此前的一年，因此是在 333 年或者 334 年(后者是历史学家通常给出的日期)。当泰尔公会议还在召开的时候，主教们便被君士坦丁命令立即去耶路撒冷参加即将在那里举行的庆祝他即位 30 周年的节日庆典。场面非常壮观。来自世界各个地方的主教们出席了庆典，该庆典的标志性工程是君士坦丁在耶稣受难处建起了一座全新而又华丽的长方形教堂(Theodoret, I. 30; Socrates, I. 28 and 33; Sozomen, II. 26; Eusebius, *Vita Const.* IV. 41 and 43)。在分手之前，聚集在耶路撒冷的主教们此时又举行了另一次宗教会议。在这次会议上，他们完成了开始于泰尔的工作，即重新接纳阿里乌及其追随者参加教会的圣餐礼(见 Socrates, I. 33，以及 Sozomen, II. 27)。依照苏佐门的说法,皇帝曾被劝诱去把阿里乌从流放中召回,以便重新考虑他的案子;阿里乌则向皇帝提交了一份信仰告白,这份信仰告白措辞如此真切,以至于足以让皇帝坚信他的正统性。于是他派阿里乌及其伙伴尤佐尤斯(Euzoius)到正在耶路撒冷集会的主教们那里去,要求他们审查这份信仰告白,如果他们对它的正统性感到满意的话,便重新接纳其参与圣餐。由于公会议大体上由阿里乌的朋友和同情者所构成,他们自然乐意接受皇帝的要求。

与此同时,阿塔纳修斯出于某种正义感,劝说君士坦丁召集在泰尔时谴责过他的主教们来到君士坦丁堡,当着皇帝本人的面对于他们的做法给出一个解释。这种意料之外而无疑又是不完全受欢迎的召集令,在主教们还在耶路撒冷的时候就到达了,可是他们中的大多数在惊慌中立即回家了,只有几个人回应召集令来到了君士坦丁堡。这些人中有尼科米底亚的优西比乌、尼西亚的狄奥格尼斯、西多波里斯的帕特洛菲鲁斯(Patrophilus of Scythopolis),以及其他著名的阿里乌分子,和他们一道的还有我们的优西比乌(Athanasius, *Apol. c. Arian.* 86 and 87; Socrates, I. 33—35; Sozomen, II. 28)。在这个场合上,阿塔纳修斯的指控者对于他在泰尔被谴责的所谓不道德不置一词,却对他作出了另一种同样琐屑的指控,结果是他被放逐到高卢。君士坦丁放逐他,是因为他相信其敌人所提出的指控,还是因为他希望保护他免遭其敌人的阴谋诡计的伤害(如他的儿子君士坦丁二世所断言,对这一点阿塔纳修斯显然深信不疑,见他的 *Apol. c. Arian.* 87),抑或是因为他认为阿塔纳修斯的不在会减少亚历山大里亚教会中的麻烦,我们均一无所知。后一个推测似乎最有可能。无论如何,直到君士坦丁死后,他才被从流放中召回。我们的优西比乌因为其在尤斯塔修斯分子的争论中,尤其是在反对阿塔纳修斯的战争中所扮演的角色而受到许多历史学家的严厉指责。为了对他公平起见,必须为他申辩几句。就他与尤斯塔修斯的关系而论,值得注意的是,后者是通过指控优西比乌为异端而开始此次争端的。优西比乌本人并没有发起争吵,很可能他没有任何进行此类学说争端的欲望;不过他被迫为自己辩护，在这样做时，他除了指控尤斯塔修斯是撒伯里乌主义之外别无他法，因为如果后者对优西比乌的正统性不满意——优西比乌本人相信这种正统性是真正的尼西亚精神——那么他必然是朝着另一个极端即撒伯里乌主义走去。没有任何理由怀疑，在整个争端期间以及在安条克公会议召开期间，优西比乌都是完全坦率和正直的。他不为卑劣的动机或某种复仇的愿望所驱使，这一点被他拒绝安条克主教职务一事所证实，如果他接受该职务的话，就会给他提供一个从其落败的敌人当中胜出的良机。实际上必须承认，这场争论表明，优西比乌并没有任何性格上的缺点。他真诚地相信，尤斯塔修斯是一名撒伯里乌分子，他据此而行事。

优西比乌曾因对待阿塔纳修斯的态度而受到过更为严厉的指责。不过我们必须再一次公平地看看事实。有必要永远记住，撒伯里乌主义从一开始以及终其一生都是他最为害怕的异端，对于它，他也许有最多的理由来害怕。甚至在尼西亚公会议上，优西比乌就必定已经怀疑阿塔纳修斯——此人把太多的重点放置在父与子的本质合一上——倾向于撒伯里乌主义的原则。当他发现并相信阿塔纳修斯的最顽固的支持者尤斯塔修斯是一名真正的撒伯里乌分子时，这种怀疑必然进一步增长了。而且在另一方面，必须记住，尼科米底亚的优西比乌，以及所有其他的主要阿里乌分子，都签署了尼西亚信经，并声称自己完全彻底地赞成它的学说。我们的优西比乌在获悉了就争论观点问题上自己的内心所发生的改变之后，也许会确信，他们的观点也已经经受了像自己那样的较大变化，并相信他们在主张正统性方面是完全诚实的。最后，当阿里乌本人提交了一份信仰告白——该告白使与阿里乌有过一场私人会晤的皇帝相信他已经改变了自己的观点并与尼西亚信条完全相协调——之后，我们这位生性不会猜疑、充满协调精神和具有爱好和平气质的优西比乌，便不足为奇地与皇帝拥有相同的想法，并很高兴地接受阿里乌回到圣餐礼来，而同时又仍然完全忠实于他所支持的尼西亚信经的正统。与此同时，他对阿里乌派的怀疑大幅地减缓了，而他对阿塔纳修斯及其追随者的正统性的不信任，则随着事件过程的推移而增大了,因此很自然,他必定或多或少地相信那些着力加到阿塔纳修斯头上的诽谤。指控他因受到这些报道的影响而不诚实,这在我们看来是如此荒谬,而且可能是具有诽谤性的,同时也是相当无根据的。君士坦丁即使不算是一位神学家,至少也应当算作是头脑清醒和目光锐利的人,他况且相信他们,优西比乌为什么不能像他那样相信他们呢? 发生于泰尔公会议上的、与波塔摩自身相关联的事件是重要的,因为直到那时,无论他对阿塔纳修斯及其追随者的指控的真相有多少怀疑,波塔摩的行为均使他确信,对于这整个党派的有关残暴和专横的指控,都是相当正确的。他除了应当相信亚历山大里亚教会和整个教会的良善、并要求废黜那个同时在总趋势上相当可能是撒伯里乌主义者的既具有蛊惑性又专横的主教之外,便别无他法。注意到如下一点必定是合理的:不存在哪怕是最微弱的理由去推想,在整个这种争端中,我们的优西比乌与阿里乌党的卑劣阴谋有任何关系。阿塔纳修斯总是喋喋不休地指责尼科米底亚的优西比乌及其支持者的伎俩,但他却从来没有用一种尖刻的语气提及恺撒里亚的优西比乌。他偶尔把他叫作对立党派的一名成员,但他并没有像抱怨其他人那样抱怨过他。这一点非常有意义,它应当结束一切有关优西比乌卑劣行为的猜疑。必须注意的是,后者虽然如其所相信的那样拥有正当的理由去谴责阿塔纳修斯及其追随者,但他在反对他们的战争中却从来没有充当一名领导者。他的名字如果总算被提到的话,也总是作为微不足道的斗士之一而出现于名单的末尾,尽管他的地位和学识使他有资格在整个事件中获得最显要的位置——如果他在意的话。在从这样一场争论中退缩出来当中,以及在只因受到自己良心的驱使而参与到该论争时,他都不过是忠实于自己的总体性格而已。我们的确会猜疑,要不是因为君士坦丁即位30 周年庆典,他是不会组成一个小派系去到君士坦丁堡以回应皇帝的紧急召唤的,这场庆典举行于当时的君士坦丁堡,在庆典上,他受皇帝的特别邀请并当着皇帝的面发表了一篇最伟大的演讲。可以肯定的是,从他在《君士坦丁传》中的报道看,无论是举行于君士坦丁堡还是举行于耶路撒冷,他对于即位 30 周年庆典及其附带仪式的兴趣,远远超过了对于阿塔纳修斯的谴责。

第 8 节 优西比乌与马尔切鲁斯

就在此次访问君士坦丁堡期间,举行了又一次宗教会议,优西比乌出席了会议,该会议的结果就是安基拉主教马尔切鲁斯的被谴责及黜免(见 Socrates, I. 36;Sozomen, II. 33;Eusebius, *Contra Marc*. II. 4)。我们的优西比乌对于马尔切鲁斯的态度,就其神学倾向来说又一次变得意味深长。马尔切鲁斯曾经写过一部反驳著名阿里乌分子阿斯特里乌斯的书,在此书中,出于对尼西亚正统性的热情,他把自己放置在被谴责为撒伯里乌主义的处境中。于是,他被君士坦丁堡宗教会议所黜免,我们的优西比乌被敦促去撰写一部揭露他的错误及维护公会议措施的作品。结果,他撰写了两部反对马尔切鲁斯的作品,这些作品将在后面叙述。优西比乌尽管没有提到阿塔纳修斯,并可能也没有提到尤斯塔修斯,但至少就目前的情况而言,他有足够的理由相信,马尔切鲁斯是一名撒伯里乌分子,或是一个具有撒伯里乌主义倾向的人,他从马尔切鲁斯自己的作品中所作的援引,充分证明了这一点;而且,他的裁决与宗教会议的裁决后来甚至为阿塔纳修斯本人所证实。尽管阿塔纳修斯暂时没有怀疑马尔切鲁斯,但他最终还是承认后者已经偏离了正统性之道,如纽曼所表明的(见他为阿塔纳修斯第四篇反对阿里乌主义者的论稿所作的导论,Oxford Library of the Fathers, vol. 19,p. 503 sq.),他还策划撰写反对他及其追随者的错误的论稿。

与马尔切鲁斯的论争,似乎是优西比乌所作的最后一件事情,正是与撒伯里乌的可怕异端的对立,把他的兴致引导到这一点上来。然而,值得特别强调却常常被人们所忽视的是,尽管在这些岁月里优西比乌是如此持续地从事与反阿里乌党人中或这或那的成员的论战,却没有证据表明,他曾经偏离过尼西亚公会议中他所采取的学说立场。尼西亚公会议之后,他从未自觉地支持过阿里乌主义;他也从未反对过尼西亚会议的正统性。他支持那些签署过尼西亚信经的老阿里乌党的成员,但他不能接受他们的学说,他反对他自认为倾向于撒伯里乌主义,或行为专断并不公平地对待对手的那些对立党派的成员。反撒伯里乌主义的兴致影响了他一生,可是他的尼西亚会议之后的作品,并不能证明他已经后撤到325 年之前他曾经持有的阿里乌主义的立场上去。相反,它们显示出了某种带有反撒伯里乌主义色彩的正统性。

第 9 节　优西比乌之死

　　在即位 30 周年庆典之后还不到两年里,即 337 年 5 月 22 日,君士坦丁大帝在其先前的首都尼科米底亚与世长辞。此时优西比乌早已成为一位老人,他以其《君士坦丁传》一书,凝聚了一份他个人对这第一位基督教皇帝无限感情和欣赏的持久证明书。不久之后,他便以接近 80 岁的高龄跟随着其皇帝朋友而去。他去世的确切日期不为人所知,不过较为接近的日期则可以确定。我们从苏佐门那里(*H. E.* III. 5)获悉,在 341 年夏天,一次公会议在安条克举行(有关这次公会议的日期,我们无法准确地推断出来,请见 Hefele, *Conciliengesch.* I. p. 502 sq.),此时优西比乌的继任者阿卡丘已经是恺撒里亚的主教。苏克拉底(*H. E.* II. 4)和苏佐门(*H. E.* III. 2)都提到优西比乌的死是发生于小君士坦丁[①]死前不久,即发生于 340 年初(见 Tillemont, *Hist. des Emp.* IV. p. 327 sq.),以及导致阿塔纳修斯第二次被流放的阴谋开始之后。因此我们可以把优西比乌的死确定在 339 年末或 340 年初(见 Lightfoot 的文章,第 318 页)。

26

———————

① 即君士坦丁大帝的次子君士坦丁二世(Constantine II,337—340 年间在位),实际统治地区包括不列颠、高卢和西班牙。340 年死去之后,其统治区域并入其兄弟的版图。——中译者

第 2 章　优西比乌的作品

第 1 节　作为作家的优西比乌

优西比乌是古代最多产的作家之一,他的劳作几乎覆盖了神学知识的一切领域。用莱特富的话说,他"依次是历史学家、护教者、地志学家、释经家、评论家、宣道师及教义作者"。他是作为一名历史学家而最为人所知的,可是他的历史作品的重要性,不应当导致我们如现代学者所容易犯的毛病那样忽视他在其他领域中的无法估量的成果。有关他的作品的重要性,莱特富作出了如下非常公正的断言:"如果一名作者的劳作的持久统一可以被看作是一种文字功夫卓越性的试金石的话,那么优西比乌的确占有一个非常高的地位。《教会史》绝对是独特的和极其重要的。《编年史》是有关世界上古代君主政体的信息的巨大宝库。《福音的准备》和《福音的证明》在其自身职责范围内为神学作出了最重要的贡献。即使是较次要的作品,如《巴勒斯坦的殉道者史》、《君士坦丁传》、《向斯蒂法努斯和马里努斯提出的质疑》(*Questions addressed to Stephanus and to Marinus*),及其他作品,如果要把它们删去的话,也将留下无法弥补的空白。他的较为专门化的论文,也具有同样持久性的价值。《福音书 10 规则》(*Canons*)和《残篇》(*Sections*),就其特定目的而言从未曾被取代过。《巴勒斯坦地形学》(*Topography of Palestine*)在其自身的领域里对我们的知识作出了最重要的贡献。总之,没有任何一位古代的教会作家给子孙们

48

留下如此重大的恩惠。"

　　如果我们想从优西比乌的作品中找到有关他的卓越才华的证据的话,我们将会感到失望。他不像奥利金或奥古斯丁①那样拥有某种伟大的创造性心智。他配得起伟大,全赖于他的博学和他那信得过的感官意识。他获取知识的能力是惊人的,他在研究中的勤奋是永不疲倦的。比起他同时代的任何人来,他无疑更能随心所欲地获得资料,他拥有那种真正的文学和历史本能,这种本能使他得以从其巨大的知识宝库当中选取那些最值得告诉世人的东西。因此,当许多其他人的作品完全被遗忘的时候——为了实现为人类知识总量添砖加瓦的使命,这类作品的作者比起优西比乌来并未少接受知识储备——他的作品却仍具有弥足珍贵的价值。因此他有能力比获取做得更多;他有能力把他所获得的最好的东西给予他人,有能力使它为他们所用。他的作品中不存在我们在其他人的作品中所找到的文采,不存在富有想象力的火花和清新,不存在一经触及便会改变一切的那种压抑不住的个性印记。然而,却存在着一种真正有力的长处,此种长处几乎毫无例外地显现于他的每一部作品中,使它们高居于平常作品之上。他的圣经注释优于同时代的大多数圣经注释,他的护教文以其语气的公平、论述的广博,以及对于重要与不重要的讨论论点之间的差异的本能的理解为特色,这些特色给了他的护教作品一种持久的价值。他对于其他体系的广泛了解,即他不仅了解基督教思想,同时也了解异教思想,使他得以在它们的合适关系当中理解事物,并提供了适合于那些能够超出一个单一学派的局限的人们之需要的一种有关基督教伟大主题的讨论方式。与此同时也必须承认,他并不总是能够赶得上他所熟知的其他人和其他民族的作品和传记打开在他面

27

────────────────

① Augustine of Hippo,354—430 年,古代最伟大的拉丁教父,出生于非洲。天主教和新教均把他的神学思想当作教义权威。他对自由、历史、时间和人性的思考,奠立了他在哲学史上的显赫地位。其《上帝之城》一书一直被当作是后世政治理论的基础。他寻求柏拉图思想与基督教教义、理性与信仰的妥协。他的众多书信反映出他的生活原则。——中译者

前的重要机会。他并不总是揭示出高贵品质的拥有能够解释最为多样化的力量并发现更高尚的统一原则——唯有该原则才使它们变得可以理解。的确，他常常完全迷失自己于思想和概念的荒野中，这些思想和概念是从其他人和其他时代达于他的心智的，其结果必然是可怕的混乱。

如果我们想从优西比乌的作品中寻找某种优雅文学品味的证据，或者寻求某部伟大杰作所具有的任何诱惑力，那么我们还是会失望的。通常，他的风格是晦涩和难解的，而且极其无规则和不连贯。这一特质大多是源于他的思想的杂乱和散漫。在开始写作一个主题之前，他常常不能够清晰地限定和勾勒出他的主题的范围。在他动笔写作之后，他就会浮想联翩，他不会把自己因此而写就的东西进行足够小心的修订，而这种修订是完全必要的。他写作之时，思绪和联想总是大量涌入他的脑际；当这些思绪和联想到来之时，他总是无法抗拒把它们写进去的诱惑，以至于常常完全曲解了他自己的一系列思想，破坏了自己风格的一致性和清晰性。还必须承认，总体而言，他的文学风格无疑是恶劣的。凡是在他试图增加雄辩效果的地方——这种地方到处皆是，他的风格就变得无望的自夸和造作。在这样的时候，他混合隐喻的技巧便成了某种令人震惊的东西（例如，参照《教会史》第 2 卷第 14 章）。而在另一方面，他的作品也包含着不少具有真正美感的段落。他的《巴勒斯坦的殉道者史》尤其如此，在这本书中，他对信仰英雄的热情欣赏和深深同情，使他经常达到忘我的地步，他用真正的火热和怜悯的语言描述了他们所受的苦难。有时候，在他心里拥有一种严格限定和引人入胜的目标时，和在他所叙述的主题在他看来似乎并不要求修辞上的装饰时，他的语言便是足够简朴和直接的，这种情形表明，他在风格上的通常缺陷，与其说是他掌握希腊语言不够充分的结果，不如说是他的散漫思维和恶劣文风的结果。

然而，在我们从优西比乌作品中找到大量值得批评的东西的同时，我们也不应当忘记对他工作时的那种认真和诚实给予应有的赞扬。的确，由于自己的风格，他常常写得太快，他未必会像本该做的那样小心翼翼地修订自己的作品;不过,我们也很少发现他过急地采集原材料,或粗心大意和漫不经心地使用这些材料。他似乎总是感受到搁置在他身上的那种作为一名学者和作者的责任感,总是尽自己的最大努力去面对这些责任。我们不可能回避在这方面把他拿来与古代拉丁教会中最博学的人物圣杰罗姆作对比。后者草率地和粗心大意地撰写了《杰出人物传》(*De Viris Illustribus*),他还草率地和粗心大意地翻译和续写了优西比乌的《编年史》,这种草率和粗心大意对他来说是永久的耻辱。检视一下杰罗姆的这些和其他一些作品,必然会使我们对优西比乌充满更大的敬意。至少他在自己的作品中是认真负责的和诚实的,他从来不允许把无知冒充为学识,或用诡辩、谎话和纯粹的虚构欺骗读者。他的目的就是使读者获得他自己已经获得的知识,不过他总是足够认真负责地到此为止,而不会试图让想象扮演事实真相的角色。

在几页前曾提到过的、莱特富曾提醒给予特别注意的另外一点,由于其对于优西比乌作品的特性的意义而应当在这里被涉及到。他首先是一位护教者,护教的目的既决定了他的主题选择,也决定了他的叙述方式。他从来没有出于纯粹的科学目的而撰写过一篇作品。他总是希望获取实际的结果,他的材料的选取及方法的选择均由此点来决定。然而我们必须承认如下事实:这一目的并不意味着它的意义会变得狭窄不堪。他采取了一种宽厚的护教学观点,在他有关基督徒宗教的高尚概念中,他相信,知识的每一个领域可能都被放置在对它的支持和贡献之下。他足够大胆地确信,历史、哲学及科学均为我们对于神学真理的理解作出了贡献,因此,历史、哲学和科学均被他自由自在地和无所畏惧地研究和掌握。他并不觉得有必要去歪曲任何真理,因为这种真理对他所承认的宗教实无害处。相反,他拥有一种崇高的信念,该信念导致他相信,一切真理必然有其地位和使命,基督教的事业将会因这些真理的发现和传播而受益。因此,作为一名护教者,一切知识领域对他均有吸引力,他并不存在那些以纯粹实际的动机来从事写作的

28

人们所特有的那种气量卑琐和眼界狭窄。

第 2 节　优西比乌的作品目录

目前还没有一个绝对完整的优西比乌现存作品集。唯一一个
称得上相对完整的集子是米涅①的版本：《希腊教父作品全集》中的
第 19—24 册：《巴勒斯坦的恺撒利亚主教优西比乌·潘菲利存世
作品集》(*Eusebii Pamphili*, *Caesareae Palestiae Episcopi*, *Opera
omnia quae extant*, *curis variorum*, *nempe*：Henrici Valesii,
Francisci Vigeri, Bernardi Montfauconii, Card. Angelo Maii
edita; *collegit et denuo recognovit*, J. P. Migne. Par. 1857. 6 vols.
[tom. XIX‐XXIV. Of Migne's *Patrologia Graeca*])。该集子遗漏
了目前只以叙利亚文译本形式存世的作品、专题文章、以及一些虽
则简短却很重要的希腊文残篇（其中有致亚历山大和尤弗雷孙的
书信）。然而，该集子仍然是弥足珍贵的，如果没有它，便做不成任
何事情。下面我将在它与它所收录的那些作品的关联中提到它
（简称为《优西比乌存世作品集》[*Opera*]）。优西比乌的许多作品，
特别是有关历史的，已经被单独出版过。这些版本将在这个目录
的适当的地方被提及。曾经为我们这位作者编写过或多或少是不
够完整的作品目录的，有杰罗姆(*De vir. ill.* 87)、尼斯佛鲁斯·卡
里斯图斯 (Nicephorus Callistus, *H. E.* VI. 37)、艾比杰苏
(Ebedjesu, in Assemani's *Bibl. Orient.* III. p. 18 sq.)、佛提乌斯
(Photius, *Bibl.* 9—13,27,39,127)以及绥达斯②(他只是简单地抄
录了杰罗姆的希腊文译本)。在现代人的著作当中，上一章所提及
的所有优西比乌的传记，或多或少地提供了他的作品的目录。除
了上述所提到的著作之外，在拉涅尔的《可靠性》(Lardner,

---

① Jacques-Paul Migne, 1800—1875 年，法国教士，他的"Patrologia Latina"和
　"Patrologia Graeca"可谓集教父作品之大成。——中译者
② Suidas, 11 世纪时人，拜占庭的辞典编纂家。——中译者

Credibility）第二部分第 72 章中,尤其是在法布里丘的《希腊文书目》(Fabricius, *Bibl. Graeca*,编辑于 1714 年)第 6 卷第 30 页中,均可以找到有价值的目录。

就我们所知,优西比乌的作品,无论是存世的还是逸失的,均可以出于方便的缘由用下列的条目来分类:1. 历史著作。2. 护教学著作。3. 论战性作品。4. 神学教义作品。5. 圣经批评与注释学作品。6. 圣经辞典。7. 演讲词。8. 书信。9. 伪造或可疑的作品。这种分类必然带有一点人为的痕迹,我们既不能说它是详尽无遗的,也不能说它是排他的。①

1. 历史作品

《潘菲鲁斯传》(*Life of Pamphilus*)。优西比乌本人在四个地方提到过这一作品:《教会史》第 6 卷第 32 章;第 7 卷第 32 章;第 8 卷第 13 章;《巴勒斯坦的殉道者史》第 11 章。在这最后一个地方,他告诉我们,该书一共有三卷。杰罗姆不只一次提及该书(*De vir. ill.* 81; *Ep. ad Marcellam*, Migne's ed. *Ep.* 34; *Contra Ruf.* I. 9),他是用赞扬的口吻谈到它的,在《驳鲁菲努斯》(*Contra Ruf.*)第 1 卷第 9 章中,杰罗姆从该书的第 3 卷中作出了一个简短的摘要,这是就目前所知该作品唯一存世的残篇。该作品的撰写日期可以被确定在相对狭小的范围内。它当然必定被写作于《巴勒斯坦的殉道者史》的较短修订本之前,因为后者曾经提到它(有关它与较长修订本——此修订本并没有提及它——的关系,请参看下面第 30 页);它也必定写作于《教会史》之前(即早在 313 年之前,请见下面第 45 页)。另一方面,它必然被写作于潘菲鲁斯去世之后(见《教会史》第 7 卷第 25、32 章),即 310 年之后。 29

《巴勒斯坦的殉道者史》。该著作目前有两个修订本存世,一个是较长的修订本,另一个是较短的修订本。较长的修订本只是以叙利亚文译本的形式被完整保存下来,1861 年由库厄顿(Cureton)以英文译本加注释的方式出版。由西门·梅塔弗拉斯特

---

① 在准备优西比乌作品的下列书目时,斯坦因,特别是莱特富对我帮助最大。

斯（Simon Metaphrastes）所保存的一个该作品的希腊文原文残篇，此前曾经被帕匹布罗丘（Papebroch）刊载在《圣徒传记》中（*Acta Sanctorum*，June，tom. I. p. 64；reprinted by Fabricius，*Hippolytus*，II. p. 217），不过它曾被错误地认为是来自优西比乌《潘菲鲁斯传》的一个摘要。《巴勒斯坦的殉道者史》叙利亚文译本的库厄顿英译本表明，它是该著作原作的一个部分。存世的还有用拉丁文写成的《圣波洛科皮乌斯行传》（*Acts of St. Procopius*），此作品由瓦列修斯予以发表（在他编辑的优西比乌《教会史》名下的《巴勒斯坦的殉道者史》第1章的一个注释当中；由库厄顿再版，《巴勒斯坦的殉道者史》，第50页及其后各页）。此外，根据库厄顿的说法，阿瑟曼尼（Assemani）的《东西方殉道者传》（*Acta SS. Martyrum Orient. et Occidentalium*，Romae，1748）第二部分的第169页及其后各页，包含了这同一个作品的另一个叙利亚文译本的相当可观的部分。这个由库厄顿出版的叙利亚文译本，是在原创作品产生之后不到一个世纪内被撰写出来的（它的原手稿的写作日期在411年之前，参看库厄顿同上书的序言第 i 页），也许是在原创作品产生之后的几年里写成的，因此有足够的理由推想，它以巨大的精确性代表着原创作品。优西比乌本人是原创作品的作者，这是毫无疑问的。除了这个较长的修订本，还有一个同一作品的较短形式的希腊文文本存世，该文本被发现附着于《教会史》的多数抄本中。在某些这样的抄本中，它被放置在第8卷与第9卷之间，在另一些抄本中，被放在第10卷的末尾，而有一个抄本则把它插入到第8卷第13章的中间。在某些最重要的抄本中，根本就没有这一文本，如鲁菲努斯①的译本就是如此，依据莱特富的说法，叙利亚译本的《教会史》也是如此。优西比乌《教会史》的大多数版本，都把它印制在第8卷的末尾。米涅把它单独放置在《优西比乌存世作品

---

① 约345—410年，意大利籍拉丁教父，曾至耶路撒冷建立隐修院。先与杰罗姆交好，后因意见分歧而分手。他把优西比乌的《教会史》译成拉丁文，并增添二卷，记述324—395年间的教会历史。——中译者

集》(Opera)第 2 卷第 1457 个序列中。在我们目前这个译本中,它是作为第 8 卷的一个附录呈现出来的(见第 342 页及其后各页)。

无疑,较短的文本比较长的文本要年轻。较短的文本包含了提及《潘菲鲁斯传》的段落,而较长的文本却没有相应的段落,这似乎表明,前者是对后者的改编,而不是后者是对前者的改编(见下文第 30 页)。而且,如库厄顿和莱特富所指出的,两个作品在实质上和方法上的差异使下列一点变得很清楚:较短的文本是较长文本的一个经过修订的节略本。优西比乌本人既是较长文本的作者,也是较短文本的作者,这一点得到了如下事实的证明:不仅在两个文本所共有的段落当中,而且在较短文本所特有的段落当中,作者均以同一个人的身份、并作为他所记载的许多事件的一名目击者来进行陈述。而且,在第 11 章中,他谈到了自己撰写了《潘菲鲁斯传》三卷本,这种谈论在较长的文本中是没有的,因此必定是出自较短文本的作者之手。探讨优西比乌出版该作品的一个节略本的动机是一件很有趣的事情。库厄顿推测道,他压缩该作品,仅仅是为了把它插入到他的《教会史》的第二版中。而莱特富则认为,它可能是为了要变成"一部较大著作中的一个组成部分,在这部分中,殉道者的苦难被放置在与迫害者的死相对照的位置上",他在《教会史》第 8 卷的这一简短附录中所看到的,似乎是"《巴勒斯坦的殉道者》的较短文本所最初构成的论述第二部分的一个未完稿"。这一观点至少可以说是很有道理的。如果真是这样的话,附着于《教会史》的那个较短的《巴勒斯坦的殉道者史》,可能就不是优西比乌本人的作品,而是某名或某些模仿者的作品,比起库厄顿有关它被优西比乌本人附着于一个较晚版本的《教会史》中这一理论来,莱特富的这一推测更能够轻易地解释为何在各式各样的抄本当中存在着有关其在《教会史》中的地位的歧异观点。《巴勒斯坦的殉道者》写作于何时,这仍然无法被准确认定。无论如何,它不可能发表于《教会史》头九卷写成之前(即不会在 313 年之前,参看下文第 45 页),因为在《教会史》第 8 卷第 13 章第 7 节中,它是作为一篇规划作品而被提到的。在另一方面,较长修订本中所包含 30

的报道,带有许多当场撰述的痕迹,而作者所目睹的由殉道所留下
的印象,对于作者自身而言仍然是刚刚发生的。此外,引人注目
的是,较短修订本在作出潘菲鲁斯的殉道的报道时,把《潘菲鲁斯
传》作为一本早已出版的书加以提及,而在较长修订本里的相应
报道中,却根本没有提及这样的书。这似乎表明,《潘菲鲁斯传》
被写作于较长文本之后和较短文本之前。然而在另一方面,《潘
菲鲁斯传》被写作于《教会史》之前(见上文第 29 页),其结果必
然也是在《巴勒斯坦的殉道者史》的任何一个修订本发表之前。
各式各样的殉道报道——至少是它们中的一些——有可能被写作
于迫害期间,而它们要等到 313 年或更晚些时才被整理、完成和
发表,难道不可能这样吗? 如果承认这一点,我们就可以推测,潘
菲鲁斯的殉道报道被写作于他死后不久和《潘菲鲁斯传》开始之
前。当晚些时候它与其他一些报道一道被收录进一个叫《论巴勒
斯坦的殉道者》(On the Martyrs of Palestine)的作品时,它可能保
持了其本来的面貌,作者不大可能会想到要加入提及同时被发表
的《潘菲鲁斯传》等话语。可是当他为了一个新的版本而着手节
略和部分地改写收录于《论巴勒斯坦的殉道者》这部著作中的各
式各样的殉道报道时,他便很自然地会让读者为了更为充分的详
细情节而参考《潘菲鲁斯传》。

如果我们设想《巴勒斯坦的殉道者》的较长修订本的较大部分
在迫害结束之前已经完成,那么就会很自然地得出结论:整部作品
发表于一个较早的时期里,最有可能是在《教会史》第一版出版之
后。节略本产生的时间有多晚,我们不得而知[①]。

两个修订本之间的差异,主要在于较长文本的细节要详尽得

---

① 既然上面的部分被写出,另一种可能性便浮现在我心中。如下文第45页所谈论
的,优西比乌有可能于 324 或 325 年,刊发了一个加上了第 10 卷的第二版《教会
史》,当时他可能插入了不包含于头九卷的第一版中的两段评论意见。因此可以
设想,对作为一部早已出版的书《潘菲鲁斯传》的提及——出现于《教会史》第 6
卷第 32 章和第 7 卷第 32 章——也可能是在同时被加上的。翻到后面那一段(指
第 7 卷第 32 章),我们发现我们的作者说:"要揭示他(指潘菲鲁斯)是(转下页)

多。至于内容安排及叙述的总体模式，两个文本是一样的。它们包含了 303—310 年间在巴勒斯坦受难的殉道者的报道，这些殉道事件中的大多数，优西比乌是亲眼目睹过的。

《古代殉道集》（*Collection of Ancient Martyrdoms*）。优西比乌在其《教会史》第 4 卷第 15 章、第 5 卷的序、同卷的第 4 章和第 21 章中提到该作品。这些情况表明，它不是一部原创性的作品，而只是一个汇编，是发生于优西比乌时代之前的存世的殉道报道的一个集子。该作品已经逸失，不过，有关潘菲鲁斯及士麦拿其他人的殉道报道、有关里昂和维恩迫害的报道、优西比乌插入其《教会

31

（接上页）什么样的一种人，以及他来自何处，这并不是一件小事情。不过我们在一部题献给他的单独作品中已经描述过他生平的所有详细情节，包括他的建立学校，他在迫害期间遭受的审讯，他最后被赐予的殉道王冠。不过他是那里的所有人当中最可钦佩的。""不过"这个词被放置在有关优西比乌早已写出的作品的叙述之后是非常不自然的。实际上，要在这个居先的词的后面句子中，得出该词具有适当的反意词意义，是相当不可能的，因此它通常被简单地翻译成（如在下面第 321 页中那段话的翻译）"的确"。如果我们设想有关潘菲鲁斯传记的这一段是一个后来的窜入，"不过"一词的使用就变得可以解释了。"要揭示他是什么样的一种人，以及他来自何处，这并不是一件小事情。不过（我在这里所能说的就这么多）他是那里的所有人当中最可钦佩的。"因此，在这时候对《潘菲鲁斯传》的提及，肯定要被看作一个后来的窜入。在第 6 卷第 32 章中，对于该作品的提及，是在根本不损害思维的连续性的情况下被加入的。在第 8 卷第 13 章中，也提到《潘菲鲁斯传》，不过，多数现代版本所沿用的大量抄本均有一个过去时态："我们已经撰写了"，而其中三部最好的抄本却写成"我们将要撰写"。这种混乱会不会来自如下事实：优西比乌在修订《教会史》时，不是重写这一整段话，而是简单地用一个新词去置换被认为是不合适的词，某位抄手发现被置换的旧词仍然清晰可辨，以为新词是某个擅作主张的人肆意加入的，因而选择了旧词，却舍弃了本该使用的新词？如果由此我们应当设想，《潘菲鲁斯传》被撰写于第一版的《教会史》完成之后，以及其完整的修订版本刊发之前，我们就应该把它的写作时间定在比较长版本的《巴勒斯坦的殉道者史》要晚，比较短版本的《巴勒斯坦的殉道者史》要早，这样就能轻而易举地解释为何在前者中没有提及《潘菲鲁斯传》。与这一注释严重相对立的理论的依据是，第 8 卷第 13 章中对《巴勒斯坦的殉道者史》的提及，甚至在业经修订过的《教会史》版本中也被允许保留着未来时态，这一事实当然成了同一章中关于《潘菲鲁斯传》从"我们已经"到"我们将"转变的一个反证。我实在不知道是要坚持这一理论，还是要考虑比在文本中所陈述的东西有更多的可能。我觉得它只是作为一种二中选一的可能性存在。

史》中（第 4 卷第 15 章，第 5 卷第 1、21 章）的有关在罗马为阿波罗纽斯（Apollonius）所作的辩护，如他所告诉我们的，均是取自于这个集子。至于编辑的时间，我们只能说，它要早于《教会史》较早几卷的撰写（有关《教会史》写作日期，参看下文第 45 页）。

《编年史》。优西比乌在其《教会史》第 1 卷第 1 章中、在其《福音的准备》的第 10 卷第 9 章中、以及在其《先知书选》（*Eclogae Propheticae*）的开头中，均提到该作品。它分为两卷，第 1 卷包含了从各式各样的原始资料提取出来的全世界历史的一个梗概，第 2 卷则由编年体大事年表构成，这些表格"用平行的栏目显示不同国家的统治者的先后顺序，借此，读者一眼便能够看出任何特定的君主与什么人是同时代人"。年表"伴有注释，并标示出某些较为重大的历史事件的年份，这些注释也构成了一段历史节录"。优西比乌并不是撰写世界历史年表的第一位基督教作家。尤利乌斯·阿菲利卡努斯（Julius Africanus）在 3 世纪初时曾经发表过一部类似的作品，优西比乌从该作品中为自己的作品吸取了模式和大量的材料。与此同时，他的《编年史》不仅仅是阿菲利卡努斯作品的一个简单的修订本，它包含了他自己所作的大量独立调查研究的结果。阿菲利卡努斯的作品已经逸失，优西比乌的作品也同样遗失了许多个世纪，它被一个业经修订的、并由杰罗姆所发行的拉丁文版本所代替。杰罗姆的版本只包含了优西比乌《编年史》的第 2 卷，它是原创作品的一个译本，不过，因为加入了各式各样的作者就人类历史所写的评介，以及到他自己那个时代为止的年表续编而使篇幅增大了。这与各式各样的古代作家所保存的无数希腊文残篇一道，构成了我们对于原创作品的认识的唯一来源，直到上个世纪末①，整部作品的一个亚美尼亚文译本被发现，并于 1818 年由奥切尔（J. B. Aucher）以两卷本的形式在威尼斯公开出版。亚美尼亚文译本虽然含有大量的错误和不少的脱漏，但它不啻为我们对于原创作品的认识的最有价值的资料来源。

---

① 指 18 世纪末。——中译者

《编年史》的目的首先是为了护教,作者是想借助这一方式证明,作为基督徒合法继承对象的犹太人宗教,比最古老的异教崇拜还要古老,因而反击异教徒对手有关基督教是一种新兴宗教的指控,这一指控在当时特别常见。早在 2 世纪时,基督教护教者就强调了犹太教的古老,不过,尤利乌斯·阿菲利卡努斯是第一个致力于把该问题付诸科学研究的人,优西比乌正是出于同样的思想而跟随着他的脚步的。这份年表尽管有许多错漏,但因其解释清楚了本来是黑暗的历史时期的盲点、因其保存了大量从已经逸失的文献中摘抄下来的精华而显得价值非凡。

有大量的理由(如萨尔蒙[Salmon]在其为史密斯和韦士的《基督徒传记词典》所写的词条中所指出的)推测,《编年史》的两个版本都为优西比乌所刊行。这些理由中的其中两个需要在这里作些陈述:其一,亚美尼亚版本中的年表在许多重要细节上不同于杰罗姆版的年表,这些分歧只能通过假定它们各自获取的资料的不同而得到令人满意的解释;其二,杰罗姆明确无误地说道,该作品所记事件到君士坦丁即位 20 周年时为止,——即是说,到 325 年为止——而在《先知书选》第 1 卷第 1 章中和在《福音的准备》第 10 卷第 9 章中,均把《编年史》当作一部已经出版的作品来提及,这两本书都写作于 313 年以前。于是我们可以得出结论,该作品的第一个版本出版于大迫害期间,或更有可能是在大迫害之前,而第二个版本即修订本则大概是刊行于 325 年,或此后不久。

要想得到有关《编年史》的更多细节,可特别参看早已提及的萨尔蒙所写的条目。该作品曾经被单独发行过许多次。在这里我们应提到斯加利吉尔①的版本,该版本出版于 1606 年(第二版出版于 1658 年),在该版本中,他试图通过辛切鲁斯(Syncellus)的残篇和其他古代作家的作品来重建希腊文文本;我们还应提到麦(Mai)的新版本,该版本于 1833 年刊行于他的《新旧作品集》(*Scriptorum*

32

---

① Joseph Justus Scaliger, 1540—1609 年,意大利学者,他为古代的编年体确立了科学的基础。——中译者

veterum nova collectio)的第 8 册中，并由米涅以《优西比乌存世作品集》(*Eusebii Opera*，I. 99—598)的形式再版。不过，最好的和最终取代了一切较早版本的最新版本，是阿尔弗雷德·舒涅(Alfred Schoene)的版本，该版本共两卷，1866、1875 年刊行于柏林。

《教会史》。有关该作品的讨论，见下文第 45 页及其后各页。

《君士坦丁传》。有关该作品的细节，见本文第 466—469 页及其后各页理查森博士(Dr. Richardson)的导言。

2. 护教作品

《驳希洛克洛斯》(*Against Hierocles*)。希洛克洛斯是戴克里先迫害早期的比提尼亚(Bithynia)总督，后来又成为埃及的总督。他在两个地方均严厉地对待基督徒，不折不扣地执行皇帝的敕令，甚至使用了最可怕和最令人恶心的迫害方式(见拉克坦提乌斯的《迫害者之死》[*Lactantius*, *De Mort. Pers.*]第 16 节，和优西比乌的《巴勒斯坦的殉道者》，库厄顿版，第 18 页)。同时，他也是一名新柏拉图主义哲学家，非常精通圣经和基督教的学说。在一篇题为《与基督徒真诚交谈》(λογος φιλαληθης προς τους χριστιαυους)的反基督教作品中，他提出了许多有关《圣经》的异议和所谓的前后矛盾，并对基督与泰亚纳的阿波罗纽斯①进行了比较，其目的是为了贬抑前者。优西比乌感到有义务回应这一作品，不过他把自己完全限制在与基督和阿波罗纽斯有关的部分之内，而留待以后再来驳斥该作品的其余部分，这其余部分的确如他所说，不过是凯尔苏斯②论点的翻版，实际上早已为奥利金所驳倒(见第 1 章)。优西比乌承认，阿波罗纽斯是一位善人，不过他拒绝承认他比善人更完善，或他可以与基督相媲美。他极力表明，由菲洛斯特拉图斯

---

① Apollonius of Tyana，活跃于 1 世纪间的希腊新毕达哥拉斯主义哲学家。——中译者

② Celsus，2 世纪时的异教哲学家，活跃于亚历山大里亚和罗马。著有《真道》四卷，反对基督教。他认为耶稣复活的故事剽窃自其他许多宗教的传说，并指出基督教内部和《圣经》各卷当中存在着自相矛盾。他断定基督教是非法的秘密社团。原著已佚，其大部引语转述自奥利金的《驳凯尔苏斯》。——中译者

(Philostratus)所作的有关阿波罗纽斯的报道前后充满着矛盾，并不是建立在可靠证据的基础上。该书的语调是温和的，观点大体上是合情合理的，而且陈述得很好。要想准确地确定该作品的写作日期是不可能的。瓦列修斯认为该作品撰写于迫害的后期，当时优西比乌正在埃及访问；斯坦因则认为它可能写作于 312 或 313 年前后，甚至可能会更早些；而莱特富只是说："它也许是优西比乌最早的作品之一。"没有任何理由把它的写作日期放在一个时期而不是另一个时期，除非承认如下的内在可能性：它被撰写于它要对之作出回应的那部著作问世之后不久。实际上，假如希洛克洛斯的攻击性著作问世之后过去了若干年以后优西比乌才撰写反驳作品的话，他无疑就会对其进行更为充分和完整的驳斥，就如他在第 1 章中所表明的那样。同时，希洛克洛斯的著作无论如何必定是撰写于迫害结束之前的某个时期，因为它被拉克坦提乌斯在《神圣原则》(*Div. Inst.*) 的第 5 卷第 2 章中提到过。

优西比乌这一作品曾由盖斯佛(Gaisford)出版，题名为《优西比乌·潘菲利驳希洛克洛斯及马尔切鲁斯书》(*Eusebii Pamph. Contra Hieroclem et Marcellum libri*，Oxon. 1852)；该作品还刊行于各种版本的菲洛斯特拉图斯著作中。米涅的《优西比乌存世作品集》(*Opera*)第 4 卷第 795 个系列，根据菲洛斯特拉图斯著作的欧里亚利乌斯(Olearius)版本，再版了这一作品(Lips. 1709)。

《驳波菲利》(*Against Porphyry*)。波菲利是著名的新柏拉图主义哲学家，被早期教父们认为是教会最恶毒和最危险的敌人，在 3 世纪末时撰写了一部反对基督教的 15 卷本的作品，该作品被看作是对教会所发出的最有力的攻击，它激起了当时某些最伟大的教父的反驳：从泰尔的梅多丢斯(Methodius of Tyre)，恺撒利亚的优西比乌，到劳迪西亚的阿波里纳利乌斯[1]；甚至晚至 4 世纪末或 5 世纪初，历史学家菲洛斯多尔吉乌斯还认为有必要为它另写一篇

---

[1] Apollinarius of Laodicea，约 313—390 年，曾是 Laodicea 的主教，因主张基督不拥有人的心智，被判为异端。——中译者

回应文章（见他的 *H. E.* 第 10 卷第 10 章）。波菲利的作品已经逸失，不过它尚存的残篇向我们表明，该作品学问高深，手法娴熟。

33 他从福音书的记载中找到了大量的所谓自相矛盾之处，指出了在怀疑主义者的手中成为最有力的武器的歧义部分。像波菲利的作品以及所有其他驳斥它的作品那样，优西比乌的辩护书也完全逸失了。提到过它的有杰罗姆（*de vir. ill.* 81 and *Ep. ad Magnum*，3，Migne's ed. *Ep.* 70）、苏克拉底（*H. E.* III. 23）和菲洛斯多尔吉乌斯（*H. E.* VIII. 14）。有关它所包含的卷数，存在着一些争议。杰罗姆说道："优西比乌写成 25 卷，而阿波里纳利乌斯则写成 30 卷。"（见其 *Ep. ad Magn.*）这表明它一共有 25 卷，而在《杰出人物传》中（*de vir. ill.* 81），他却谈到有 30 卷，其中他看过的只有 20 卷。然而，瓦拉尔西（Vallarsi）说道，他的所有抄本均被一致认为是 25 卷而不是 30 卷，这样看来，世俗所传的文本是不正确的。

要形成有关优西比乌反驳的性质的某种准确概念是不可能的。苏克拉底以适度赞扬的口吻谈到它（"优西比乌已经对其〔指波菲利的作品〕作出了巧妙的回应"），杰罗姆也讲了类似的话（"对他〔指波菲利〕，梅多丢斯、优西比乌及阿波里纳利乌斯均进行了强有力的反驳"，见 *Ep. ad Magnum*）。与此同时，阿波里纳利乌斯和其他人仍然认为有必要撰写反驳波菲利的作品这一事实似乎表明，优西比乌的反驳并非完全令人满意。事实上，杰罗姆（*Ep. ad Pammachium et Oceanum*，2，Migne's ed. *Ep.* 84）似乎把阿波里纳利乌斯的作品排在优西比乌的作品之上，菲洛斯多尔吉乌斯明确说道，前者远远超过后者。优西比乌这一作品的写作日期无法确定。尽管他提到过波菲利的作品好几次，但他从未提到自己这一作品，这一事实曾被瓦列修斯和其他人利用来作为他要到 325 年以后才撰写它的证据。不过如拉涅尔（Lardner）所作的那样，设想该作品是其早年写成的东西，此后他又感到它的低劣因而不愿意提及它，以此来解释他对该作品的沉默，这也是相当有可能的。实际上，他也许在很早时、甚至在撰写《驳希洛克洛斯》前便写成了该作品，即他是在其注意力集中到阿里乌争端及其相关问题上之前写成了它的,这并不是不可能的。

《论古人的多子多孙》(*On the Numerous Progeny of Ancients*)。
优西比乌在其《福音的准备》第 7 卷第 8 章第 20 节中(Migne,
Opera,III. 525)提到该作品,不过再也没有别的人提到过它,唯一
的例外是它被巴西尔①在其《论圣灵》(Basil,*De Spir. Sancto*,29)
中当作是《关于古人多妻制的歧义》(*Difficulties respecting the
Polygamy of the Ancients*)。该作品已经逸失,不过我们可以从《福
音的准备》一书所提及的相关历史联系中推断出,该作品的目的是
解释犹太人祖先的多妻制,并把这一制度与优西比乌时代中教会
所流行的基督徒生活的禁欲理想相协调。因此它之所以被写作,
似乎带有一种护教的目的。

《福音的准备》和《福音的证明》。这两篇论文一起构成了优西
比乌最伟大的护教作品。前者是针对异教徒的,目的是要表明,基
督徒接受希伯来人的圣书和拒绝希腊人的宗教和哲学是有正当理
由的。后者则借助希伯来人的圣书本身去极力证明,基督徒在超
越犹太人方面、在接受耶稣作为自己的弥赛亚方面以及在采纳另
外一种生活模式方面,都是做得对的。因此,前者在某种程度上是
后者的准备,两者合在一起构成为针对整个世界包括犹太人和异
教徒在内的一种基督教辩护。在见解的宏伟方面,在论述的完整
性方面,以及在学识的广博方面,这个辩护无疑均超越了古代所有
其他的护教作品。莱特富公正地说道:"这个伟大的护教作品展现
了我们在优西比乌身上的别的地方所能发现的优点和缺点。同样
的概念伟大被同样的技巧的不充分所损毁,同样的丰厚学识合并
着同样的把控材料的无能,这种情况我们在其《教会史》中已经看
到过。区分并不总是很明显;话题的出现既唐突又不合时宜。不
过尽管存在着这种种缺陷,它仍不啻为早期教会中最重要的护教

---

① 约 330—379 年,希腊教父。曾入恺撒利亚隐修院,并制定隐修院规则。370 年起
　任恺撒利亚主教。反对阿里乌派,认为上帝的三个位格同属于一个神圣本体,对
　当时正统派信徒具有很大影响,被称作"伟大的巴西尔"。——中译者

34 作品。它当然缺乏 2 世纪护教作品的那种历史重要性；它远远达不到奥利金在《驳凯尔苏斯》这篇信仰辩护论文中所表现出来的那种具有永恒价值的深思熟虑和渗透力；在修辞的活力和表达方面，它落在了拉丁辩护士的后头。不过，它经常展现出来的那种有说服力的真知灼见，尤其是体现于可以被简短地称作为'历史上的上帝'的主题之上的联系，目前已经引起了我们的注意，而且必然曾经给了他的同时代人更为强烈的印象；而在学识和完整性方面，它都是无以匹敌的。"优西比乌在《福音的准备》中所展现出来的对于古典文献的广泛熟悉，是非常引人注目的。它提到了许多我们从别的资料来源中无法得知的作者，它还摘录了许多作品残篇，由于有了这些摘录，这些残篇才不至于完全湮没无闻。因此，《福音的准备》为古典文献所作出的贡献，相当于《教会史》为基督教文献所作的贡献。

在第 15 卷的开头①，有一个有关《福音的准备》一书内容的非常令人满意的概要。在第 1、2、3 卷中，作者揭露了异教神话的荒谬，攻击了新柏拉图主义者的寓言神学；在第 4、5 卷中，他讨论了异教的神谕；在第 6 卷中，他驳斥了命运的学说；在第 7 卷中，他叙述了希伯来人，把接下来的七卷专门用来解释他们制度的优越性，和用来证明如下观点：摩西和先知们生活于最伟大的希腊作家之前，后者从前者中获取知识；在第 14、15 卷中，他揭露了希腊哲学家当中的自相矛盾，以及他们的体系中、尤其是亚里士多德学派的体系中的重大错误。《福音的准备》一共有 15 卷，它们被完整地保存了下来。

《福音的证明》原著有 20 卷（见杰罗姆的 *de vir. ill.* 81，和佛提乌斯的 *Bibl.* 10）。其中只有 10 卷保存了下来，即使在尼斯佛鲁斯·卡里斯图斯的时代里，也没有更多的信息为人所知，因为他给出的卷数也是 10 卷（*H. E.* Ⅵ. 37）。还存在着一个第 15 卷的残篇，该残篇被麦所发现和刊行（*Script. vet. nova coll.* I. 2，p. 173）。第 1 卷是导言性的，在该卷中，优西比乌表明了基督徒为何要追寻

---

① 这里显然是指《福音的准备》。——中译者

一种不同于犹太人的生活方式，并勾勒出作为从一开始就是一切虔诚之人的宗教的"希伯来教"（Hebraism）与作为犹太人特别制度的犹太教之间的差异，他指出，基督教既是对前者的延续，也是对后者的拒绝，后者是昙花一现的，很快就会消亡。在第 2 卷中，他表明，对外邦人的召唤和对犹太人的遗弃在《圣经》里已经有了预示。在第 3—9 卷中，他讨论了救主的人性、神性、道成肉身①以及世俗生活，表明了这一切均在先知书中得到了启示。我们可以推测该作品的其余部分同样遵循着一个总的计划，基督的死、复活、升天及他的教会的扩展等，大概成为这些卷次所讨论的主题，就像在别的类似作品中那样。

有关这两部作品的写作日期，存在大量的争议。斯特洛斯和卡夫把它们的写作日期放在尼西亚公会议之后，而瓦列修斯和莱特富以及其他一些人则认为它们写作于尼西亚公会议以前。在《教会史》中有两段话，通常被认为提到了《福音的证明》（《教会史》第 1卷第 2、6 章），然而也有可能，它们指的是《先知书选》。因此我们不能把观点建立在这些段落的基础上。不过在《福音的准备》第 12卷第 10 章中（*Opera*，III. 969），有一个地方提到了迫害，该段落似乎清楚地表明，迫害还在继续；《福音的证明》（III. 5 and IV. 6；*Opera*，IV. 213 and 307）——该书写作于《福音的准备》之后——更是清楚地表明迫害还在继续。可是在另一方面，在《福音的证明》第 5 卷第 3 章和第 6 卷第 20 章中（*Opera*，IV. 364 and 474），却有段落表明，迫害已经结束。于是，似乎有必要如莱特富那样得出结论，《福音的证明》开始于迫害期间，不过要到和平到来之时才完成。写成于《福音的证明》之前的《福音的准备》一书（有关前者，见 *proaemium*），必定在迫害期间就已经完成。在第 10 卷第 9 章中

---

① Incarnation，基督教基本信条之一，即基督是三位一体中的第二位，作为圣子，他在世界尚未创造之前便与上帝圣父同在，他是上帝的道，亦即逻各斯，因世人犯罪无法自救，上帝遂差遣他来到世间，通过童贞女马利亚而取肉身成人。该信条源自于《约翰福音》和《尼西亚信经》。——中译者

（*Opera*，III. 807），它提到《编年史》是一部早已出版的作品（见上文第 31 页）。

35 　　《福音的准备》和《福音的证明》均被收入米涅编辑的《优西比乌存世作品集》（*Opera*）第 3 卷及第 4 卷第 9 个系列中。一个更新的文本是提乌波涅尔（Teubner）丛书中的丁多尔夫（Dindorf）文本（1867 年版）。《福音的准备》曾经被海尼琛（Heinichen）以二卷本（Lips. 1842）、被盖斯佛以四卷本（Oxon. 1843）单独出版过。后者包含有拉丁译文和完整的评论性索引及注释，是我们所拥有的最有用的版本。1846 年，塞基尔（Seguier）出版了一个带有注释的法文译本。后者被与拉丁文本一起刊行于米涅编辑的《优西比乌存世作品集》第 3 卷第 1457 个系列中。这个法文版我未曾见过。

　　《福音的证明》也被盖斯佛以二卷本的形式出版过（Oxon. 1852），该版本带有评论性注释和拉丁文译文。海涅尔（Haenell）曾使这两个作品成为一部叫作《恺撒利亚的优西比乌的基督教辩护文稿》（*De Eusebio Caesariensi religionis Christianae Defensore*，Gottingae，1843）的专题论文集的收入对象，我只是从斯坦因和莱特富的提及中，才获悉该专题论文集的存在。

　　《教会的准备》（*Praeparatio Ecclesiastica*）和《教会的证明》（*Demonstratio Ecclesiastica*）。这两部作品已经逸失。我们只是从佛提乌斯的《书目》（*Bibl.*）第 11 章中获悉有前者，从该书第 12 章中获悉有后者。莱特富说，后者还在《希腊—罗马法律》（*Jus Graeco-Romanum*）一书中被提及（lib. IV. p. 295；ed. Leunclav.）。我们对这两部作品一无所知（除了根据佛提乌斯的说法，第一个作品包含有摘录以外），要不是佛提乌斯在其《书目》的另一个地方（*Bibl.* 第 10 章）明确提到后面两者的话，我们就会错以为它们与《福音的准备》及《福音的证明》是同一回事。莱特富推测道，这两部逸失的作品对于社会的意义，就相当于《福音的准备》和《福音的证明》对于把社会作为其储存仓库的学说的意义；他还提醒说，《神的显现》一书中一些论及教会基础的部分（第 4 卷），也许是采纳自《教会的证明》，就像该作品的其他一些部分（第 5 卷）采纳自《福音的证明》那样。

　　如果像莱特富所认为的那样，《福音的准备》第 1 卷第 3 章中（*Opera*，III. 33）的确提到了《教会的证明》——这是相当有可能的——那么，《教会的证明》，甚至可能还有《教会的准备》，都必定是写作于 313 年之前。

　　《有关反对和辩护的两卷书》（*Two Books of Objection and Defense*）。该书已经逸失，不过被佛提乌斯在《书目》第 13 章中提及。我们从佛提乌斯的语气中推断，在他的那个时代里流传着该作品的两个版本。佛提乌斯清楚地表明，该书包含的是一个针对异教徒攻击而为基督教所作的辩护，而不是像卡夫所推测的那样，是作者针对阿里乌主义者的指控所作的辩解。因此，库济库斯的格拉修斯（Gelasius of Cyzicus）所提到的小册子（见下文第 64 页），不应当如卡夫所想象的那样是指这个作品。

　　《神的显现》。该作品的一个叙利亚文版本尚保存于包含有《巴勒斯坦的殉道者史》的同一个抄本中，并被李于 1842 年首次出版。1843 年，同一位编者刊发了一个带有注释和冗长序言的英译本（Cambridge，1 vol.）。原创作品作为一个整体已经逸失，不过大量的希腊文残篇被麦于 1831、1833 年收集并出版（*Script. vet. nov. coll.* I. and VIII.），1847 年，又增加了部分内容再次出版（*Bibl. Nova Patrum*，IV. 110 and 310；由米涅再版，*Opera*，VI. 607—690。米涅没有提供叙利亚文版本）。包含有叙利亚文版本的抄本撰写于 411 年，李认为，该译文本身可能在优西比乌在世期间就已经被撰写出来。无论如何它是非常古老的，就其可能性来判断，它似乎以其相对的准确性重现了原作的感觉。该作品的主题是上帝在道成肉身当中显现。它的目的就是要为神的权威及基督教的影响提供一个简短的解释，同时也带有某种护教的意图。它分为五卷，这五卷书依次讨论启示的对象和接受者，即，既是逻各斯，又是人；启示的必要性；从其结果中得出的证明；从其预言的实现中得出的证明；最后，异教徒对基督特性及奇异工作的通常反对。李谈到该作品时说道："作为一篇有关基督教、特别是有关它的神的权威

和令人惊讶的影响的简短解释，它也许从来没有被超越过。"" 当我们
36 考虑一下我们的作者所占据的非常广博的调查范围、它所包含的众
多奇异观点和信息，以及它所占有的狭小篇幅时，我想我们便无法避
免得出这样的结论：这是一篇不同凡响的作品，它既适用于它被写作
时的那个时代，也适用于我们自己的时代。它的主要优点是，它是辩
论性的，它的观点建立在良好的基础上，而且被处理得很符合逻辑。"

《神的显现》包含了许多在优西比乌其余作品中也能找到的东
西。其中第 1、2、3 卷中的大量内容均被包括在《君士坦丁颂》
(Oratio de Laudibus Constantini) 当中，第 5 卷几乎整卷在《福音的
证明》中出现过，许多段落也曾出现于《福音的准备》中。

这些重合有助于我们确定作品的写作日期。从第 2 卷第 76
章、第 3 卷第 20 及 79 章、第 5 卷第 52 章中可以清楚地看出，它被
撰写于迫害停止和教会的和平恢复之后。李认为它撰写于戴克里
先迫害结束之后不久，而莱特富则从它与优西比乌其余作品的相
类似的性质中断然得出结论说，它一定是写作于优西比乌行将去
世之时，肯定要晚于《君士坦丁颂》(335 年)，在他去世的时候，它
还没有完成，这并不是不可能的。

3. 论战作品

《为奥利金辩护》。这是优西比乌与潘菲鲁斯共同撰写的作
品，这一点被优西比乌本人在其《教会史》第 6 卷第 33 章中、被苏
克拉底在其《教会史》第 3 卷第 7 章中、被《宗教会议信函》
(Synodical Epistles, Ep. 198) 的匿名收集者、以及被佛提乌斯在
其《书目》(Bibl. 118) 中明确提到过。这最后一位作者告诉我们，
该作品一共六卷，头五卷为优西比乌和潘菲鲁斯所写，当时后者正
被囚禁于监狱，最后一卷是在潘菲鲁斯死后由优西比乌添加上去
的(见上文第 9 页)。没有任何理由怀疑佛提乌斯这一陈述，因此
我们可以把头五卷的写作日期确定在 307—309 年，并推测第 6 卷
写于此后不久。《为奥利金辩护》一书大部已经逸失，不过剩下了
第 1 卷，此卷被鲁菲努斯翻译成拉丁文(Rufin. ad Hieron. I.
582)，目前仍以他的拉丁文本存世。鲁菲努斯明确地指出该卷为

潘菲鲁斯所写，因此只有潘菲鲁斯的名字出现于该译本中。杰罗姆（*Contra Ruf*. I. 8；II. 15，23；III. 12）坚持认为，整部作品为优西比乌所写，而不是为潘菲鲁斯所写，并且指责鲁菲努斯在该作品的译本中故意用殉道者潘菲鲁斯的名字代替有阿里乌主义倾向的优西比乌的名字，以便使奥利金的学说获得更广泛的接受。杰罗姆在该问题上的不公正和不诚实已经被莱特富指出来（第 340 页）。尽管他极力把整部作品的创作权加到优西比乌身上，不过可以肯定的是，潘菲鲁斯是它的共同作者之一，很有可能，鲁菲努斯认为既然原作中所有注释及从奥利金作品中的摘录都是潘菲鲁斯所为，这些内容又构成整部作品的较大部分，因此把该书的著作权归之于潘菲鲁斯便是有道理的。优西比乌可能撰写了后面卷次的大部分内容。

　　该作品的目的是针对奥利金的对手的攻击，为他提供辩护（见优西比乌《教会史》第 6 卷第 33 章，以及《辩护》本身的序）。依照苏克拉底的说法（*H. E.* VI. 13），梅多丢斯、尤斯塔修斯、阿波里纳利乌斯，以及狄奥菲鲁斯[①]等人都写过反对奥利金的文章。这些人中，只有梅多丢斯是在《辩护》撰写之前写文章的，根据杰罗姆的说法（*Contra Ruf*. I. 11），在《辩护》的第 6 卷中，他受到了特别的攻击。对奥利金所激起的广泛敌意，主要并不是他个人性格的结果，而是他的神学观点的结果。因此，《辩护》似乎主要被用来为反驳坚持和教导对立观点的人的攻击的那些作者进行辩解的，因而在某种意义上可以被看作是常规的论战。存世的这卷书主要是讨论奥利金在三位一体及道成肉身方面的观点。它并未刊行在米涅编辑的《优西比乌存世作品集》上，而是被收录于各种版本的奥利金作品上（in Lommatzsch's edition, XXIV. 289—412）。有关该作品的进一步细节，可参看德拉鲁（Delarue）为该书所作的导言（Lommatzsch, XXIV. 263 sq.），以及莱特富论优西比乌的文章， 37

[①] 活跃于 2 世纪的希腊教父，安条克主教，主要作品有《申辩书》（*Apologia*）。——中译者

见第 340、341 页。

《驳安基拉主教马尔切鲁斯》(*Against Marcellus，Bishop of Ancyra*)。撰写该作品的原因已经被描述过（见第 25 页），而且也被优西比乌本人在该作品的第 2 卷第 4 章中解释过。该作品必定写于公会议之后不久，在此次公会议上，马尔切鲁斯受到谴责。它的目的仅仅是要揭露他的错误，因而带有释经学和神学的味道。该作品一共两卷，目前仍然存世(*Opera*，VI. 707—824)。

《论教会神学，驳马尔切鲁斯》(*On the Theology of the Church，a Refutation of Marcellus*)。有关该作品的写作原因，其第 1 章有所提及。在上面那个作品中，优西比乌的目的只是揭露马尔切鲁斯的观点，而在这个作品中，他则致力于进行批驳，因为他害怕这些观点会以其详尽和巧辩而使人误入歧途。该作品共三卷，目前仍存世，由米涅收入其《优西比乌存世作品集》第 6 卷第 825—1046 个系列中。该作品及上述那个作品，与《驳希洛克洛斯》一道，被刊行在盖斯佛的《优西比乌·潘菲利驳希洛克洛斯与马尔切鲁斯》(*Euseb. Pamph. contra Hieroclem et Marcellum*) 当中 (Oxon. 1852)。赞(Zahn)已经写了一篇题为《安基拉的马尔切鲁斯》(*Marcellus von Ancyra*)的颇有价值的专题论文(Gotha, 1867)。

《驳摩尼教徒》(*Against the Manicheans*)。艾皮法纽斯(*Haer.* LXVI. 21)在各种反驳摩尼教徒的作品当中特别提到优西比乌所写的这一篇。在任何别的地方均未曾提到过该作品，有可能艾皮法纽斯在提到此事时弄错了，或者他心目中所拥有的驳斥只是构成为某部其他作品的一个部分，可是我们又几乎没有什么正当的理由像莱特富那样，断言该作品不可能存在过。

4. 教义作品

《基本入门》(*General Elementary Introduction*)。我们从《先知书选》第 4 卷第 35 章中所提到的信息得知，该作品共有 10 卷。它明显是神学研究的一个总导论，涵盖了大量不同的题目。五个简短的残篇被保存了下来，它们全都来自第 1 卷，该卷主要讨论伦理学的总原则。这些残篇被麦刊行出版(*Bibl. Nova Patrum*，IV.

316），并被米涅再版（*Opera*，IV. 1271 sq.）。除了这些残篇以外，该作品的第 6、7、8、9 卷以下列篇名存世：

《先知书摘要》（*Prophetical Extracts*）。尽管此作品构成为较大作品的一个部分，可是它本身是完整的，并独立于《基本入门》的其余部分而单独流行。它包含了旧约中先知书段落有关基督人格和德行方面的摘录，并带有阐述性注释。它分为四卷，第 1 卷包含有来自《圣经》历史作品的摘要，第 2 卷来自《诗篇》，第 3 卷来自《旧约》中的其他诗作及先知书，第 4 卷只是来自《以赛亚书》。逻各斯的人格是该作品的主要话题，该作品因而是教义性的，而不像它给人的最初印象那样是护教性的。该作品撰写于迫害期间，在第 1 卷第 8 章中便清楚地提到了这种方兴未艾的迫害，因此它必定写作于 303 至 313 年之间。这些书卷的写作日期自然决定了《基本入门》的写作日期，因为前者是后者的一个组成部分。在《教会史》第 1 卷第 2 章中提到了《先知书选》。而在另一方面，《先知书选》提到《编年史》是一部早已撰写出来的作品（I. 1：*Opera*，p. 1023）；还提到一条材料，该材料证明存在着两个版本的《编年史》（见上文第 31 页）。这四卷《先知书摘要》最初被盖斯佛于 1842 年（Oxford）从一个维也纳抄本中提取出来单独出版。该抄本在许多地方都被搞得残缺不全，包括作品名称在内的开头部分便缺失了。米涅曾经在《优西比乌存世作品集》第 4 卷第 1017 个系列中再版了盖斯佛的版本。

《论复活节》（*On the Paschal Festival*）。优西比乌在其《君士坦丁传》第 4 卷第 34 章中告诉我们，该作品是写给皇帝君士坦丁的，后者在一封保存于《君士坦丁传》第 4 卷第 35 章中的致优西比乌的信函中高度地赞扬了该作品。而且，从这封信函中我们获悉，该作品已经被翻译成拉丁文。它作为一个完整的作品已经逸失，不过，它的一个重要的残篇被麦发现于尼斯塔斯的《论路加福音的链接》（Nicetas, *Catena on Luke*）中，并被他发表在他的《新编教父书目》（*Bibl. Nova Patrum*，IV. p. 208 sq.）中。它的存世部分包含有 12 章，其中一部分是用来讨论逾越节的性质及其象征意义，一

38

71

部分用来解释尼西亚公会议上复活节问题的解决，一部分用来阐明一个观点，该观点反对在犹太逾越节期间过复活节，理由是，基督本人并没有与犹太人同一天守逾越节。

杰罗姆虽然在其优西比乌作品目录中(*de vir. ill.* 81)未曾提到该作品，不过他在别的地方(*ib.* 61)则说道，优西比乌创制了一个以 19 年为一周期的复活节规则。这个周期表可能曾作为(如莱特富所说的那样)目前正在讨论的作品的一个部分获得刊行。该作品的写作日期无法准确确定。它被撰写于尼西亚公会议之后，从《君士坦丁传》中所提到的联系看，似乎是撰写于皇帝即位 30 周年(335 年)之前，不过是在这一年之前不久。麦所发表的这个存世的残篇，又被米涅再版于《优西比乌存世作品集》第 6 卷第 693—706 个系列中。

5. 批评性和释经性作品

《圣经经文》(*Biblical Texts*)。我们从杰罗姆那里(*Praef. in librum Paralip.*)获悉，优西比乌和潘菲鲁斯刊行过若干份奥利金编辑的七十子希腊文圣经，即用《六文合参本》[①]的其中第五栏的《圣经》。发现于一个梵蒂冈抄本中、并由米涅的《优西比乌存世作品集》第 4 卷第 875 个系列的摹本所给出的一个扉页，包含有有关他们工作的如下说明(译文是莱特富所作)："它被抄录自六文合参本，并被校正自奥利金本人的《四文合参本》(*Tetrapla*)，后者还随同他自己手稿中的旁注一起被校正和完成；我优西比乌从那里加

---

① *Hexapla*：一般译为《六文合参本》，指的是奥利金为了自己研究的方便，把《旧约》的六种不同版本各章内容对应合编一起的一个综合版本，每章第一栏为古希伯来文文本；第二栏为奥利金自己用直译方式译成的希腊文文本；第三栏为阿奎拉(Aquila)的希腊文版本，作者是约 100 年时巴勒斯坦的一位正统犹太人，其译本以过分书面化的直译为主；第四栏为西马科斯(Symmachus)的希腊文版本，作者是 2 世纪晚期的一名伊便尼派(Ebionites)人士；第五栏为著名的七十子希腊文译本；第六栏为狄奥多蒂翁(Theodotion)的希腊文译本，据说早期的基督徒在涉及《但以理书》时特别喜欢选用这最后一个译本，而不是用七十子译本。资料来源请参看 Timothy D. Barnes, *Constantine and Eusebius*, Harvard University Press, Cambridge, Massachusetts, 1981, p. 91。——中译者

上了旁注,潘菲鲁斯和优西比乌订正了[这一抄本]。"也可参照菲尔德的《六文合参本》(Field, *Hexapla*)第 1 卷第 99 页。

　　泰勒(Taylor)在《基督徒传记词典》(*Dictionary of Christian Biography*)第 3 卷第 21 页中说道:"整部作品(指《六文合参本》)篇幅太大,因而不好再增加;不过在殉道者潘菲鲁斯和优西比乌的指导下,只有它的第五栏的许多摹本被从恺撒利亚刊发,这个七十子希腊文译本的修订本才得以流行。某些刊行的摹本还包含了旁注,这些旁注尤其为《六文合参本》中的尚存版本提供了一个读物选。该修订本的最古老的存世抄本,是 4 或 5 世纪在莱顿刊行的撒拉维阿奴斯抄本(*Codex Sarravianus*)。"这些版本的七十子希腊文译本,必定是在 309 年之前发行的,潘菲鲁斯就在此年殉道,也很可能是在 307 年发行,他就在此年入狱(见 Lardner, *Credibility*, Part II. chap. 72)。

　　在较晚的时期里,我们发现优西比乌再一次忙于《圣经》摹本的出版。根据《君士坦丁传》第 4 卷第 36、37 章的说法,皇帝给优西比乌写信,要求他为其新落成的君士坦丁堡教堂的使用准备 50 本豪华装的《圣经》。这一命令被小心翼翼地执行,抄本以巨大的代价来准备。曾有人认为,在我们存世的抄本当中,可能就有一些是在优西比乌监督下制造出来的摹本,不过这是极其不可能的(见莱特富的文章,第 334 页)。

　　《福音书 10 规则,附致卡皮阿努斯的信函》(*Ten Evangelical Canons, with the Letter to Carpianus Prefixed*)。亚历山大里亚的阿蒙纽斯(Ammonius of Alexandria)在 3 世纪初曾构建过一个四福音书对照本,他在此书中把《马太福音》作为标准,把其余三部福音书的对应段落与它的段落并排。优西比乌的作品正是受到该对照本的启发,这一点是他在致卡皮阿努斯的信函中告诉我们的。阿蒙纽斯作品的一个不方便的地方是,只有《马太福音》可以被按顺序连续阅读,其余的福音书的顺序则被打乱,以便让它们的对应部分来迁就《马太福音》的顺序。优西比乌希望能纠正这一缺陷,他以一种不同的原则来构建自己的作品。他创制了一份含有 10 条规则的表格,每条规则均包括一系列相关段落,详情如下:规则一,四部福音书共同拥有的段落;规则二,《马太福音》、《马可福音》及《路加福音》共同拥有的段落;规则三,《马太福音》、《路加福音》及《约翰福音》共同拥有的段落;规则四,《马太福音》、《马可福音》及《约翰福音》共同拥有的段落;规则五,《马太福音》和《路加福音》共同拥有的段落;规则六,《马太福音》和《马可福音》共同拥有的段落;规则七,《马太福音》和《约翰福音》共同拥有的段落;规则八,《路加福音》和《马可福音》共同拥有的段落;规则九,《路加福音》和《约翰福音》共同拥有的段落;规则十,每部福音书所特有的段落:首先是《马太福音》,其次是《马可福音》,其三是《路加福音》,最后是《约翰福音》。

39

然后每部福音书均被划分为若干部分,这些部分被按顺序连续编号。每部分的长度不是由意义来确定,而是由规则表来确定,每一部分均由一个段落构成,该段落可以是四部福音书共有的,也可以是三部福音书共有的,也可以是两部福音书共有的,还可以是本福音书所特有的,一切皆依具体情况而定。一个部分因而可能还不到一节,又有可能包括了一章以上。各部分是用黑字来编号的,在每一个数字的下面会设置另一个红色的数字,以表示该部分所属的规则。读者一看见此规则,就会马上发现其余福音书中对应部分的编号数字,因而就能够很轻易地转向它们。下面是第一条规则中若干行的一个实例:

MT.　　　　　　MP.

因此,在《约翰福音》的某一段落的对面,读者找到了写有ιβ(12)的地方,其下面的标注是(1)。他因而就转到了第一条规则(A),并找到《马太福音》中的第ια(11)部分、《马可福音》中的第δ(4)部分以及《路加福音》中的第ι(10)部分,这些部分均是与《约翰福音》第ιβ(12)部分相对应的内容。这样一种体系的好处和便利是显而易见的,它的发明表明了作者的独出心裁。实际上它从来没有被取代过,在我们许多最好的希腊文新约中的纸边上,仍然标注有部分和规则（例如在特里格利斯［Tregelles］的和提申铎夫［Tischendorf］的新约中）。这些规则构建的日期很难加以确定。有关它们的进一步细节，可参见莱特富论优西比乌的文章的第 334 页，以及斯克里维诺的《新约批评导论》（Scrivener, *Introduction to the Criticism of the New Testament*）第二版第 54 页。该规则，连同致卡皮阿努斯的信函，皆由米涅提供，参看其《优西比乌存世作品集》第 4 卷第 1275—1292 个系列。

《福音问答》（*Gospel Questions and Solutions*）。该作品由两个部分构成，或由两个单独的作品合并而成。第一部分的题目为《写给斯蒂法努斯的福音问答》（*Gospel Questions and Solutions addressed to Stephanus*），优西比乌在其《福音的证明》第 7 卷第 3 章中把该部分叫作《有关救主家谱的问题和解答》（*Questions and Solutions On the Genealogy of Our Saviour*）。第二部分的题目是《写给马里努斯的福音问答》（*Gospel Questions and Solutions addressed to Marinus*）。我们从第二部作品的开场白中获悉，第一部作品有两卷。在提到上一部作品的这一段落中，优西比乌说道：在讨论过了困扰着福音书开头的难题之后，他就要着手来考虑有关它们后一部分的问题，在这里，中间部分被省略了。他因此似乎在某种意义上把这两部作品看作是构成一个整体的不同部分。杰罗姆在其《杰出人物传》（*de vir. ill.*）第 81 卷中，提到在优西比乌的作品当中有一部《论福音书中的差异》（*De Evangeliorum Diaphonia*），在其《〈马太福音〉注释》第 1 章第 16 节中，他提到了优西比乌的《福音书当中的差异之书》（*libri διαφωνιας ευαγγελιων*）。艾比杰苏也评论道："恺撒利亚的优西比乌撰写了《福音书中的矛盾解答》。"根据拉提诺·拉提尼（Latino Latini）的通告，16 世纪时，在西西里发现了"恺撒利亚的优西比乌《论福音书中的差异》共三卷"。可是有关这个西西里抄本，再也没有更多的东西被听到和看到。以《福音书中的差异》为书名而被提及的这一作品，无疑就是《福音问答》，因为在我们手头所拥有的《福音问答》中，福音书中的差异占据了大量的空间，"差异"（διαφωνια）一词频频出现。因此，拉提诺·拉提尼提到的三卷，便是优西比乌本人所提到过的写给斯蒂法努斯的两卷，以及写给马里努斯的一卷。整部作品已经逸失，不过它的一个摘要被麦发现并刊发，连同其一起刊发的还有该作品未经节略的大量残篇，其中两个残篇是用叙利亚文写成（*Bibl. Nova Patrum*，IV. 217 sq.；由米涅再版，见《优西比乌存世作品集》第 4 卷第 879—1016 个系列）。在这个摘要中，写给斯蒂法努斯的作品一共有 16 章，而两卷的划分并没有被保留下来。写给马里努斯的作品则只有 4 章。

该作品旨在回答斯蒂法努斯和马里努斯所提出的问题和难题，优西比乌以爱戴和尊敬的态度来回应此二人的质疑。第一部作品主要是用来讨论基督的家谱问题，该问题首先由马太和路加揭示出来；第二部作品讨论不同的福音书作者所作的有关复活的报道的明显差异。优西比乌并不总是能够解决差异的问题，不过他的作品是富有参考意义和非常有趣的。有关该作品的写作日期问题，由于下列事实而变得复杂化了：在《福音的证明》第 7 卷第 3 章中提到了《写给斯蒂法努斯的福音问答》，而在这后一个作品的摘要中（*Quaest.* VII. 7），却明确提到了《福音的证明》。要对此作出令人满意的解释，只好像莱特富那样推测：该摘要被创作于一个比原作要晚的日期，这样优西比乌才有可能加入提及《福音的证明》的话语。这必然会导致我们去假定，该作品有两个版本，就如同优西比乌的其余作品那样，第二个版本是第一个版本的一个修订节略本。第一个版本——至少是《写给斯蒂法努斯的福音问答》的第一个版本，必定发表在《福音的证明》之前。我们无法确定那个摘要的写作日期，也无法确定《写给马里努斯的福音问答》的写作日期。

《〈诗篇〉评注》（*Commentary on the Psalms*）。在该作品中，《诗篇》第 1 至 118 篇的评注保存完好，而从第 119 至 150 篇的评注则只留下了残篇。该作品于 1707 年被蒙特岑肯首次出版，不过，他并不知道有该作品后面部分的残篇。这些残篇被麦于 1847 年发现并出版（*Bibl. Nov. Patrum*，IV. 65 sq.），包括这些残篇在内的

整个存世作品,被米涅刊行于《优西比乌存世作品集》第 5、6 卷第
9—76 个系列中。根据莱特富的说法,来自该作品的现存叙利亚文
摘要的介绍,被发现于赖特的《大英博物馆中的叙利亚文抄本目
录》(Wright, *Catal. Syr. mss. Brit. Mus.* pp. 35 sq. and 125)中。
杰罗姆(*de vir. ill.* 96 and *Ep. ad Vigilantium*, 2; Migne's ed.
Ep. 61)告诉我们,维尔塞莱的优西比乌(Eusebius of Vercellae)把
该评注翻译成拉丁文,并省略掉有异端倾向的段落。该版本已经
逸失。该评注在教父当中拥有很高的声誉,这的确是实至名归。
它以其博学、刻苦及敏锐的批判精神而著称。《六文合参本》被频
频使用,作者经常根据其他版本的权威来更正他那个时代里被公
认的七十子希腊文本的经文。该作品反映了作者对于希伯来文的
熟悉,这在教父当中是不寻常的,确切来说是不广泛的。优西比乌
把大量的注意力集中在诗篇的历史联系上,在讨论这些历史联系
时展示出了某种非凡程度的优良判断力,不过奥利金学派的比喻
方法也很引人注目,这使他落入到了早期教父的注释所引以为常
的神秘的语言铺张当中。

　　该作品必定写作于迫害结束及迫害者们死去之后(见《诗篇》
第 36 篇第 12 节的评注)。在另一个段落中(在《诗篇》第 87 篇第
11 节中),似乎提到耶稣圣墓遗址的发现以及君士坦丁在其上面建
起了一座教堂(见《君士坦丁传》第 3 卷第 28、30 章等)。该教堂建
于 335 年(见上文第 24 页),圣墓遗址要到 326 年或更晚时才被发
现(见莱特富,第 336 页)。该评注显然必定写作于教堂开建之后,
也许是在它完工之后。如果是这样的话,它就应该被列入到优西
比乌很晚期的作品当中。

　　《〈以赛亚书〉评注》(*Commentary on Isaiah*)。该作品几乎完整
地存世,被蒙特缶肯首次出版于 1706 年(*Coll. Nova Patrum et
Script. Graec.* II.;被米涅再版,见《优西比乌存世作品集》第 6 卷
第 77—526 个系列)。杰罗姆在其《杰出人物传》(*de vir. ill.*)第
81 卷中,说它包含有 10 卷(in Isaiam libri decem),可是他在其《〈以
赛亚书〉评注》的序言中,却说它有 15 卷(Eusebius quoque Pamphili

41 juxta historicam explanationem quindecim edidit volumina）。就其目前的形式看，已经不存在划分成各卷的痕迹。该评注以与《诗篇》评注》相类似的特色而引人注目，虽然它在古代人当中似乎并不享有像后者那样的一种声誉。它必定撰写于迫害结束之后（见《以赛亚书》第 44 章第 5 节的评注），显然也是在君士坦丁即位享有唯一权力之后（见《以赛亚书》第 49 章第 23 节的评注，并请参照《君士坦丁传》第 4 卷第 28 章）。如果《诗篇评注》写作于优西比乌生命行将结束之际——如上面的推测那样，那么便能很自然地得出结论：目前这个作品写作于《〈诗篇〉评注》之前。

《〈路加福音〉评注》(*Commentary on Luke*)。该作品已经逸失，不过它的大量残篇仍然存在，并且已经被麦出版（*Bibl. Nova Patrum*，IV. 159 sq.；并被米涅再版，见《优西比乌存世作品集》第 6 卷第 529—606 个系列）。尽管这些残篇大多来自于对《路加福音》的一连串评注，不过其中有许多段落却似乎摘自一个对《马太福音》的评注（见编者的注解）。有若干来自该作品的摘要，被发现于优西比乌的《神的显现》中（见麦关于这后一部作品残篇的导言）。

该评注的写作日期无法准确确定，不过我倾向于把它放在戴克里先迫害之前，理由是，就目前我所看到的而言，该作品中似乎没有有关此次迫害的任何暗示，尽管有不少被阐释的段落明明提供了提及此次迫害的机会，如果他写作此书时迫害正在进行的话，我们就难以理解作者如何可能避免提及它；而且，在讨论基督有关对整个世界的胜利征服的预言时，也根本没有提到君士坦丁获胜时教会所取得的成功。该评注的极端质朴也印证了它的写作日期较早，这种质朴展示出它既没有体现于《〈诗篇〉评注》及《〈以赛亚书〉评注》当中的宽泛学识，又没有它们那种深厚的研究力度。

《〈哥林多前书〉评注》(*Commentary on the First Epistle to Corinthians*)。该作品已经逸失，我们只是从杰罗姆的《致潘马丘书》(*Ep. ad Pammachium*，3，in Migne's ed. *Ep.* 49)第 3 节的一条附注中才得以知道它："该书函详细介绍了奥利金、狄奥尼修斯、皮埃里乌斯、恺撒利亚的优西比乌、戴狄姆斯和阿波里纳利乌斯等人的作品（Origenes，Dionysius，Pierius，Eusebius Caesariensis，Didymus，Apollinaris latissime hanc Epistolam interpretati sunt）。"

《〈圣经〉注释残篇》（*Exegetical Fragments*）。麦刊行过包含有引自《箴言》（*Bibl. Nova Patrum*，IV. 316；由米涅再版，*Opera*，VI. 75—78）、《但以理书》（ib. p. 314；Migne，VI. 525—528）以及《希伯来书》（ib. p. 207；Migne，VI. 605）各段落注释的简短残篇。法布里丘也提到由梅尔修斯（Meursius）出版的、来自《雅歌》的一个注释的残篇，他还说道，蒙特缶肯在其《特拉皮乌提斯来函》（*Epistola de Therapeutis*）第 151 页中提到了其他的注释。就我所知，在古代人的作品中，我们还没有发现有提到过任何这类注释的，相当有可能，由麦所提供的各式各样的残篇，以及那些由法布里丘所提到的残篇，可能不是得自连续的注释，而是得自优西比乌的《基本入门》，或者他的其他已逸失的作品。根据米涅的说法（VI. 527），1884 年由克拉摩尔（Cramer）出版于牛津的某本希腊文连续读物，包含了《马太福音》和《约翰福音》的注释的大量残篇，不过这些残篇来自优西比乌的《福音问答》。依照米涅的说法，连续读物中对这两部福音书以及对《马可福音》的注释的其他残篇，均来自《写给斯蒂法努斯的福音问答》，或来自《〈路加福音〉评注》。

然而，在我看来相当有可能，优西比乌撰写过一部《〈但以理书〉评注》。无论如何，我们所拥有的注释残篇，连同发现于《福音的证明》第 8 卷第 2 章中、以及《先知书选》第 3 卷第 40 章中的某些段落的延长的讨论一道表明，他在某个无法确定的时期里曾经阐释过《但以理书》中的相当可观的部分。

6.《圣经》词典

《希伯来圣经中的民族学词语释义》（*Interpretation of Ethnological Terms in the Hebrew Scriptures*）。该作品已经逸失，由于优西比乌在其《〈圣经〉地名》一书序言中提到它，我们才得以知道它，他在此序言中写道："已经把《圣经》中的希伯来名称翻译成希腊名称，后者是世界上的异教人民所使用的名称。"（των ανα την οικονμενην εθνων επι

την ελλεδα φωνην μεταβαλων τας εν τηθει & 139. γραφη κειμενας εβραιοις
ονομασι προσρησεις.）杰罗姆在同一本书的拉丁文版序言中，也以下列
42　的话语提及它："……他解释了那些不同国家的名称，这些名称在希
伯来古文献中曾经被提到过（diversarum vocabula nationum, quae
quomodo olim apud Hebraeos dicta sint, et nunc dicantur, exposuit）。"
据我所知，没有其他古代的权威人士提到过该作品。

《拥有 10 支派遗产的古犹太方志》（*Chorography of Ancient Judea
with the Inheritances of the Ten Tribes*）。该作品也已经逸失，优西比乌在
上述同一本书的序言中以下列话语提到了它："已经对基于整部圣经的古
犹太作出了描述，并描述了各支派所继承的各自部分的土地。"（της πελαι
Ιουδαιας απο πεσης Βιβλου καταγραφην πεποιημενος και τας εν αυτη των
δωδεκα φυλων διαιρων κληρους.）杰罗姆（*ib.*）写道："……（此书是一部）犹
太人的地理志，以及许多不同部落的……的作品（Chorographiam terrae
Judaeae, et distinctas tribuum sortes...laboravit）。"

法布里丘注意到，艾比杰苏显然打算把该作品收入到他的编目
里，正是在此编目中，他提到在优西比乌诸作品当中有一部"关于
世界形状的书"（见 Assemani, *Bibl. Orient.* III. p. 18，note 7）。

《耶路撒冷和圣殿平面图，附有关各种场所纪要》（*A Plan of
Jerusalem and of the Temple, accompanied with Memoirs relating
to the Various Localities*）。该作品也已经逸失，优西比乌（*ib.*）以下
列话语提到它："已经为该古老的著名首都（即耶路撒冷）制作了一
幅平面图，并为那里的（城中的）圣殿刻制了一幅带有注释的平面
图。"（ως εν γραφης τυπω της πελαι διαβοητου μητροπολεως αντης［λεγω
δε την Ιερουσαλημ］του τε εν αυτη ιερου την εικονα διαχαρεξας μετα
παραθεσεως των εις τους τυπους υπομνημετων.）杰罗姆（*ib.*）说道："（该
作品是）对耶路撒冷圣殿的阐释，他只是在自己短小著作的末尾，
才附上了一幅图片（ipsius quoque Jerusalem templique in ea cum
brevissima expositione picturam, ad extremum in hoc opusculo
laboravit）。"

《〈圣经〉地名》(*On the Names of Places in Holy Scripture*)。在杰罗姆的版本中,该作品的书名是《希伯来圣经地名与位置》(*Liber de Situ et Nominibus Locorum Hebraicorum*),不过在他的《杰出人物传》(*de vir. ill.*)第 81 卷中,他说它"涉及场所位置"(τοπικῶν),只有一卷,因此它通常被简单地称作《地志》。目前仍然存世的有两个版本:一个是原作希腊文版本,另一个是经杰罗姆修订但部分独立的拉丁文版本。两个版本均被瓦拉尔西刊行于《杰罗姆著作》(*Hieronymi Opera*)第 3 卷第 122 个系列中。米涅在其编辑的优西比乌作品集中,参考了他自己编辑的杰罗姆作品集,然而他只提供了杰罗姆的拉丁文版本,没有提供原作希腊文版本(III. 859—928)。最好的希腊文版本是由拉尔叟(Larsow)和帕尔塞(Parthey)提供的版本(*Euseb. Pamph. Episc. Caes. Onomasticon*, &c., Berolini, 1862),以及由拉加尔德(Lagarde)提供的版本(*Onomastica Sacra*, I. 207—304, Gottingae, 1870)。该作品的目的,是用原作的语言和按字母顺序给出《圣经》中所提到的城市、村庄、山脉、河流等名称,以及它们的现代名称,并为每一个地名加上简短的描述。因此该作品具有与一部现代词典或圣经地理学著作相类似的特征。其他三部作品①比起这一部来在范围上要狭窄些,不过多少也是按照词典的计划来编排的。该作品是题献给鲍里努斯的,这一事实促使我们把它的撰写日期放在 325 年以前,因为在该年鲍里努斯去世(见下文第 369 页)。杰罗姆在其译本的序言中说道,优西比乌是在其《教会史》和《编年史》完成之后才撰写该作品的。于是我们便必须得出结论:要么该作品刊行于 324 或 325 年初,即在《教会史》完成后的几个月内,要么——这更有可能——杰罗姆的陈述是错误的。他的粗心大意和不准确是出了名的,优西比乌无论是在其序言中——杰罗姆在自己的序言中基本上是全文征引了这个序言——还是在其作品本身中,都未曾

---

① 指上面提到过的《希伯来圣经中的民族学词语释义》、《拥有 10 支派遗产的古犹太方志》及《耶路撒冷和圣殿平面图》等三部作品。——中译者

暗示过其《教会史》和《编年史》已经写出这一事实。

《论先知书中的专有名称》(*On the Nomenclature of the Book of the Prophets*)。该作品包含了对若干先知的简短解释,并注解他们的预言的主题。因此就其本身而言,它是一种人名辞典。它被库尔特琉斯(Curterius)首次刊行于他的《基督教先知普罗科比乌斯对〈以赛亚书〉的思考》(*Procopii Sophistae Christinae variorum in Isaiam Prophetam commentationum epitome*)当中,1850 年在巴黎以《论先知生平》(*De vitis Prophetarum*)为书名刊行,此书名更加为人所知。我们无法确定该作品的写作日期。库尔特琉斯的版本曾经被米涅再版,参看《优西比乌存世作品集》第 4 卷第 1261—1272 个系列。

7. 演说词

《就教堂建造一事致泰尔主教鲍里努斯的颂词》(*Panegyric on the Building of the Churches, addressed to Paulinus, Bishop of Tyre*)。该演说发表于鲍里努斯所建造的泰尔新教堂的竣工典礼上,此事早已被提及(见上文第 11 页)。该颂词被保存于优西比乌的《教会史》第 10 卷第 4 章中(见下文第 370 页)。

《在君士坦丁即位 20 周年庆典上的演说》(*Oration Delivered at the Vicennalia of Constantine*)。优西比乌在其《君士坦丁传》的序言中提到该演说。它与发表于尼西亚公会议开幕式上的演说应该是同一回事(《君士坦丁传》第 3 卷第 11 章),这一点在上面第 19 页中已经谈过。可惜的是,该演说已经逸失。

《有关救主圣墓的演说》(*Oration on the Sepulcher of the Saviour*)。在其《君士坦丁传》第 4 卷第 33 章中,优西比乌告诉我们,他曾在君士坦丁堡于皇帝面前发表了一篇有关这一题目的演说。在同一个作品的第 4 卷第 46 章中,他说,他写过一篇描述救主教堂、救主圣墓,以及皇帝赐予的专门用作教堂和圣墓装饰的华丽礼品的文章。他的这篇特别的文章是写给皇帝的。如果如人们所推测的那样,这两部作品是同一部的话,那么《有关救主圣墓的演说》必然发表于 335 年,这一年优西比乌去了君士坦丁堡,时间恰好就在耶路撒冷的圣墓教堂开建之后(见上文第 23 页),和在

《君士坦丁颂》(*Oratio deo laudibus Constantini*)发表之前(见 *ib.* IV. 46)。人们总是推测这两部作品是同一部,这看来是很有可能的。不过与此同时还必须注意到,在第 4 卷第 33 章中,优西比乌谈到,他似乎在发表完演说之后便立即回到了恺撒利亚,根本就没有暗示在当时他有发表《君士坦丁颂》一事。更值得注意的是,他在第 4 卷第 46 章中谈到的是"一部作品"(a work)而不是"一篇演说"(an oration),在第 4 卷第 45 章中,他提到了如下的事实:他"以书面的形式"(in writing)描述了壮丽的建筑物和皇帝的礼品,这似乎暗示着是某些别的东西而不是一篇演说。最后,必须指出,虽然在第 4 卷第 46 章中他明确提到了君士坦丁所建造的教堂,以及与它的建造有关联的丰富礼品,可是在第 4 卷第 33 章中,他却只是提到圣墓。实际上在我看来,优西比乌所提及的很有可能是两部完全不同的作品,一部是发表于发现圣墓之后及皇帝建造教堂之前的一篇演说(也许包含了建造这样一座教堂的建议),另一部是撰写于该建筑物完工之后的一篇叙述性作品。我把这一观点提出来仅仅是作为一种可能性,因为我深知,优西比乌未必会创作出主题如此接近的两部单独的作品来,即使情况真是那样的话,他也本该连同《君士坦丁颂》一起附在《君士坦丁传》的末尾才对(见第 4 卷第 46 章)。无论是《有关救主圣墓的演说》,还是《有关教堂和圣墓的作品》(不管这两部作品是同一部还是单独分开的两部),都已经逸失。

《在君士坦丁即位 30 周年庆典上的演说》(*Oration Delivered at the Tricennalia of Constantine*),其通常为人所知的题目是《君士坦丁颂》。在其《君士坦丁传》第 4 卷第 46 章中,优西比乌允诺要把这篇演说连同《论教堂和圣墓》的作品一道增补到该传中去。《君士坦丁颂》在《君士坦丁传》抄本的末尾仍然可以找得到,而另一个作品却丢失了。该颂词于 335 年发表于君士坦丁堡皇帝即位 30 周年庆典上,在耶路撒冷圣墓教堂开建后不久(见上文第 25 页)。它是一篇高度颂扬性作品,不过也包含了大量的神学内容,特别是有关逻各斯的人格和德行。它的很大部分后来被合并到《君士坦丁传》及

《神的显现》中去。该演说被刊行于大多数——如果不是所有——版本的《君士坦丁传》当中，参看米涅的《优西比乌存世作品集》第 2 卷第 1315—1440 个系列。

《殉道者颂》(*Oration in Praise of the Martyrs*)。该演说在艾比杰苏的编目中被提及(*et orationem de laudibus eorum* [i. e. Martyrum Occidentalium]；见 Assemani, *Bibl. Orient.* III. p. 19)，根据莱特富的说法，它以一个叙利亚文版本的形式存世，这一版本曾刊行于《神圣文献杂志》(*Journal of Sacred Literature*, N. S.) 第 5 卷第 403 页上，连同一起刊行的还有一个库珀(B. H. Cowper)翻译的英文译本，见同上书第 6 卷第 129 页。莱特富从它那里找到了有关它被发表于安条克的一个迹象，不过他断言它的价值和重要性不大。

《论雨水不足》(*On the Failure of Rain*)。该作品已经逸失，只是从艾比杰苏的编目的一个附注中，我们才得以知道它(*et orationem de defectu pluviae*；见 Assemani 上揭书)。

44　　**8. 信函**

《致亚历山大函》，收信者为亚历山大里亚主教。此信的目的和性质早已被讨论过(见上文)。它的一个残篇被保存于第二次尼西亚公会议会刊的第 5 册第 6 条决议当中(*Labbei et Cossartii Conc.* VII. col. 497)。该信函的一个译本，参看下面。该信函和下面一封信函均写于阿里乌争端爆发之后，以及尼西亚公会议之前。

《致尤弗雷孙函》，收信者为叙利亚的巴拉尼亚主教，也是阿里乌主义者的一名强大对手(见 Athan. *de Fuga*, 3；*Hist. Ar. ad Mon.* 5)。阿塔纳修斯说，这封信函清楚地宣布基督不是上帝(Athan. *de Synod.* 17)。它的一个简短的残篇保存在第二次尼西亚公会议的决议中(l. c.)，该残篇可能正好包含了阿塔纳修斯所提到的段落。有关该残篇的解释和重要性，请参考上面所述。

《致君士坦提娅·奥古斯塔函》，收信者是君士坦丁的妹妹和李锡尼的妻子。君士坦提娅曾经写信给优西比乌，要求他送给她一幅她所听说过的基督的画像。优西比乌在该信函中指责她，并强烈地批评了这种画像的使用，理由是，这会导致偶像崇拜。信函的语气是令人敬佩的。它的大量残篇已经被发现，因此我们目前几乎完整地拥有它。它被刊行于米涅的《优西比乌存世作品集》第2卷第 1545—1550 个系列中。我们无法确定它写作的日期。

《致恺撒利亚教会函》。该信函撰写于 325 年的尼西亚，在公会议期间或公会议刚刚结束的时候。它的目的和性质已经在上文第 16 页中讨论过，在此页中我们曾经给出了它的一个译本。保存该信函的有阿塔纳修斯（*de Decret. Syn. Nic.* app.）、苏克拉底（*H. E.* I. 8）、狄奥多雷（*H. E.* I. 11）以及其他人。它被米涅刊行于《优西比乌存世作品集》第 2 卷第 1535—1544 个系列中。

在第二次尼西亚公会议的决议中（l. c.），我们发现有一个地方提到优西比乌的"全部信函"，似乎其中有许多信函在那时是存世的。然而，我们只是知道那些上述所提到的信函。

9. 伪造的或可疑的作品

1643 年，瑟尔蒙（Sirmond）发现并发表了 14 篇拉丁文"小作品"（*opuscula*），以后这些作品被频频再版（Migne，*Opera*，VI. 1047—1208）。它们具有某种神学特征，各篇书名如下：

《反撒伯里乌》（*De fide adv. Sabellium*），二卷。

《论复活》（*De Resurrectione*），二卷。

《论无形体及不可见之上帝》（*De Incorporali et Invisibili Deo*）。

《论无形体》（*De Incorporali*）。

《论无形体的灵魂》（*De Incorporali Anima*）。

《论灵性之人》（*De Spiritali Cogitatu hominis*）。

《论无形体之父上帝》（*De eo quod Deus Pater incorporalis est*），二卷。

《论他被称作我主、我来不是为了和平，等等》（*De eo quod ait Dominus，Non veni pacem*，etc.）。

《论据主旨意，我所听到的，即为告知你们之一切，等等》（*De Mandato Domini，Quod ait，Quod dico vobis in aure*，etc.）。

《论善业与恶业》（*De operibus bonis et malis*）。

《从〈使徒行传〉到〈哥林多后书〉中的善业》（*De operibus bonis，*

ex epist. II. ad Corinth)。

它们的真伪是一个有争议的问题。它们中的一些可能是真的,不过拉涅尔否定两卷反撒伯里乌的作品的真实性,这无疑是对的,不过这两卷书在所有这些作品中是最重要的(见 Lardner, *Credibility*,Part II. Chap. 72)。

莱特富说道,有一篇题为《论对东方三贤士显现的星》(*On the Star which Appeared to the Magi*)的叙利亚文抄本,被赖特刊行于《神圣文献杂志》(*Journal of Sacred Literature*,1866)上。它被归之于优西比乌,可是它的真实性受到了争议,有足够的理由支持如下设想:它最初便是用叙利亚文写成的(见莱特富的文章,第345页)。

45　　法布里丘(*Bibl. Gr.* VI. 104)报道说,下列作品以抄本的形式存世:《度量衡残篇》(*Fragmentum de Mensuris ac Ponderibus* [mss. Is. Vossii,n. 179]);《希律王之死》(*De Morte Herodis* [ms. in Bibl. Basil.]);《〈出埃及记〉中"摩西之歌"序》(*Praefatio ad Canticum Mosis in Exodo* [Lambec. III. p. 35])。

第 3 章　优西比乌的《教会史》

第 1 节　撰写的日期

此时我们特别关注的作品是《教会史》,它的希腊文原作仍然以多种抄本的形式存世。它一共有 10 卷,在大多数抄本中,还加上了较短形式的《巴勒斯坦的殉道者史》(见上文第 29 页)。该作品的撰写日期可以被相当准确地确定下来。它的结尾是一篇有关君士坦丁及其儿子克里斯普斯(Crispus)的颂文,由于后者于 326 年夏天被其父亲处死,因此《教会史》必定完成于这一时刻之前。另一方面,在同一章中优西比乌提到李锡尼的失败,该失败发生于 323 年。这便提供了一个确定的开始日期。从优西比乌的话中,还无法确切地弄清楚李锡尼的死是否早已发生在他撰写此书的时期里,不过此事似乎的确发生在此时,如果真是这样的话,那么该作品的完成日期必定要被放在迟至 324 年夏天。从另一方面看,书中没有丝毫提及尼西亚公会议,此次公会议是在 325 年夏天召开的,而且,书中的第 10 卷是题献给曾担任过泰尔主教、后来又担任了安条克主教的鲍里努斯的(见优西比乌的《驳马尔切鲁斯》第 1 卷第 4 章,和菲洛斯多尔吉乌斯的《教会史》第 3 卷第 15 章),此人在 325 年夏天时已经去世:因为在尼西亚公会议上,芝诺(Zeno)作为泰尔主教出席,而尤斯塔修斯(Eustathius)则作为安条克主教出席(要想得到更多细节,可参看莱特富的文章,第 322 页)。这便促使我们把《教会史》完成的日期放在 324 年,或者给出一个更为宽泛的可能限度:在 323 年的下半年与 325 年的早期之间。

可是新的问题又出现了：较早的那几卷是否在此之前的好几年前就写出来了呢？莱特富（沿用威斯克特［Westcott］的观点）推测道，头九卷完成于米兰敕令颁布之后不久，以及 314 年君士坦丁与李锡尼之间的争吵爆发之前。有利于这一理论的证据的确不少。第 10 卷的题辞中所使用的语言似乎暗示，前九卷在一段时间前就已经完成了，第 10 卷是作为某种补遗的形式被加上去的。第 9 卷的末尾强化了这一结论。而且，该卷的最后几句强调了君士坦丁与李锡尼处于完美的和谐状态之中，而这种状态在 314 年以后就再也不存在了。不过另一方面，必须注意的是，在第 9 卷第 9 章中，作者曾两次提到李锡尼"还没有发疯"。对此可以作两种解释：一是把这两个从句解释为是后来的插入（可能是在优西比乌撰写第 10 卷时由他亲自插上去的，见上文第 30 页），二是把第 9 卷的写作日期推到 319 年或更晚。很难确定这两者中哪一个是正确的，不过我在总体上倾向于认为威斯克特的理论可能是对的，那两个从句可以被最好地解释为是后来的插入。无论如何，正是《教会史》一书的性质使我们不得不认为，优西比乌花费了若干岁月来撰写它，在 10 卷书作为一个整体被刊发出来之前的一段很长时间里，其中较早的几卷虽然没有发表，但至少已经完成。在第 1 卷第 1 章中，提到《编年史》已经被写成；在第 1 卷第 2、6 章中，提到了《先知书选》（见下文第 85 页）；在第 4 卷第 15 章、第 5 卷的序及第 4、22 章中，提到了《古代殉道集》；在第 6 卷第 23、33、36 章中，提到了《为奥利金辩护》；在第 6 卷第 32 章、第 7 卷第 32 章和第 8 卷第 13 章中，则提到了《潘菲鲁斯传》。在第 8 卷第 13 章中，优西比乌还谈到他在另一部作品中叙述殉道者受苦难的意图（另请见上文第 30 页）。

第 2 节　作者的意图

46　　创作一部教会历史是优西比乌自己的主意，而不是源于任何来自外部的建议，这一点似乎是很清楚的，因为他既没有提及促成此书的其他人，也没有在作品的开头写上题献的话语。促成他从事该书创作的理由似乎既是学术的也是护教的。他必然已经意识到如下的事实:他生活在教会历史上的一个新时代的开端期。他相信——如他经常告诉我们的那样,战争的时期已经告终,教会目前正在进入一个繁荣的新纪元。他必然已经看到,为了子孙的利益而记录过去几代发生于教会中的伟大事件,并在一部叙述册上概括他亲眼目睹的最后和最大成功之中的一切磨难和成就,可以说是恰逢其时。如那个时代的任何历史学家那样,他的写作是为了给其同时代人和后来人提供信息和教益,不过在他的脑际中始终存在着护教的目的,即期望向世人展现基督教的历史是其神圣起源和功效的一种证明。他给自己提出的计划被表述于其作品的开头:"我写作本书的目的在于:报道神圣使徒的继承顺序,及从我们的救主起到我们自己的时代为止所发生的事情;叙述教会历史上据说是发生过的大量重要事件;谈论曾经在最重要的地区统治过教会的人物,以及在历代中以口头或书面形式传扬上帝之道的人物。我的目的还在于揭示这样一些人的名字、数量和所处的时代,他们喜欢标新立异,不仅陷入了最大的错误之中,而且自称是所谓的知识发现者,他们如同恶狼般残忍地劫掠基督的羊群。我的意图还在于:细述整个犹太民族在密谋反对我们救主之后所立即遭遇到的不幸;记录上帝之道受到异教徒攻击的方式和次数;描述那些在各个时期里为了圣道而斗争、不怕流血和折磨的人们的品格,以及在我们自己的时代里所作出的信仰表白,最后还要涉及我们的救主提供给他们所有人的仁慈而又体恤的救助。"人们将会看到,优西比乌拥有一种非常全面的思想,他认为一部教会历史应当包含这种思想,他对于这种思想的重要性是极其敏感的。

第 3 节 《教会史》的优点和缺陷

在 4 世纪开始时,出现了这样一位人物:他的一生跨越了教会历史上最伟大的时代之一,他拥有对新、旧事物状况的一种直接的经验知识，有可能怀有如此宏伟的一个计划，并且具备了实施这一计划的手段和能力，由于有了他，整个基督教世界有理由感到欣慰。即便他不曾写过其他东西，优西比乌的《教会史》也足以使他不朽，因为如果说不朽是对巨大和持久贡献的一种合适的酬劳的话，那么很少人能够比该书作者更有权利拥有这一称号。《教会史》对于我们的价值，并不在于它的文字上的优点，而在于它为人们认识早期教会所提供的丰富资料。有多少最初三个世纪的杰出人物，仅仅是通过优西比乌这部作品而为我们所了解；有多少能够阐明具有重大和深远后果的各种运动的无价残篇，只是因为他而得以保存了下来；有多少次无意的提示、顺便作出的偶然陈述，或对某些明显是琐屑事件的提及，给我们提供了不可或缺的线索，这些线索使我们得以解决某些令人困惑的难题，得以让各种支离破碎的和毫不相关的要素纳入到一个统一体，因而得以追溯某些重要历史运动发展的脚步，否则，这些运动的崛起和意义必然成为一个无法解开的迷。该作品没有显示出对伊便尼主义①、诺斯替主义②及孟他努主义③的任何同情，也很少理解它们的真正性质，然而，我们对于它们的真正意义和历史地位的了解，却在很大程度上要归因于唯独优西比乌才记载和保存下来的有关这些运动及其领

①　Ebionism，1—4世纪间流行于巴勒斯坦地区的基督教派别。主张加入基督教者，无论是犹太人还是外邦人，都应恪守摩西律法；承认耶稣为弥赛亚，但否定他是神和童贞女所生。只承认用亚兰文写成的《马太福音》。其信徒后来大多并入基督教诺斯替派。——中译者

②　指1—4世纪间盛行于地中海东部地区的基督教诺斯替派。主张先理解而后信仰，认为要把握住信仰的知识，只有领悟神秘的"诺斯"（希腊文 Gnosis，意为"真知"），才能使灵魂获救。承认善恶二元论；认为人类因有肉体，不能和神直接交往，必须靠天使作中保；基督救人，在于赐人智慧，令人知道怎样才能从肉体的束缚下解放出来。在宗教实践上采取禁欲主义。——中译者

③　Montanism，由孟他努创立、2—8世纪间广泛流行于地中海地区的基督教派别。该派认为在基督的启示之外，还需要圣灵的补充；世界末日已近，基督即将再临，千年王国指日可待；反对教会世俗化，坚持严格的虔修生活，严守斋戒，规定信徒配偶死后不得再婚；认为领受洗礼后所犯之罪不得宽恕，否认教会有赦罪权。被罗马教皇斥为异端。——中译者

导人的一系列事实。要理解逻各斯基督论的发展,我们必须领悟萨摩萨塔的保罗的学说的意义,若是没有第 7 卷第 30 章中所援引的那封信函,我们有关该学说的性质的认识将是多么不充分。复活节节期的争论的后果是多么重要,若不是我们这位作者对其作出阐释的话,该问题将会是如何的暗昧难解。帕皮亚斯[①]作品残篇是多么重要,尽管它逗弄人的简短和晦涩;从赫格西普斯(Hegesippus)的报告中摘录下来的材料是多么有趣;获自科林斯的狄奥尼修斯、罗马的维克托[②]、梅里陶(Melito)及凯乌斯(Caius)等人的枯燥的评介是多么富有参考价值;对亚历山大里亚的狄奥尼修斯的书信的大量长篇征引,又是多么富有启发意义! 他可能常常无法体会他所记载的事件的重要性,在许多情形中他可能会从自己所陈述的事实中得出没有根据的结论,有时他可能会误释手中的文献和误解人物和运动,可是在多数情况下,他给我们提供了我们据以构成我们自己判断的材料,如果我们和他意见不同的话,我们同时也必须感谢他为我们提供了使我们得以独立达到其他结果的资料。

　　然而,优西比乌《教会史》的价值,不仅仅体现在它包含了如此之多的本来不为我们所知的原始材料这样的事实上。它不仅是一座知识宝库,它也是一部最真实意义上的历史书,它即使不依赖于对其他作品的征引,也拥有其自身的内在价值。优西比乌拥有我们再也无法具备的广博的知识源泉。他的《教会史》,既是他对目前已经逸失了的大量作品进行博览和精读的结果,也是他谙熟自己时代的流行传统的结果,同时也是他与那个时代的许多领袖人物进行亲密交流的结果。如果我们删去了他所征引的所有文献,剩下的仍然是这样一部内容广泛的历史书:它一旦遗失,就会给我

---

① Papias,约 60—130 年,使徒后教父,小亚细亚希拉波利(Hierapolis)主教,传为使徒约翰的门生。著有《耶稣言论注疏》(Expositions of the Sayings of the Lord),后人据此书推测可能存在过一种"耶稣言论集"(Logia Jesu),并曾为《马太福音》和《路加福音》的作者所采用。——中译者
② Victor of Rome,罗马教皇,在位时间为 189—199 年。——中译者

们有关早期教会的知识留下一个无法弥补的空白。我们只需提及一件事，即有关《新约》各卷的流传，便能体会到我们这位作者的研究，是多么难能可贵：他为他那个时代的正典的状况提供了证明，他还为他之前两个多世纪的教父们广泛使用的特别作品提供了证明。虽然优西比乌所援引的原始资料的价值是巨大的，可是他没有提供的原始资料数量更为庞大，这便是我们从他传给我们的信息中获得的认识。

他的《教会史》的这些部分的价值，首先取决于他的原始资料的范围和可靠性，其次取决于他对它们的利用。

我们只要看一眼他在索引中所给出的凭据的目录，就能立刻发现他的材料范围相当广泛。他所征引的或提到曾经读过的书籍数量浩大。当在此基础上再加上他在写作《福音的准备》过程中所使用过的作品时——那些他必定细读过但未曾提及的作品数量一样浩大——我们真的要对他的阅读范围感到惊奇不已了。他从幼年时期开始，就必定是一位饥不择食的读者，他必定拥有非凡的和贪得无厌的好学能力。在教父当中——可能除了奥利金以外，再也没有比他更加博学的人了，这种说法应当是谨慎的。他因而拥有历史学家的一个主要条件。然而即使在这一方面他也有他的局限。他似乎在毫不费力中便能了解到异端分子的作品，可是他满足于通过二手材料来了解它们。而且，他很遗憾地忽视拉丁文献，并在总体上忽视拉丁教会（见下文第106页）。实际上，我们不可期望能够从他的《教会史》中收集到有关西方基督教的很全面或很广泛的知识。

不过他的材料来源并不限于文献资料。他广泛地了解世俗世界，这使他得以通过与各式各样人物的交流而获得他在恺撒利亚或任何其他图书馆的书架上所无法找到的大量东西。而且，他能够进入国家档案馆，并从那里收集到大多数人所无法得到的大量信息。因此，由于与生俱来的本性，同时也是由于环境的作用，他特别适合于执行获取材料这一任务，这是真正历史学家的第一个任务。

48

　　然而第二,他的工作的价值还必须取决于他使用这些原始材料时的智慧和诚实,取决于他再现其结果时的忠诚和准确。于是我们便被引导去探寻他工作中这一方面的资质。

　　首先我们注意到,他非常勤奋地使用原始材料。任何东西,只要与其正在进行的特定课题有关,就无法逃脱开他的注意。当他告诉我们,某位作者根本就没有提及某本书或某个事件时,就我所知,他是从不会弄错的。我们了解到,他为了获取一条历史信息而完整通读了大量作品,他必定读过更多的作品却没能找到任何所需要的信息,此时此刻,他那永不疲倦的勤奋便给我们留下了深刻的印象。今天我们有了方便的索引,有了曾经研究古代人作品的其他许多人所编制的参考书,我们便几乎无法理解,优西比乌《教会史》作为一部同类作品中的开山之作的写作,该花费作者多么大的劳动量。

　　其次,我们不得不钦佩我们这位作者在选取材料中所展现出来的精明。他拥有真正历史学家的本能,这种本能使他得以挑选出凸现的点,并为读者提供其最想得到的那部分信息。令我们惊叹不已的是,我们发现,他的作品中所包含的对于早期教会史研究者来说是无关重要的东西是如此之少,他又是如此敏锐地预先处理了后来的学者必然要提出的大部分问题。他明白就最初三个世纪的教会史而言,子孙后代最想知道的是什么,他为后人提供了答案。当比较他的大多数继承人的愚蠢时,他在这方面的智慧显得更加引人注目;他的这些继承人用圣徒和殉道者的传奇塞满自己的作品,这些传奇虽然强烈地吸引住了那个时代的读者,但对于我们来说却索然无味,价值极小。当他希望向我们展示一下那些早期岁月中的迫害时,他的历史学及文学的本能便引导他去特别详述两个最具代表性的案例——波利卡普(Polycarp)的殉道与里昂和维恩教会的苦难——并为后代保存了古代教会所产生的殉道文献中两个最高尚的标本。的确,有时他对未来读者的需求的判断是错误的;我们可能会希望在许多点上他本该叙述得更加充分和清楚一些,他不应该如此完全忽视某些其他的方面,不过我从整体上认为,很少有历史作品——无论是古代的还是现代的——在这方面比优西比乌这部作品更好地履行了自身的使命。

第三,我们几乎无法不被优西比乌在区分可靠与不可靠史料中的精明所感动。按现代的标准来判断,他可能不足以成为一名文学批评家,可是按古代的标准来判断,他应当被给予一个很高的位置。在该问题上的完善判断力方面,古代时期很少有历史学家——无论是世俗的还是教会的——能够与优西比乌相媲美。寓言、奇迹和各类不可能发生的神话,曾经使大多数即使是最严肃的古代历史学家的作品的价值被大打折扣,而优西比乌的作品却能够在总体上避免这一缺陷,这是它的最显著的特征之一。他的与众不同之处就在于,他为求证自己所记载的场景而要求有足够的证据,而他的极其精明之处则在于,他能够发觉伪造的和不可靠的史料。如果我们记得在他的时代里流行着大量使用假名的作品,我们就不得不钦佩他的谨慎和鉴别力。当然,他在觉察伪作的过程中并非总是成功的。他不止一次陷入了错误(例如有关阿布加鲁斯的信函和约瑟夫为基督所作的证言[①]),结果遭到许多现代作家的严厉指责和极力讽刺。然而,不可思议的并不是他经常犯错,而是他更经常地不犯错;他并非时常在其史料可靠性方面粗心大意,在大多数情况下,他是小心翼翼的,在这一点上他已经为自己作出了证明。事实上,如果拿他与其他古代作家相比,我们对他用以区分真伪的谨慎和技巧,无论怎样褒奖都不会过高。

第四,他应当为其恒久的真挚和真切的诚实而获得所有的称赞。我相信,由于不公正的诽谤和猛烈指责——这些施加于他身上的诽谤和指责长期以来成为时髦,导致许多人仍然以怀疑对待他的陈述,以轻蔑对待他的品格——的结果,优西比乌的名声经常遭

---

① 有关这两件事情的来龙去脉,详见优西比乌《教会史》第 1 卷第 11、13 章。——中译者

憾地受损,因此侧重点尤其应当放在这一点上。吉本①对他在诚实问题上的评价已经广为人知,并且在许多地方已被毫不迟疑地接受,然而它是不公正的,就其本质而言是与事实不相符的。优西比乌用以描述早期教会美德的热情,的确要比他用以描述其恶行的热情要高,他用以颂扬其荣耀的文字,的确要比他用以揭露其耻辱的文字要多,他直接告诉我们,这正是他的目的所在(《教会史》第 8 卷第 2 章),可是他从来没有承诺要隐瞒基督徒的罪行,如第 8 卷第 1 章便包含了他用毫不含糊的语言发出的对他们的腐败和邪恶的谴责。事实上,罔顾其作品中这些和其他段落的直率话语,由于他更加喜欢宣扬画面上光明的一面而不太喜欢揭示其黑暗面——这是任何基督教历史学家都必然会作的——而一味指责他不诚实和不公正,这是十足的不义之举。在这一方面优西比乌的方法无疑并不是科学的,可是没有人有权利称它是不诚实的。近年来对优西比乌发起的最为严厉的攻击,可在杰赫曼(Jachmann)的一篇文章中看得到(见下文第 55 页)。贯穿于整篇文章的明显敌意令人极其不舒服;他所得出的结论,至少可以说是牵强附会的。在这里我不便考虑他的见解,这些见解中的大部分将在下面对他所讨论的各个段落的注解中予以审视。像多数类似的攻击那样,整篇文章根据如下的假定来展开:我们这位作者是有罪的,然后便着手寻找早已预先设定的证据。我认为很少作者能够忍受这样一种折磨。如果根据公共正义及完善文学批评的原则来审讯优西比乌的话,我坚信,在经过长时间的小心翼翼的研究之后,他的目的的率真和诚实是无法加以责难的。被强调作为证明他的不诚实的特别例子,将在下面对文章各段落的注解中予以讨论,读者可以参考这些注解(尤其参照第 88、98、100、111、112、114、127、194 页)。

　　优西比乌的批评者常常严厉地指责他在其《君士坦丁传》当中

---

① 1737—1794 年,英国理性主义历史学家,《罗马帝国衰亡史》一书作者,该书叙述了 180—1453 年的罗马史。此书以细节准确、判断精明及言辞优雅而享誉整个学术界。——中译者

展现出的所谓不诚实。显然，这些批评者忘记了该作品所要扮演的角色并不是一部历史，而是一部颂词。若据此而言，我便无法从该作品中找到足以让我对作者的诚实怀有片刻怀疑的东西。的确，优西比乌强调了皇帝的优秀品德，他未能提及其性格中的黑暗点。可是据我所知，他并没有歪曲事实，他只是做了天下人们通常都会做的事情而已，即称颂一位辞世的朋友。若要对这一问题进行讨论，读者可以参考理查森博士为该作品所作的序论，见本书第467页。我很高兴地从他那里获悉，他对《君士坦丁传》的研究已经表明，针对优西比乌的所谓不诚实的指控，被证明是缺乏正当理由的。

有关我们这位作者的诚实的最决定性的标志之一，是他直率地承认自己缺乏关于任何话题的知识（见第 4 卷第 5 章），因此他小心翼翼地在他据以确立自己观点的各种不同类型的证据之间作出甄别。对于一名不太严谨的历史学家将会毫不犹豫地记载为确切史实的含糊报道，他总会使用"据说"或"他们如此说"（λογος ²χει, φασι, λεγεται, &c.）等类似的措辞。当他提及非同寻常的惊人事件时，他对于史料可靠性的要求尤为苛严。倘若在他看来凭据不够充分，他就会对相关事件保持沉默，而他的大多数同时代人和继承人则会以最大的兴致来谈论该事件；倘若在他看来证据足够充分，他就会记录下详情，并明确提及自己的凭据，无论是口头传说——即目击者的证明，——还是书面报道，这样我们就被给予了据以构成我们自己判断的材料。

他常常被现代作者指责为过分轻信。指责者似乎忘记了他是生活于 4 世纪，而不是生活于 19 世纪。他相信许多我们今天宣称是不可信的事情，这完全是事实，可是如果说他相信他那个时代的其他基督徒都认为是不可信的事情，这却不是事实。事实上，按他那个时代——确切地说应该包括此后的 11 个世纪——的标准来判断，他应该被看作是一位免除了过度轻信错误的人，因为他对于奇异事物的确抱有不同寻常的怀疑态度。他没有否定奇迹会出现于他自己的时代和其他时代，可是他总是在获得最充分的证据之后，才允许自己相信它们的真正存在。例如,他曾小心翼翼地为有关"闪电军团"的奇闻提供自己的凭据(第 5 卷第 5 章),可是他最后避免对该问题作出判断;又如,在关于空中出现十字架符号的问题上(《君士坦丁传》第 1 卷第 28 章),他把侧重点放在皇帝个人的证据上,他本人告诉我们,他本该无须凭借普通的证据便相信这一现象的。他在该问题上的表现,表明他具有那个时代里非同一般的怀疑精神,而并没有什么过分或不同寻常的轻信。在这方面,吉本本人对我们这位作者进行了适度的赞扬,他说他的品格"很少染上轻信的色彩,比起几乎任何他的同时代人来,更为精通奉承的艺术"(《罗马帝国衰亡史》第 16 章)。

　　另一方面,作为一位历史学家,优西比乌有许多非常严重的缺陷,对于这些缺陷我一点也不想掩饰或隐瞒。这些缺陷中最引人注目的一个,是他完全缺乏作为一门美术而存在的历史编纂学的任何概念。他的作品之所以既有趣又有启发意义,是因为它所记载的事实,可是一旦突出他的叙述方式,趣味便会骤减。几乎没有任何有效的分类,几乎没有任何透视感,完全忽视了通过一行字或一个成语来提示一幅有关一个人或一场运动的画面的艺术。换一句话说,他不是一位修昔底德①或一位塔西佗②,不过世人也未曾看到许多像他们那样的人。

　　第二个甚至更加严重的缺陷是,我们这位作者缺乏深度,如果我可以这样来表达的话,他无法看透表层而把握事物的真正意义,并追踪观点和事件的影响。我们在每一页上都感受到这一缺陷。我们阅读历史记载,可是我们意识不到这些记载后面那种把它们

① Thucydides,约公元前 460—前 395 年,雅典历史学家。伯罗奔尼撒战争期间,因其指挥的一次军事活动失败而遭流放。他的《伯罗奔尼撒战争史》,是一部内容精炼和观点公正的科学巨著,他因而成为最著名的古代历史学家之一。——中译者

② Tacitus,约 55—120 年,罗马历史学家。作品包括《有关演说者的对话》、《阿古利可拉传》、《日耳曼尼亚志》、《历史》及《编年史》等。其风格极其简练和优雅。——中译者

消化和领悟成为令人印象深刻的有机整体的大师精神。我们这位作者方法上的这一主要弱点，也许在他对异端分子和异端教派的肤浅而又超验的叙述上，以及在他无法理解他们的起源和他们在基督教思想进步中的意义上，得到了最为清楚的揭示。事实上，他并不晓得神学中的一种发展，因此他的作品完全缺乏我们今天看作是教会历史中最具有启发意义的部分——学说史。

第三，对我们这位作者在年代学问题上所表现出来的粗心大意和不准确，必须提出严厉的批评。按理说，这位曾经为世人撰写过最广博的编年体著作的人，在年代学问题上本该是行家里手，可实际上，他的年代学却成了他作品中最有缺陷的特征。问题主要出自他在使用不同的和常常是自相矛盾的史料时的那种难以原谅的粗心大意，我们几乎可以说是懒散。他并不是集中精力去解决这些矛盾，并通过小心掂量不同史料的各自价值或在可能的情况下通过检验它们的结论来尽力接近真相，相反，在许多情况下他同时沿用分歧双方的结果，显然并不怀疑因这样一种过程所引致的混乱。实际上，当他涉及到年代学问题时，那种在叙述许多其他问题时激励着他的批判精神便似乎完全离他而去。他并没有以一位历史学家的小心和审慎来行事，相反，他以一个小孩那没有疑问的信51 念来接受他所发现的东西。虽然没有任何例子表明他不诚实，不过有时他的愚钝几乎令人难以相信。两个名称的相同，或不同作者所记载的不同事件间的相似，便常常足以令他在毫无意识中得出最为荒谬和自相矛盾的结论。这类例子可以在第 1 卷第 5 章和第 2 卷第 11 章中看到。他在有关各个不同的"安东尼"这一名字上的混乱（特别见第 5 卷序上的注解），在他那个时代的作者中根本不算是非同寻常，鉴于不少皇帝均频频使用这同一个名字，在较少学术气质的人群中产生这种混乱也是情有可原的，可是这种混乱发生在优西比乌身上，便成为其不可原谅的粗心大意的证据了。我们这位作者方法上的这一严重缺陷，并非他所特有。许多历史学家在多数问题上对待某一错误近乎吹毛求疵，却能毫不质疑地接受这种被公认的年代学，并把它看作是最可靠的根据来依赖。

这样一种说法并不是想为优西比乌进行开脱,不过,它的确除去了唯其独有的这一污名。

最后,《教会史》的名声也受到作者那种散乱方式的巨大损害。总体而言,这是他的文学作品的一个特征,在前一章中我们已经提到过。他的所有作品都被这一缺陷所损毁,不过损毁的程度很少有《教会史》所受的那么大。作者并没有把自己严格限定在他正在叙述的题目的逻辑限度内,相反,他心中突发的来自方方面面的联想,常常迫使他逃离叙述的主旨。正如莱特富所评论的:"我们不得不经常要通过他作品的各个不同部分去捕捉与某个确定和限定的话题相关的信息。在叙述一个事实或征引某条与事实有关的凭据时——无论是及时的还是过时的,他所根据的是他凭某些偶然联系而得出的记忆。"优西比乌的这一不良习惯,是拥有广博学识的人很容易染上的习惯。他们所获得的东西的丰富多彩反倒使他们感到困惑,他们所掌握的事实数目过于庞大,欲整理成为一个逻辑整体殊不容易。除非这些事实被理解,除非它们被彻底地领悟和整理,否则结果还是混乱和含糊。倘若一个人想以最高的成功尺度来写作历史,排除与包容是同样必须的;在某个时候要严格地排除,正如在另一个时候必须包容那样。对于像优西比乌这样的人来说,也许没有什么比这更为困难的了。只有那些既有深度又有广度、既有强大理解力又有宽泛触及力的人,才能达到这一目的,很少人被同时赋予这两种品质。那些依赖我们的书架来撰写其历史作品的作者,很少不是遗憾地缺乏其中一种品质的,也许再也没有比我们这位作者身上的败笔更加显著的了。

尽管很明显,优西比乌作品的价值,被其散乱的叙述方法所大为伤害,不过我确信,这一缺陷通常被夸大了。莱特富就该话题援引自威斯克特的短评留下了一种虚假的印象。虽然我们这位作者太经常地插入毫不相干的问题,当重复"损毁了他作品的匀称"时,他仍然在重复自己的错误。然而从整体上看,他遵循着一个次序井然的计划,并且获得了相当大的成功。他在其各卷的安排中,努力保持一种严格按年代排列的顺序,他在大体上能够坚持自己的目的。尽管在各不同时期内可能存在着无序和混乱，例如在使徒时期①里，在图拉真②时期里，在哈德良③时期里，在安东尼父子统治的时期④里，等等，然而各时期自身均能够被合理地保持住各自的个性，一旦完成了其中一个时期的报道，作者就很少回过头来重新叙述该时期的事情。甚至在叙述《新约》正典时——这部分尤其散乱——他也能就与使徒本身有关的时期即进入 2 世纪以前的时期说出了大部分他不得不说的话。我不会忽视他在报道许多教父作品、尤其是两个克勒门⑤的作品时的那种恶名远扬的散乱和重复，可是我要强调如下的事实：他确实拥有一个他决意遵循的提纲式计划，他因有了这个计划而应当得到称赞。他在这方面至少比起大多数古代作家来要有利。把历史划分为若干时期，用自然界线把各时期分开，并在明确限定的规程下处理相应的历史内容，这是现代的历史方法，全靠这种方法，我们才得以彻底避免优西比乌及像他那样的其他人那种混乱和缺乏逻辑。

52 ## 第 4 节 各种版本

优西比乌《教会史》希腊文原作，已经以许多版本刊行传世。

（1）初版，亦即罗伯特·斯蒂法努斯（Robert Stephanus）的版

---

① "使徒时期"，大约在 33 至 100 年间，为当时耶稣的门徒进行传教和创建教会的时期，是基督教教会史的第一时期。——中译者

② Trajan，罗马皇帝，98—117 年间在位。在他统治期间，罗马帝国的行政管理被认为最为有效。——中译者

③ Hadrian，图拉真的养子和继承人，117—138 年间在位。他放弃了在亚洲的扩张政策，巩固了帝国的边防和行政管理，奖掖学术，倡建公共工程等，使帝国臻于繁荣。——中译者

④ 指安东尼·皮乌斯（Antoninus Pius）及其养子马可·奥勒略（Marcus Aurelius）相继统治的时期，前者于 138—161 年间在位，后者于 161—180 年间在位。在这两位皇帝统治下，罗马帝国的繁荣进入了最后阶段。——中译者

⑤ 按时间顺序，第一个克勒门是 Clement I，即第四任罗马教皇，任职期间约为 88—97 年，是第一位使徒后教父；第二个克勒门是 Clement of Alexandria，约 150—215 年，著名希腊教父，奥利金的老师。——中译者

本,它于 1544 年刊行于巴黎;1612 年在日内瓦再版,再版的版本
有几处改动,并附有克里斯托佛森(Christophorsonus)的拉丁文
译文,以及萨弗里杜斯·皮特鲁斯(Suffridus Petrus)的注解。

(2) 1659 年,亨利·瓦列修斯(de Valois)在巴黎出版了自己
的第一个希腊文版本,该版本附有一个新的拉丁文译文,以及大量
的评论性和说明性注解。他的这个版本于 1672 年在美因兹再版,
不过再版的版本充满着错误。1677 年,在瓦列修斯去世后,一个经
修订的版本在巴黎发行;1695 年,该修订本经过某些校正后在阿姆
斯特丹再版。1720 年,瓦列修斯版的优西比乌《教会史》,与同一
版本的苏克拉底、苏佐门及其他希腊历史学家的作品一道,被威
廉·里丁(William Reading)以三卷对开本的形式再版于剑桥。这
是最好的瓦列修斯版本,在评注的基础上增补了注解——这些注解
曾是他自己的论文的组成部分——而且还增加了以“歧说”
(Variorum)为标题的来自其他作者的大量附加部分。里丁版本的
一个重印本被刊行于 1746—1748 年间,不过根据海尼琛的说法,
它不如 1720 年的版本来得准确。就优西比乌《教会史》的注释部
分而言,我们与其归功于任何别人,倒不如归功于瓦列修斯。他的
这个版本比斯蒂法努斯的版本有了巨大的进步,因此构成为其后
来所有版本的基础,而他的注释则是一座完美的信息宝库,所有的
优西比乌的注释者都大量地从这座宝库中获取材料。米涅的版本
(Opera,II. 45—906)则是瓦列修斯的 1659 年版本的一个再版。

(3) 斯特洛斯版(F. A. Stroth, Halle, 1779)。是希腊文本的
一个新版本,不过,这个版本中只有第一部被刊行,包括第 1 至
7 卷。

(4) 基摩尔曼版(E. Zimmermann, Frankfort-on-the-Main,
1822)。是希腊文本的一个新版本,还包含了瓦列修斯的拉丁文译
文,以及一些评论性注解。

(5) 海尼琛版(F. A. Heinichen, Leipzig, 1827 and 1828)。是
一个三卷本的希腊文版本,带有一个完整的瓦列修斯注释的重印
本,还附加了“歧说”(Variorum)和注解。刊印于第 3 卷中的评论

性索引非常贫乏。作品结尾处是一些很有价值的补注。40年以后，海尼琛在其名为《优西比乌·潘菲利历史作品》(*Eusebii Pamphili Scripta Historica*)的集子中刊印了一个第二版的《教会史》(Lips. 1868—1870，3 vols.)。该集子第1卷包括了《教会史》的希腊文本，附有价值很高的序言、大量评论性注释以及非常有用的索引；第2卷包括了《君士坦丁传》、《君士坦丁颂》以及君士坦丁的《在圣徒集会上的演说》(*Oratio ad Sanctorum coetum*)，并附有评论性的注释和索引；第3卷则包括了对包含于头两卷中的作品的一个范围广泛的评注，还有29条很有价值的补注。这一个版本完全取代了第一个版本，它从整体上看是我们所拥有的《教会史》的最完善和最有用的版本。编者非常善于利用其前辈的劳动成果，尤其是莱摩尔(Laemmer)的劳动成果。然而，他并没有作什么创造性的工作，他只是收集对文本进行考证的材料，因此他在批评性判断方面显得不足。其结果是，他的文本不得不经常要根据各种不同的读物来修正，他本人提供了大量这样的读物。他的评注大体上由源自于瓦列修斯及其他作者的引述所构成，因此就其所包含的材料以及它所提及的其他作品而言，该评注还是很有价值的。然而，该评注照样是不完全的，这种不完全性也损毁了瓦列修斯的评注，它几乎不包含任何独立存在的价值。

(6) 伯顿版(E. Burton, Oxford, 1838)。是两卷本的希腊文本，带有瓦列修斯的翻译，还带有评论性索引；1845年再版，略去了评论性索引，不过附上了瓦列修斯的注解，还加上海尼琛及其他人的注解。伯顿为文本的考证作出了巨大贡献，假如他能活到监督第二版的发行的话，他也许就能成功地给我们提供一个比我们目前所拥有的任何版本还要好的版本，因为他是一位比起海尼琛来要敏锐得多的批评家。但事实上，他的版本因存在大量的缺点而受到损毁，这些缺点基本上是由那些为他校对抄本的人的不严谨所造成的。他的文本连同译文和注解（评论性索引被略去）于1872年被布赖特(Bright)再版于牛津，1881年又以单行本形式重版。这是一个使用起来非常方便的版本，作为学校教科书，它是无以匹敌的。排字式样精绝,其设计的精彩之处就在于淘汰了引文的标识,把所有的引文都用较小字号印出,这样便使到读者一眼就能清楚地看到哪些是优西比乌的原文,哪些是其他人的附加部分。该文本的开头就是一个有关我们这位历史学家的生动有趣的生平介绍。

(7)斯维格勒版(Schwegler,Tubingen,1852 年,单行本)。是带有评论性索引的希腊文版本,不过没有译文和注解。这是一个准确和有用的版本。

(8)莱摩尔版(Laemmer,Schaffhausen,1859—1862)。是以单行本发行的希腊文版本,有大量评论性索引,但是没有说明性注解。莱摩尔有着非同寻常的机会来收集材料,因此为评论性索引补充了比任何其他人都要多的东西。然而,他的版本却被以一种最草率的方式刊行,充满着大量错误。因此,使用它时应当格外小心。

(9)最后必须提及丁多尔夫的版本(Dindorf,Lips. 1871),该版本刊行于提乌波涅尔(Teubner)丛书中,像该丛书中的大多数书籍一样,很方便使用,不过对于挑剔的学者来说价值不高。

很少有教父的作品比优西比乌的《教会史》更加特别需要和热切要求得到一个新的批评性版本。形成一个可靠文本所需的材料,数量巨大且容易获取,不过过去的编辑们太过于满足于其前辈们的劳动成果,而不幸的是,这些劳动并非总是准确和透彻的。结果是,对大多数原作抄本的一种新的和更加小心翼翼的核对,连同对鲁菲努斯译本的核对一起,必须以在这方面应当作的任何新的工作为基础。叙利亚文版本的出版,将无疑为下一位《教会史》编辑提供了能够加以利用的大量有价值的材料。比起我已经指明的这样一种严密的工作来,其他任何较为次要的工作,其价值便变得无足轻重了。除非新的版本建立在大量独立劳动的基础上,否则,对海尼琛版本的改善即使有,也不可能太多。我们期待一个与我们已拥有的某些其他教父作品的标准相适应的批评性文本,作为古代教会最高尚的作品之一,得以以某种适当和令人满意的形式刊行。

优西比乌《教会史》的译本数量很多。其中最早的可能是古代叙利亚文译本，该译本的大部分保存于两个抄本中，其中一个抄本在圣彼得堡，它包括了《教会史》中除第 6 卷全部、第 5 和 7 卷的大部分以外的其他内容。该抄本的写作日期是 462 年（见赖特在《1838 年以来大英博物馆获取的叙利亚文抄本目录》[Wright, *Catalogue of the Syriac mss. in the British Museum Acquired Since the Year 1838*]中对它的描述，第三部分，第 15 页）。第二个抄本在大英博物馆，包含了第 1—5 卷，其中第 1 卷的开头有些残缺不全。该抄本可以追溯到 6 世纪（见赖特在其《目录》中对它的描述，第 1039 页）。赖特致力于通过这两个抄本来准备刊行一个叙利亚文版本，这一工作在他去世时仍未完成。他的工作是否已经达到很快就可以由别的人来刊行一个完整版本的地步，我们仍然无法得知。这样的版本有可能在很早的时候就已经完成，也许是在优西比乌本人在世时，尽管我们不敢保证是这样。我认为它在大体上确保了目前所刊行的希腊文版本成为我们最好的版本之一。

最初的拉丁文版本是 5 世纪初期由鲁菲努斯完成的。他只是翻译了九卷，然后再加上他自己撰写的两卷，在这两卷中，他把历史叙述到狄奥多西大帝①去世时为止。他的翻译比较随心所欲，不过，尽管他的版本一点也不精确，它仍然是我们了解优西比乌真正文本的最好的史料之一，因为，在我们的抄本出现许多有分歧的含糊之处的情况下，人们能够通过他的译文来弄清自己的理解距离希腊文原作有多远。鲁菲努斯的版本发行量很大，而且在整个中世纪的西方教会中成了希腊文原作的一个替代品。依照法布里丘的说法（同上书，第 59 页），它于 1476 年首次刊行于罗马，以后在罗马和其他地方再版过很多次。第一个批评性的版本——它仍然是最好的——是卡契阿里（Cacciari）的版本（罗马，1740 年），不过

① Theodosius I，罗马皇帝，379—395 年间在位。他把正统基督教确定为官方宗教，谴责阿里乌派等异端教派，并于 381 年召开了君士坦丁堡公会议。——中译者

它已经变得很稀缺，很难看到。因此迫切需要一种新的版本。在鲁菲努斯版本基础上所作的一个重要工作，便是金米尔的《鲁菲努斯对优西比乌作品的翻译》(Kimmel, *De Rufino Eusebii Interprete*, Gerae, 1838)。

根据法布里丘的说法(*Bibl. Gr.* VI. p. 60)，1549 年，一个新的拉丁文版本被沃尔夫冈·穆斯丘鲁斯(Wolfgang Musculus)出版于巴塞尔(Basle)，以后分别于 1557、1562 及 1611 年重版。我自己只看过 1562 年的版本。

还有一个拉丁文版本，经过克里斯多佛索努斯的手，于 1570 年出版于卢万(Louvain)。这是我曾看过的唯一一个克里斯托佛森版本，不过我曾留意到 1570、1581 和 1612 年的科隆版本以及一个 1571 年的巴黎版本。根据法布里丘的说法，这个巴黎版本，和根据布栾涅(Brunnet)的说法，1581 年的科隆版本，均包含了萨弗里杜斯·皮特鲁斯的注解。据克鲁兹说，库尔特琉斯(Curterius)曾出版过克里斯托佛森版本的一个修订本，不过我未曾见过它，我也不知道它的出版日期。

另一个由格里奈尤斯(Grynaeus)完成的译本，于 1611 年出版于巴塞尔。这是我所见过的唯一一个格里奈尤斯的版本，在它当中，我并没有发现提到有一个更早版本的说法。不过我已经获知，有一个版本刊行于 1591 年。汉默尔(Hanmer)在其序中似乎暗示，格里奈尤斯版本是唯一一个穆斯丘鲁斯版本的修订本，如果真是那样的话，我们就不得不认定，这个 1611 年版本与法布里丘所提到的 1611 年的穆斯丘鲁斯版本(见上文)是同一个东西。然而在格里奈尤斯版本自身中，我没能发现有关他的这一版本是穆斯丘鲁斯版本的一个修订本的任何线索。

首次出版于 1659 年的瓦列修斯译本(见上文)，是对于此前所发行的所有版本的一个重大的改善，因此曾被多次再版于优西比乌的其他版本中及他自己的版本中。

卡斯帕尔·赫迪欧(Caspar Hedio)出版了首个德文译本。法布里丘给出的出版日期是 1545 年，可是我所看到的一本的出版日期却是 1582 年，它并没有包含提及一个更早版本的内容。它只包括了优西比乌的九卷，增补了鲁菲努斯自己的两卷。其标题如下：Chronica, das ist: wahrhaftige Beschreibunge aller alten Christlichen Kirchen; zum ersten, die hist. eccles. Eusebii Pamphili Caesariensis, Eilff Bücher; zum dritten die hist. eccles. sampt andern treffenlichen Geschichten, die zuvor in Teutschef Sprache wenig gelesen sind, auch Zwolff Bucher. Von der Zeit an da die hist. eccles. tripartita aufhoret: das ist, von der jarzal an, vierhundert nach Christi geburt, biss auff das jar MDXLV, durch D. Caspar Hedion zu Strassburg verteutscht und zusamen getragen. Getruckt zu Franckfurt am Mayn, im jar 1582。

第二个德文译本是一个包含《教会史》完整内容的版本（不过没有《巴勒斯坦的殉道者史》及《有关教堂建筑的演讲》），它与《君士坦丁传》一道，于 1777 年被斯特洛斯以二卷本的形式出版于奎德林堡。斯特洛斯以一篇相当有价值的优西比乌生平作为该译本的序，并增添了一些他自己撰写的非常优秀的注解。该译本比较精确。

一个优美得多的德文版本（包含有《演讲》，但略去了《巴勒斯坦的殉道者史》）于 1839 年被克洛斯（Closs）以单行本的形式出版于斯图加特。在我看来这是现存最好的《教会史》译本。它的风格是值得钦佩的，不过为了使用纯粹的德文成语，有时不得不牺牲精确性。实际上，译者旨在产生出一个奔放自如的而不是拘泥于文字的译本，因此偶尔会放纵自己远离原作。该译本带有一些简短的注解，这些注解的大部分来自瓦列修斯或斯特洛斯。

在较晚近时，有一个德文译本曾被施蒂格洛赫（Stigloher）刊行于《肯普滕教父书目》（*Kempten Bibliothek der Kirchenvater*, Kempten，1880）中。它的用意是要成为一个新译本，但实际上它不过是克洛斯版本的一个很糟糕的修订本。它所作出的变动很少促成原本的改善。

法布里丘提到一个由克劳狄乌斯·谢舍琉斯（Claudius

Seysselius)完成的法文译本,不过并没有给出它刊行的日期,我自己也未曾见过该译本。然而,理查森博士告诉我,他拥有一本该译本(它译自拉丁文,而不是希腊文),其标题如下:L'Histoire ecclesiastique translatie de Latin au Francais, par M. Claude de Seyssel, evesque lors de Marseille, et depuis archevesque de Thurin. Paris,1532(or'33),f。他还告诉我,现存有 1537 和 1567 年两个版本。

一个多世纪以后,路易·库辛(Louis Cousin)刊行了一个新的法文译本,其标题如下:Histoire de l'Eglise ecrite par Eusebe Cesaree, Socrate, Sozomene, Theodoret et Evagre, avec l'abrege de Philostorge par Photius, et de Theodore par Nicephore Calliste. Paris,1675—1676. 4 vol. 4。另一个版本于 1686 年刊行于荷兰。

第一个英文译本是由汉默尔(Hanmer)完成的,它刊行于 1584 年,根据克鲁兹的说法,此后发行过五个版本。其中的第四版就放在我的桌面上,它于 1636 年出版于伦敦。此书包含了优西比乌、苏克拉底及艾瓦格里乌斯(Evagrius)的三套《教会史》,以及多罗修斯的《传记》(Lives)和优西比乌的《君士坦丁传》。

据克鲁兹说,大约一个世纪后,硕廷(T. Shorting)出版了另一个译本,它比汉默尔的版本有了明显的改善。我虽未曾见过署有硕廷名字的该书,但却调查过一个带有如下标题的匿名译本:"优西比乌·潘菲鲁斯的《教会史》共 10 卷"。此英文译本以瓦列修斯所发行的版本为底本,于 1659 年刊行于巴黎,一起刊行的还有瓦列修斯对该历史学家作品的注解,这些注解被译成英文,并被放置在栏外对应的地方。由瓦列修斯收集到的有关该历史学家生平及作品的一个说明,也被翻译成英文并被并入该书中(Cambridge: John Hayes,1683)。这显然就是克鲁兹所提到的硕廷译本,因为它十分符合他对其所作的描述。

法布里丘(同上书第 62 页)和克鲁兹均提到有一个由帕克(Parker)所完成的该版本的节略本,可是我并未亲眼见过它。法布里丘给出它的出版日期为 1703 年,理查森博士告诉我,他见过一个标示出版日期为 1729 年的版本，他还有一条有关出版于 1703 或 1720 年的另一个版本的短评。

最新的一个英文译本，是由具有德国血统的美国圣公会教徒克鲁兹牧师完成的，该译本于 1833 年首次出版于美国费城，书的前面是一篇由瓦列修斯撰写并由帕克翻译的《优西比乌生平》。它曾多次被再版于英国和美国，并被收入勃恩（Bohn）的《基督教会文库》中。在勃恩的版本中，刊印有一些来自瓦列修斯的评注的散乱注解，在某些其他版本中，还加上了一个由伊萨克·波义尔（Isaac Boyle）撰写的有关尼西亚公会议的历史性报道。比起其先前的译本来，该译本有所改善，不过还是有不少毛病，因此不能令人满意。译者并不完全精通英语，而且，该译本的质量也因略去了许多内容并窜入了许多东西而大为受损，这些省略和窜入反映了译者不可原谅的轻率。

第 5 节　研究文献

有关优西比乌《教会史》的研究文献非常广泛。已经提到过的许多版本，均在其序言中讨论了《教会史》本身和作为一名历史学家的优西比乌这个人，如在上面所提及的所有优西比乌的传记中那样，在所有较大篇幅的教会历史著作中，都涉及到同样的问题。除了这些以外，我们还拥有大量重要的专题著作和短论，其中必须在这里提及的有：

Moller, *de Fide Eusebii in rebus christianis enarrandis*, Havn, 1813。

Danz, *de Eusebio Caesariensi Hist. Ecclesiasticae Scriptore*, Jenae, 1815。此书在我们这篇导论的第 1 章中曾被提到过，因为它包含了对优西比乌生平的很有价值的讨论。其最大的重要性就在于它叙述了《教会史》的史料，作者用了整个第 3 章来处理这一问题，该章的题目为："de fontibus, quibus usus, historiam ecclesiasticam conscripsit Eusebius"。

56

Kestner, *de Eusebii Historiae Eccles. conditoris auctoritate, et fide diplomatica, sive de ejus Fontibus et Ratione qua eis usus est*, Gottingae, 1816。

——, U*eber die Einseitigkeit und Partheiligkeit des Eusebius als Geschichtschreibers*, Jenae, 1819。

Reuterdahl, *de Fontibus Historiae Eccles. Eusebianae*, Londini Gothorum, 1826。

Reinstra, *de Fontibus, ex quibus Historiae Eccles. opus hausit Eusebius Pamphili, et de Ratione, qua iis usus est*, Trajecti ad Rhenum, 1833。

F. C. Baur, *Comparatur Eusebius Historiae Eccles. Parens cum Parente Historiae Herodoto*, Tüb. , 1834。

——, *Epochen der kirchlichen Geschichtschreibung*, Tüb. , 1852。

Dowling, *Introduction to the Critical Study of Eccles. History*, London, 1838, pp. 11—18。

Hely, *Eusebe de Cesaree premier Historien de l'Eglise*, Paris, 1877。

J. Burckhardt, *Zeit Constantins*, 2d ed. 1880, pp. 307 sq。布克哈特贬低了优西比乌的价值,并对他的诚实提出了质疑。

针对优西比乌《教会史》而写的评论文章数量众多。我只需提及思格尔哈特(Engelhardt)的"Eusebius als Kirchengeschichtschreiber", in the *Zeitschrift fur hist. Theol.* 1852, pp. 652—657;和杰赫曼的 Bemerkungen uber die Kirchengeschichte des Eusebius, ib. 1839, II. pp. 10—60。后者包含了对优西比乌的诚实性的最为严厉的攻击之一(见上文第 49 页)。

57

第4章 古人对优西比乌的评价①

第1节 有利的证言

摘自君士坦丁致安条克人的信函（见优西比乌：《君士坦丁传》第3卷第60章）

"那么我承认，在阅读了你们的诉状之后，我从它们为恺撒利亚主教优西比乌（我本人很了解他，并因他的学识和节制而尊重他）所作的高度颂扬的证言中察觉到，你们强烈地依恋他，并希望他成为你们的主教。那么你们认为在这一问题上我拥有什么想法呢？尽管我意欲寻求严格的正确原则并依其行事。你们想象一下你们的这一愿望引起我多大的忧虑？啊，是神圣的信仰以我们救主的话语和戒律的形式给我们提供了一种仿佛是新的生活模式，倘若你们未曾拒绝过促进获益的目的，你们自己怎会几乎无法抗拒罪的过程！据我本人的判断，把维持和平当作自己第一目标的

---

① 下列的古代人证言是瓦列修斯收集的，并以原始的语言刊印于他的版本的优西比乌《教会史》中，被放置在他的《优西比乌生平》的末尾处。下面各页中也保持了瓦列修斯的顺序，不过为了更清楚起见，偶尔有些段落被拓展得比他的更为充分。有些摘录被删去（如下面的注释），而他所忽略的个别摘录则被加上。为了这一版本的需要，摘录都被从原作中翻译过来，而得自于《君士坦丁传》和得自于希腊教会史学家——苏克拉底、苏佐门、狄奥多雷以及艾瓦格里乌斯——的引用语则是例外，它们均被抄自于巴格斯特（Bagster）版本的《希腊教会历史学家》的译本，并对其中几个地方作了必要的更正。翻译工作是在我的要求下，由肯塔基州谢尔比维尔的詹姆斯·麦克唐纳先生完成的，此人是莱恩神学院高级研究班（1890年）的一名成员。

人,似乎要优越于胜利本身,当一个正确和体面的过程就摆在面前让人们去选择时,人们肯定会毫不犹豫地采纳它。因此,同胞们,我要问,为什么我们要如此做决定,以至于以我们的选择去对别人造成伤害呢?为什么我们要觊觎那些将会毁掉我们自身名声的东西呢?我本人高度地尊重那些你们断定为值得你们去尊重和爱戴的个人。尽管如此,那些原则应当是有权威的,因而对所有人一样有约束力,完全蔑视它们,便不可能是正确的态度。例如,每一个人都应当满足于指定给他的范围,所有人都应当享有他们的特权;在考虑互相竞争的候选人的主张时,如果不是设想不止一个人而是许多人值得与此人作对比,那便不可能是正确的。因为只要没有妨害教会尊严的暴力或蹂躏,他们就会继续处在一种平等的基础上,在任何地方都会得到同样的体恤。对一个人的资格的调查如果是为了损害其他人,那便是不合理的,因为所有教徒的判断——无论他们当中哪一个被判定为更加重要——同样能够接受和维持神圣的法令,这样,根据大家都适用的实践标准,一个人便决不会比另一个人低劣(如果我们只是大胆地宣布真理)。倘若情形的确如此,我们就必须说,你们将并非因为留任了这位主教而是因为错误地撤免了他而难辞其咎;你们的行为将突出地表现为暴力而不是正义。不管别人在总体上是怎么想的,我敢清楚和大胆地断言,这个标准将提供指控你们的理由,并将激起最有害的党派骚动。因为在牧羊人的小心看护撤走之后,当怯懦的羊群发现自己失去了他的惯常的引导时,它们也能够显示出其牙齿的用处和力量。倘若真是如此,倘若我根据自己的判断而未被欺骗,同胞们,让这成为你们的第一个要考虑的问题吧(因为如果你们采纳我的建议,许多重要的考虑便会立刻显现出来),万一你们坚持自己的意图,那些应当存在于你们当中的相互体贴的感情和爱戴是否就会少受损害呢?其次,请记住,为了提出无私忠告的目的而来到你们当中的优西比乌,如今享有了天上审判中应当归于他的奖赏,因为他尚未因你们对其公正行为所作出的高尚证言而收到任何普通的报酬。最后,根据你们通常的完善判断,你们在选拔你们所迫切需要的人选时，以及在小心避免一切党派骚动时，的确展现出一种适宜的勤勉：因为这样的骚动总是错误的，不协调因素的碰撞将会产生出火花和火焰来。"

摘自君士坦丁致优西比乌的信函（见优西比乌：《君士坦丁传》第 3 卷第 61 章）

58　　"我小心翼翼地细读了你的信函，发现你严格遵循着教会戒律所规定的准则。遵守同时既为上帝所悦纳、又符合使徒传统的准则，是一种真正虔诚的体现。你有理由为此而感到高兴，我要说，在整个世界受审判时，你应当被认为有资格看管整个教会。因为所有人为了自身的缘故都想要赢得你，这一愿望无疑增大了你在这方面令人羡慕的运气。尽管如此，你决心遵守上帝的法令和使徒的教会准则，你的这一审慎行为，在拒绝安条克主教职位和希望依照上帝的意志继续留在最初任职的教会里这一事情上，得到了卓越的体现。"

摘自君士坦丁致公会议的信函（见优西比乌：《君士坦丁传》第 3 卷第 62 章）

　　"我细读过你们以审慎态度撰写的书信，我非常赞成你们教会中的同事优西比乌的明智的解决方法。此外，承蒙你们的信函以及我们的杰出朋友阿卡丘和斯特雷特吉乌斯（Strategius）的信函告知我有关事情的原委，在作过充分的调查研究之后，我写信给安条克人民，向他们提出了既能立即取悦于上帝又有利于教会的方法。我已经命令把此信的一个副本增补到目前这封信中，这样，你们自己就会知道，作为一名正义事业的倡导者，我所思考的东西哪些适合于写给那些人，既然我在你们的信函中看到这一建议：圣洁的恺撒利亚主教优西比乌应当主持和负责安条克教会的工作，这与人民的选择相一致，并得到你们愿望的支持。现在，优西比乌本人有关该问题的信函似乎严格地遵循教会所规定的命令。"

摘自君士坦丁致优西比乌的信函(见优西比乌:《君士坦丁传》第 4
卷第 35 章)

　　"要很好地叙述基督的奥秘,并以一种适当的方式解释有关复
活节日期的争端——包括其起源以及它的宝贵而又辛苦的成就,这
的确是一件用语言所难以表达的费力的工作。因为要适当地描述
上帝的事情,这即使对于有能力领悟它们的人们来说也恐非力所
能及。尽管如此,我对你的学识和热情充满着钦佩,我不仅带着愉
悦的心情亲自阅读过你的作品,还根据你的愿望下达命令:它应当
被传达给我们神圣宗教的许多忠实的信从者。从你的精明中我们
获益良多,使我们更加欢愉的是,你让你作品中的思想付诸实施,
因为你承认你从幼年时期起便接受过这方面的训练,因此当我力
主你继续你的惯常研究时,其实我是在鼓励一位心甘情愿的人(如
他们所说)。我们所具有的高尚而又大胆的判断,必定证明了把你
的作品翻译成拉丁文的人完全胜任这项工作,尽管这样的译本无
法与原作本身的卓越相媲美。"

摘自君士坦丁致优西比乌的信函(见优西比乌:《君士坦丁传》第 4
卷第 36 章)

　　"由于我们的救主上帝的有利神意,在以我的名字命名的这座
城市里,大量的人与最神圣的教会结为一体。既然该城市在所有
别的方面均迅速繁荣起来,因此似乎极其有必要让教徒的数量也
获得增长。因此你欣然接受了我在这一问题上的决定。我以为,
最好是指示你审慎地召集完全精通业务的誊写员,用清晰的笔迹
在准备好的羊皮纸上誊写 50 本圣经(你知道这一物品及其使用对
于教会的教导是最为必需的),并制作成一种方便于携带的样式。
主教管区的长老也已经通过我们的信函得到指示:小心地提供这
一誊写工作所必需的各种材料。你要特别细心地让他们尽可能不
要耽搁地完成该项工作。你凭借着这封信函,有权力使用两辆公
家马车来运载他们,当抄本被清楚地写成之后,就可以安排这两辆
马车轻而易举地把它们运送过来让我亲自审阅。你们教会的一名

助祭可以被叫来作这项工作,他在到达这里之后,就会体验到我的慷慨。上帝保佑你,亲爱的兄弟!"

59　摘自尼科米底亚的优西比乌致泰尔主教鲍里努斯的信函(收录于狄奥多雷:《教会史》第 1 卷第 6 章)

　　"我的主人优西比乌对问题真相的热情,与你在该问题上的沉默,都是尽人皆知的,甚至也传到了我们的耳中。恰当地说,一方面,我们因我的主人优西比乌而高兴;而另一方面,我们却因你而悲哀,因为我们把这样一个人的沉默看作是对我们事业的一种谴责。"

摘自巴西尔①题献给安菲洛丘(Amphilochius)的书《论圣灵》第 29 章

　　"倘若对于任何人来说巴勒斯坦的优西比乌因其伟大的经历而显得真实可靠,我们可以引用他自己在《有关古人多妻制的异议》中所说的话。"

摘自奥古斯丁已发表的作品之一《〈旧约〉与〈新约〉疑义集》第 125 章

　　"我们记得曾经在优西比乌——从前的一位才华出众的杰出人物——的某本小册子中读到,甚至圣灵都不知道我们的主耶稣基督出生的奥秘;我惊诧这样一位具有伟大学识的人物会把这一耻辱强加在圣灵的身上。"

摘自杰罗姆致潘马丘(Pammachius)和欧士努斯(Oceanus)的信函(第 65 封信函)

　　"阿波利纳里乌斯撰写了驳斥波菲利的最具有力度的书;优西比乌撰写了杰作《教会史》。此二人中,一个教导一种基督的不完全的人性;另一个则是一名阿里乌异端的最公开的辩护者。"

---

① 显然是指恺撒利亚的巴西尔,即"伟大的巴西尔",详见边码第 33 页的第一条注释。——中译者

摘自杰罗姆:《驳鲁菲努斯的辩护文》第 1 书第 8 章

　　"我早已说过,以前的阿里乌派领导人、恺撒利亚主教优西比乌,写过六卷书来为奥利金辩护——这是一部非常广泛而又精细的作品。他使用大量的证据来证明,在他看来奥利金是一名大公教会信徒,而在我们看来他却是一名阿里乌分子。"

摘自同上书第 9 章

　　"因为优西比乌本人是潘菲鲁斯的朋友、颂扬者和伴侣,他写了一部包括一个潘菲鲁斯传的非常优美的三卷本作品。在这部作品中,他竭尽全力来颂扬潘菲鲁斯,把他的谦恭捧上了天,之后,他还把这加到了第 3 卷中。"

摘自同上书第 11 章

　　"我在提及优西比乌的《教会史》、《年代学准则》以及《圣地记述》等作品时曾经赞扬过他,在把这些小作品翻译成拉丁文时我使用了我自己的语言。难道因为撰写这些作品的优西比乌是一名阿里乌分子,我便也成了一名阿里乌分子吗?"

摘自杰罗姆:《驳鲁菲努斯的辩护文》第 2 书第 16 章

　　"优西比乌是一个非常博学的人(我说的是博学,而不是大公教会信徒,免得你们在这件事情上以通常的方式大肆诽谤我),他在他的六卷书中只不过是要表明奥利金与他自己拥有相同的信仰,即阿里乌异端的信仰。"

摘自杰罗姆《〈论希伯来地志书〉序言》

　　"优西比乌采用了有福的殉道者潘菲鲁斯的名字作为别名。他完成了 10 卷本的《教会史》;完成了《年代学准则》,此书已经被我们用拉丁文出版;完成了《各类民族名称》,该书表明了各种民族在希伯来人当中以前和现在是如何称呼的;完成了《犹太国土地志,附各支派遗产》;完成了《耶路撒冷》以及《圣殿平面图,附一个非常简短的说明》——在完成了以上所有作品之后，他最后为了撰写这一部小书①而刻苦劳作，为我们从圣经中收集了几乎所有城市、山脉、河流、村庄的名称，考述这些名称哪些保留原样，哪些发生了变化，哪些是出于史料上的误传，等等，借此，我们也能仿效这位令人敬佩之人的热情。"

60　摘自杰罗姆：《论基督教会作家书》第 61 章

　　"希波里图斯（Hippolytus）是某个教会（我的确无法查出该城市的名称）的主教，他写了一篇推算复活节日期的文章，以及迄至皇帝亚历山大②统治第一年的编年史年表，并构想出一个 16 年的周期，希腊语称这种周期为'16 年期'（εκκαιδεκαετηριδα）；他还给优西比乌提供了一个机会，使后者得以编制成一个复活节准则，附有一个 19 年的周期，即希腊语'19 年期'（εννεαδεκαετηριδα）。"

摘自同上书第 81 章

　　"巴勒斯坦的恺撒利亚主教优西比乌，是《圣经》研究中最用功的人，他与最勤勉的《圣经》文献调查者殉道者潘菲鲁斯一道，编辑了无数的书籍，其中的一些如下：《福音的证明》20 卷；《福音的准备》15 卷；《神的显现》5 卷；《教会史》10 卷；一部《编年史年表中的通史》以及它们的一个概览；还有《论福音书中的差异》；《论以赛亚书》10 卷；《驳波菲利》（此人同时正在西西里岛写作，像有些人所认为的那样）30 卷，我只看见过其中 20 卷；《概论》1 卷；为奥利金所作的《辩护》6 卷；《论潘菲鲁斯的生平》3 卷；《有关殉道者》以及其他小作品；对诗篇中 150 首诗的非常博学的评注，以及许多其他作品。他主要活跃于皇帝君士坦丁和君士坦提乌斯统治时期，由于与殉道者潘菲鲁斯的友谊，他使用了他的名字。"

---

① 指《论希伯来地志书》。——中译者
② Alexander Severus，罗马皇帝，222—235 年间在位。在一次莱茵河地区的兵变中遇弑身亡。——中译者

摘自同上书第 96 章

　　"撒丁尼亚人优西比乌,曾在罗马担任读经师,此后成为维尔塞莱的主教,由于申明自己的信仰,被皇子君士坦提乌斯放逐到西索波利斯(Scythopolis),然后又从那里到了卡帕多西亚,在尤利安统治时期,皇帝把他送回教会,他把恺撒利亚的优西比乌的《〈诗篇〉评注》由希腊文翻译成拉丁文,并加以出版。"

摘自杰罗姆《〈但以理书评注〉序言》

　　"针对先知但以理,波菲利撰写了 12 卷书,否定《但以理书》是由书名所标示的那个人所撰写。恺撒利亚主教优西比乌在其三卷书中,非常娴熟地答复了他,这三卷书包括第 18、19 和 20 卷。阿波利纳里乌斯也在一个很大的卷次中,即在第 26 卷中回应了他,在此之前,梅多丢斯也部分地回应过他。"

摘自杰罗姆《论〈马太福音〉第 24 章》

　　"关于这一地方,即关于先知但以理所谈到的位于神圣处所当中的令人厌恶的荒芜之地,波菲利在其作品的第 13 卷中发出了许多针对我们的亵渎话语。恺撒利亚的主教优西比乌在三卷书中即在第 18、19 和 20 卷中对他作出了回应。"

摘自杰罗姆致马格努斯(Magnus)的信函(第 84 封信函)

　　"凯尔苏斯和波菲利都曾撰写过反对我们的作品。奥利金针对前者,梅多丢斯、优西比乌和阿波利纳里乌斯针对后者,作出了极其强烈的回应。其中,奥利金撰写了 8 卷书,梅多丢斯撰写了 10000 行,优西比乌和阿波利纳里乌斯分别撰写了 25 卷和 30 卷。"

摘自杰罗姆致潘马丘和欧士努斯的信函(第 65 封信函)

　　"还能找到比奥利金的拥护者优西比乌和狄迪姆斯(Didymus)更加灵巧、更加博学和更加雄辩的人吗? 优西比乌在其六卷《辩护文》中，证明他（奥利金）拥有与他自己相同的观点。"

摘自杰罗姆《〈以赛亚书评注〉序言》

"优西比乌·潘菲利还出版了一本历史性的评注，共 15 卷。"

摘自杰罗姆《〈以赛亚书评注〉第 5 卷序言》

61　　"我要为最博学的人所费力撰写的一部作品承担责任吗？我说的是奥利金和优西比乌·潘菲利。此两人中，前者远游于比喻的自由空间，他的才华被用来如此解释单纯的名称，以至于从它们当中得出了教会的神圣事物。后者虽然在自己的题目中承诺要进行一种历史性的解释，但同时又忘记了自己的目的，最后屈服于奥利金的信条。"

摘自杰罗姆《〈以赛亚书〉第 5 卷评注》

"恺撒利亚的优西比乌虽然在其题目中承诺要进行一种历史性的解释，却迷失于不同的概念中：在阅读他的书时，我发现了大量不同于他在其题目中所承诺的东西。在他无法作历史性解释的地方，他便大量地使用到了比喻。通过这样一种方法，他把不同的东西合并一起，看到他用一种新的叙述艺术把石头和铁结合到一个机体中，我感到非常诧异。"

摘自杰罗姆《论〈马太福音〉第 1 章》

"年代学作者阿非利卡努斯，以及恺撒利亚的优西比乌在其《福音书中的差异》一书中，对本章均有了更为充分的讨论。"

摘自鲁菲努斯致主教科洛马提乌斯（Chromatius）的信函

"你责成我把《教会史》翻译成拉丁文，该书是极其博学的恺撒利亚的优西比乌用希腊文写成的。"

摘自奥古斯丁:《论异端》第 83 章

"我在查遍了优西比乌《教会史》之后——鲁菲努斯把它翻译成拉丁文之后,增添了两卷随后发生的历史——我没有发现任何我在此类作品中未曾读过的异端邪说,例外只有一个,那就是优西比乌加入到第 6 卷中的,他说道,这一异端存在于阿拉伯。由于他没有说这个异端派别的建立者是谁,我们姑且把他们称作'阿拉伯分子',他们宣称,灵魂会死亡,会随肉体一起毁灭,在世界末日时,两者一起复活。不过他说,他们很快就被纠正过来,部分是通过奥利金亲自参与的辩论获得纠正,部分是通过他的劝说获得纠正。"

摘自波斯特拉(Bostra)主教安提帕特(Antipater)《驳恺撒利亚的优西比乌的〈为奥利金辩护〉第 1 书》

"既然此人非常博学,他找出并追溯到了更为久远的作者的所有书籍和作品,记述了他们几乎所有人的观点,留下了非常多的作品——这些作品中的一些是富含深意的,并利用了像对此人那样的一种尊重,他们便试图把一些人引入歧途,说什么优西比乌本来是不愿采用这一观点的,除非他已经准确地弄清所有古代人都需要它。我的确同意和承认,此人非常博学,较为古老的作品中,没有任何东西不为他所知,因为趁与皇帝合作之便,他得以轻易地从任何来源中为自己收集到可资利用的材料。"

摘自《〈菲洛斯多尔吉乌斯的教会史〉摘要》第 1 卷

"菲洛斯多尔吉乌斯虽然对优西比乌·潘菲利的《教会史》中值得赞扬的东西及其他一些东西进行了褒扬,但他宣称,关于宗教,他却陷入了巨大的错误;他很不虔敬地详细陈述了自己这一错误,坚持认为上帝既是不可知的,又是不可理解的。此外,菲洛斯多尔吉乌斯相信,他在别的一些事情上也误入歧途。不过他和其他人一致证明,他记载他的《教会史》到君士坦丁大帝的儿子们即位时为止。"

摘自苏克拉底：《教会史》第 1 卷第 1 章

"优西比乌，别名潘菲鲁斯（意为'广受爱戴'），撰写了一套教会史，共 10 卷，记载到皇帝君士坦丁统治时期为止，那时戴克里先所发起的对基督徒的迫害已经停止。不过在撰写君士坦丁传的时候，这位作者只是略微地叙述到阿里乌争端，很明显，其目的在于对这位皇帝作高度颂扬，而不是要准确陈述事实。"

62　摘自同上书，同卷第 8 章，在谈到马其顿主教谢比努斯（Sabinus）——他曾写过一部宗教会议史——时，苏克拉底说道：

"他称赞优西比乌·潘菲鲁斯是一位值得信赖的见证者，并赞扬皇帝能够陈述基督教的教义。不过他仍然把在尼西亚所宣布的信经说成是由愚昧无知的人们所提出的，正像在这一问题上完全缺乏智慧那样。因此他故意蔑视他自己断言为一名聪明的真正见证者所提供的证据，因为优西比乌宣称，在出席尼西亚公会议的上帝的仆人当中，有些人是以智慧的话语著称，另一些人则以本身生活的严谨著称。皇帝的亲自到场，导致所有人全体一致，判断获得了统一，意见得到了协调。"

摘自苏克拉底：《教会史》第 2 卷第 21 章

"不过既然有人试图把优西比乌·潘菲鲁斯污蔑为曾支持阿里乌观点，在这里，就他的情况陈述几句便不会显得不恰当。首先，他当时出席了尼西亚公会议，并赞同在有关子与父同质的问题上所作出的决定，在《君士坦丁传》第 3 卷中，他因此表达说：'皇帝激励所有人达成一致，他终于促使他们就原先是互相冲突的观点取得了统一的判断；最后，他们就尼西亚的信经达成了一致的意见。'因此，既然优西比乌在提及尼西亚公会议时说，所有分歧得到了调停，全体一致的观点占了上峰，那么有什么理由设想他本人是一名阿里乌分子呢？在认定他是阿里乌信条的一名支持者时，阿里乌分子肯定是上当了。不过有人也许会说，在他的著述中，他似乎采纳过阿里乌的意见，因为他频繁地说到'经由基督（by Christ）'。我们的答复是,基督教会的作家常常使用这一表达模式,其他相类似的一种表达模式则用来表示我们救主机体中的人性:以前的使徒使用了这样的表达,却未曾被看作是假学说的教师。此外,既然阿里乌胆敢说子是一个被造物,与其他的被造物一样,那么,就让我们看看优西比乌在驳马尔切鲁斯的第 1 卷中就这一话题说了些什么:

'只有他,没有其他,被宣称为是唯一生出的上帝之子。据此,任何人均可公正地谴责那些胆敢断言他是一个从无中被造出来的被造物——就像其他的被造物——的人们。因为假如他像它们那样成了无中创造的参与者而被赋予了与其他被造物同样的性质,如果他是许多被造的事物之一,那他如何是一个子呢? 他如何是上帝唯一生出的呢? 因此圣经并没有教导我们有关这些事情。'然后他又加上了一些话:'那些肯定子是由非存在的事物造成的、他是产生自先前的无中的一个被造物的人,忘记了当他承认子这一名称时,他就在实际上否定了他是这样一种状况。因为被从无中造出来的他,不可能真正成为上帝之子,也便不会高于其他被造之物,而真正的上帝之子,既然是由父所生,就被恰当地称之为父唯一生下的和为父所爱的。也是由于这一理由,他自身便是上帝,因为除非完全类似于生下他的那一位之外,还有什么能够称得上为上帝的后代呢? 一位君主的确是建造了一座城市,而不是生下了一座城市;他生下了一个儿子,而不是建造了一个儿子。一名工匠可以被称作建造者,但不能被称作他的作品的父亲;同时他也决不能被叫作他所生下的儿子的建造者。宇宙之上帝也是儿子的父亲,可是他可以被合适地称作世界的建造者和创造者。尽管圣经有言:由于上主的工作,他在他的大道之初就创造了我。不过我们应当好好考虑这句短语的含义,对此我会在以后进行解释。我们不应当像马尔切鲁斯所作的那样,用一个单独的段落去推翻一个最重要的教会学说。'

许多这样一些话语被发现于优西比乌·潘菲鲁斯《驳马尔切鲁斯》的第 1 卷中;他在其第 3 卷中谈到被造物一词应当如何理解时

说道：'因此，这些事物是被设定的，由此得知，如下的话，也应当按与前面出现的同样意义来理解：由于上主的工作，他在他的大道之初就创造了我。因为尽管他说他是被创造的，但似乎他并没有说他产生自非有，也没有说他自身就像其他被造物那样从无中被制造出来，而这正是某些人错误地设想过的。相反，他是在整个世界被构成之前就已存在着和生活着的；他被他的主和父指派去统治整个宇宙：所谓被造出来的道，在这里是被使用，而不是被设定或被构建的。当使徒说，为了主的缘故，要服从每一个人类的创造物时，他肯定是明确地把统治者和总督们称作人类被造物之一，无论是对于至高无上的国王，还是对于由他所派遣的总督。当先知

63　说，以色列人，准备祈求你们的上帝吧时，他也并非是在从先前不存在的事物中创造出来这样的意义上使用被造（Ζκττσεν）一词的。先知还说：看哪，正是掀动雷鸣的那位，创造了圣灵，宣布了基督莅临人间。当上帝向所有人宣布基督的到来时，他并没有创造圣灵，因为太阳底下无新事，可是圣灵是以前就存在的：只不过他是在使徒们聚集一起时被派出的，那个时候就像雷鸣一样。就像经上所说，随着一阵强大的旋风卷起，从天上传来了一个声音：他们都充满着圣灵。于是他们根据预言所说的向所有人宣布上帝的基督的到来：看哪，正是掀动雷鸣的那位，创造了圣灵，宣布了基督莅临人间。显然，这道被创造出来，是为了使用，而不是为了黜免或任命的，雷鸣以类似的方式暗示着福音的传播。他还说：在我的内里创造出一颗纯净的心，啊，上帝。这并不是说似乎他曾没有过心，而是在祷求他的心智能够被净化。经上还说：他可以把两人创造成为一名新人。这里不是用合并一词。请再想想这段话的性质是否不同：给你自己穿上新人，这新人是依照上帝的样子造出的。因此，如果有人是在基督当中的，他就是一个新的被造物。只要你小心地搜寻神所授意的圣经，你就可以找到许多具有类似性质的话语。因此，在这一段中——上主在其大道之初便创造了我——创造这一词是被使用在隐喻的意义上，而不是在指定的或建构的意义上；如果知道了这一点，我们对于此段话就不会感到惊愕了。'

我们从优西比乌驳马尔切鲁斯的书中援引出这些话语,是为了驳斥那些试图对其进行大肆诬陷和指责的人们。他们无法证明优西比乌把存在的开端归之于上帝之子,尽管他们可能发现他常常使用有关天启的说法。之所以如此,是因为他是一名奥利金作品的热心模仿者和敬慕者,那些有能力理解该作者作品的人,均会发现这些作品中到处都谈论到有关子由父所生的话题。在这里附带地讲这些话,是为了驳斥曲解了优西比乌的人们。"

摘自苏佐门:《教会史》第 1 卷第 1 章

"最初我迫切地想要从源头上追溯事件的过程,不过,编辑过直到作者们的时代为止的相似的历史记载的人,先后有使徒们的继承人即博学的克勒门斯(Clemens)①和赫格西普斯(Hegesippus)、历史学家阿非利卡努斯、别名为潘菲鲁斯的优西比乌——此人非常熟悉圣经及希腊诗人和历史学家的作品——在认真考虑过这一点之后,我只是写出了一个两卷的梗概,该梗概记载了从基督升天至李锡尼被废黜这段时期发生于教会中的事情。"

摘自维多里乌斯《复活节规则》

"因此而重读古代人的可靠的历史,即有福的优西比乌的《编年史》和序言,此人是巴勒斯坦城市恺撒利亚的主教,是一位颇有成就和博学的著名人物。值得纪念的杰罗姆,为这同一部《编年史》增添了一些东西。"

摘自杰罗姆致科洛马修斯(Chromatius)和赫利奥多鲁斯(Heliodorus)的信函,此信函被放置在托名为杰罗姆所写的《殉道者列传》的前面

"显然,我们的主耶稣基督在其圣徒们的每一次殉道中均获得

---

① 这里的"克勒门斯"疑为"克勒门"(Clement)之误,因为后者才被广泛认定为使徒的直接继承人。——中译者

了胜利，我们可以从恺撒利亚主教、神圣的优西比乌的描述中看到这些圣徒的苦难。因为当君士坦丁·奥古斯都来到恺撒利亚并要这位著名主教乞求某种有利于恺撒利亚教会的恩惠时，据说优西比乌回答说：一个因其自身的资源充实起来的教会，无须乞求恩惠。不过他本人倒有一个不可改变的愿望，即必须通过对政府档案的小心翼翼的审查，找出整个罗马世界中的法官针对上帝的圣徒所做过的一切；必须通过皇帝的命令，把从档案中得到的有关材料送达优西比乌手里，这些材料包括：殉道者叫何名字，受哪个法官的审判，在哪个行省或城市受审，在哪一天受审，他们是如何以坚忍不拔来赢得苦难的奖赏的。于是，事情朝着他所希望的方向发展，作为一名能干的叙述者和一名勤勉的历史学家，他既撰写了一部《教会史》，也表彰了几乎所有罗马行省中的所有殉道者的胜利。"

64 摘自教皇格拉修斯①有关伪经文献的法令

"至于优西比乌的《编年史》和《教会史》，尽管他在撰写前一部作品时年事已高，而且后来还写了一部赞扬和捍卫裂教分子奥利金的书，不过由于他对于具有教诲意义的事物的独特知识，我们不能说它们应当受到拒绝。"

摘自教皇格拉修斯《论两种本性》

"既然是用同一颗心和同一张嘴来说同样的事情，我们便可以相信我们得自祖先的信念，这些信念是上帝给予我们的，我们把它们传给子孙后代，让他们也相信。带着这些信念，这里所引证的和被概括出来的大公教教师们的证言，为一位仁慈上帝的统一信仰作了证。"

进一步的说明如下：

"引自《诗篇》第 7 篇的解释，作者是巴勒斯坦主教优西比乌，

---

① Gelasius I,492—496 年间任罗马教皇，他有关教皇权高于世俗王权的理论，影响着此后许多世纪的西欧政教关系。——中译者

别名为潘菲利。也引自他的《福音的准备》第 7 卷。"

摘自教皇佩拉纠二世①致阿魁利亚的艾利亚斯(Elias of Aquileia)和伊斯特利亚的其他主教们的第 3 封信函

　　"因为的确,有谁能够发现,在异端祖师中还有谁比奥利金更坏? 在历史学家中还有谁比优西比乌更加可敬? 我们当中有谁不知道优西比乌在自己的书中高度赞颂过奥利金? 可是由于神圣的教会与其说严厉地对待其信徒,毋宁说更加仁慈地对待他们的心,因此优西比乌的证言既不能够把他从异端分子的适当位置上撤走,教会也不能够因为优西比乌赞扬过奥利金而谴责他。"

摘自艾瓦格里乌斯:《教会史》第 1 卷第 1 章

　　"优西比乌·潘菲利——一位特别能干的作者,他甚至能够诱使他的读者皈依我们的宗教,尽管他无法完善他们的信念——和苏佐门、狄奥多雷及苏克拉底,已经就我们充满怜悯的上帝的降临及升天,以及在神圣使徒们和其他殉道者们的忍耐中所获得的一切作过最优秀的记载。"等等。

摘自大格利高里②致亚历山大里亚主教尤洛吉乌斯(Eulogius)的信函

　　"我目前已经成了许多听者之一,阁下曾经不遗余力地致函我们,要求我们传扬所有殉道者的事迹,这些事迹已经在值得纪念的君士坦丁时代为恺撒利亚的优西比乌所收集。不过在收到阁下的信函之前,我并不知道这些事情是否已经被收集。由于你那充满着神圣学识的大作的提示,我开始知道了以前所不知道的事情,对此我深表谢意。除了

---

① Pelagius II,579—590 年间在位的罗马教皇。——中译者
② Gregory the Great, 约 540—604 年,即格利高里一世,590—604 年间的罗马教皇。原为隐修士,后被选为教皇。曾趁蛮族入侵之机,攫取罗马城的统治权,并把管辖区扩大到意大利中部以及西西里、撒丁和科西嘉等地;曾派出隐修士深入西班牙、高卢、不列颠和北非等地传教,对于基督教在中世纪初期的扩展发挥了至关重要的作用。——中译者

这位优西比乌在其《论神圣殉道者的事迹》中所收集到的这些东西之外，我在我们教会的档案馆里或在罗马的图书馆里均没有遇见过别的东西，例外的是极少量以单卷本形式收集起来的材料。"

摘自库济库斯的格拉修斯：《论尼西亚公会议》第2卷第1章

"最热爱真理的优西比乌，其别名袭用著名的潘菲鲁斯的名字，是教会耕地上最杰出的农夫，现在就让我们来听听他对该问题的说法吧。他说，李锡尼实在是重蹈了邪恶暴君们的不虔诚之覆辙，被公正地推上了与他们一样的绝路上，等等（此事件可以在《教会史》第10卷的末尾看得到）。优西比乌·潘菲鲁斯是最可靠的古代教会历史学家，他调查和揭示了如此之多的斗争，并从其简单写成的作品中进行了选择，就他而论，我们说，他以整部10卷本《教会史》的形式，留下了一套叙述准确的作品。他从我们的主降临开始，付出了大量的劳动，一直讲到他的那个时代为止。他如何有可能以如此巨大的小心来为我们保持这个收集品的协调呢？如我刚刚说过的那样，他已经为它进行了大量的研究，并付出了数不清的劳动。不过，人们不应当根据据说与他有关的那些事情而设想他曾经采纳过阿里乌异端；人们应当确信，即使他的确多少说过或简短地撰写过有关阿里乌的设想，他这样作肯定不是因为他怀有那个人的邪恶见解，而是出于毫无虚饰的质朴，他在其广泛散发于正统主教当中的辩护书中，已经向我们充分地证明了这一点。"

65　摘自《亚历山大里亚编年史的作者》（第582页）

"非常博学的优西比乌·潘菲利因而写道：由于犹太人在节日里把基督钉死在十字架上，因此他们都死于自己的节日里。"

摘自尼斯佛鲁斯（Nicephorus）：《历史》第6卷第37章

"凭借着他所提供的证据，我们得以了解神圣的潘菲鲁斯，知道他过着一名哲学家的生活，并在其所在地拥有教会长老的尊位。

有关他的生平及其生平中所发生的每一件大事,他在研究神圣的和世俗的哲学中所处的重要地位,他在几次迫害中的宗教表白,他的斗争,最后还有他所拥有的殉道者王冠,均被优西比乌详尽地囊括于一本书中,优西比乌是潘菲鲁斯的外甥,他对后者的尊重达到如此程度,以至于采用其名字作为自己的别名。希望准确地找到有关潘菲鲁斯个人资料的人,都必须参看该书。这位优西比乌尽管从事过许多方面的研究,但他特别擅长神圣文献的研究。他的生命延伸到君士坦提乌斯时期为止。作为一名著名的基督徒,他拥有对基督的巨大热情,他撰写了《福音的准备》15 卷,以及《福音的证明》10 卷。他也是处理该主题的第一个人,同时也是第一个以《教会史》命名的书的作者,此书一共有 10 卷。另一部他的传世作品题目叫《准则》,在该书中他准确地调查了年代学问题。他还撰写过《论君士坦丁生平》五卷①,以及另一部他称之为《有关三十年》②(τριακονταετηρικον)的作品。他还就上述所说的神圣福音书中的那些问题撰写了另一部作品,并把该作品题献给斯蒂法努斯;他还留下了其他几部对教会有巨大益处的作品。除了这里所揭示的此人的面目之外,他在许多方面似乎都赞成阿里乌的观点。"

摘自教皇西尔维斯特③行传抄本

　　"优西比乌·潘菲利在写作其《教会史》时,总是略而不提他在别的作品中曾经指出过的那些事情,因为他把在几乎所有行省中受过折磨的殉道者、主教和信仰表白者的苦难放进了 11 卷书当中。可是有关妇女和姑娘们的苦难,例如她们为了主基督的缘故带着男子汉般的坚忍不拔而受的折磨,他却付诸阙如。而且,他是

① 《君士坦丁传》只有四卷,此处说有五卷,不知有何依据。——中译者
② 似乎是指《在君士坦丁即位三十周年庆典上的演说》,即《君士坦丁颂》。——中译者
③ Silvester 或 Sylvester I,314—315 年的罗马教皇。——中译者

唯一一位按顺序陈述从使徒彼得开始的每一名主教受苦情况的作者。此外，他为了公众的利益，起草了一个使徒宗座所在城市的主教名录，即首都罗马城以及亚历山大里亚城和安条克城的主教名录。直到他的时代，上述这位作者均是用希腊语来撰述这一帮人的，因此，对此人的生平，他便无法加以意译。这里讲的'此人'，指的是圣徒西尔维斯特。"

摘自撰述《神圣的瓦列里安殉教记》的一位古代作者

"为了主基督和我们上帝的荣耀，最有福的殉道者们的光荣斗争，被用不断的圣事和一年一度的仪式来颂扬，当我们忠诚的人民知道殉道者们的信念时，他们也会享有后者的胜利，并且确信，只是通过这些保护方式，他们才会获得保护。因为人们都认为，恺撒利亚城的主教、值得纪念的历史学家优西比乌，是一位拥有杰出生平的最有福的教士，他也非常精通教会事务，因其非凡的小心谨慎而受到尊敬，他在真相得以被确证的范围内，为每一座城市揭示了宣告已经获得功绩的圣灵——因为单一行省的城市、地区或村镇因殉道者的天国胜利而变得著名——我是说，他揭示了在哪些君主统治时期里由官员们的命令所发起的无数的迫害。尽管他未曾叙述个别殉道者的整个受折磨的情况，然而他的确提示了他们为何应当受到忠实和虔诚的基督徒的评述或赞颂。因此这位忠诚的农夫已经栽培出了上帝的恩典，这些恩典曾经被广泛地撒播在所有大地上，仿佛通过一颗麦粒，由于土地的肥沃而获得丰收，并继续着来年的丰饶。因此通过此人的叙述，扩散自一部书的甘泉，因其对信徒的不断传播，对殉道者苦难的赞颂浇灌了一切大地。"

摘自乌苏阿杜斯（Usuardus）《殉道者列传》

"6月21日，巴勒斯坦，神圣的优西比乌，主教和信仰表白者，一个具有最杰出天赋的人，一位历史编纂学家。"

摘自诺克尔(Notker)《殉道者列传》

“6 月 21 日,神圣的主教优西比乌在恺撒利亚被免职。”①

摘自梅涅恰里乌斯(Manecharius)致巴黎主教切劳纽斯(Ceraunius)的信函

“你不断地努力,以求通过与教士们的一切交往,在美德上媲美于最有福的主教中的杰出人物,每天都热情地用神圣宗教装饰你自己,通过阅读的热情,你查遍了《圣经》的一切教义。更令人钦佩的是,如今你在巴黎城出于对宗教的爱,又决意要把神圣殉道者的功绩收集一起。因此你的热情堪与恺撒利亚的优西比乌相媲美,值得与其分享光荣而为人们永远纪念。”

摘自列莫维森修教派(Lemovicensian)教会②祈祷书的一个古老抄本

“有关神圣的优西比乌,主教和信仰表白者。

第 1 课。巴勒斯坦的恺撒利亚主教优西比乌,由于其与殉道者潘菲鲁斯的友谊,采用了潘菲利为其别名,因为与这位潘菲鲁斯在一起的缘故,他成了一名最勤奋的神圣文献调查者。此人因其拥有许多事物的技巧,及其奇妙的天赋,而实在值得在这些时代里受到纪念,异教徒和基督徒均认为他在哲学家中是卓著的和最高尚的。此人曾一度为阿里乌异端效力,此后他出席了尼西亚公会议,在圣灵的激励下,他遵循教父们的决定,此后直到死时为止,他都带着正统信念过着最神圣的生活。

第 2 课。而且,他还非常热情地研究圣经,与殉道者潘菲鲁斯一道,成为最勤奋的神圣文献的调查者。与此同时,他写了许多东

---

① 根据下文在 6 月 21 日举行优西比乌逝世纪念活动之说,这里的“被免职”,疑为“以身殉职”之误——中译者

② 即高卢派教会的异称。该派教会崛起于 15 世纪,它拥戴法国王权对抗教皇特权,其历史影响极其深远。——中译者

西,特别是下列一些书:《福音的准备》、《教会史》、《驳波菲利》,波菲利是基督教最顽固的敌人;他还撰写了六卷为奥利金辩护的书,一部殉道者潘菲鲁斯传,由于与后者的友谊,他采用了他的名字,该书共三卷;还有非常博学的《〈诗篇〉150首评注》。

第3课。此外,如我们所读到的,在弄清了所有行省中的许多神圣殉道者受折磨的情况以及信仰表白者和童贞女的生平之后,他为这些圣徒撰写了20卷书,尽管由于这些书,特别是由于他的《福音的准备》,他被认为是异教徒中最为卓著的,不过因为他对真理的热爱,他谴责了祖先的多神崇拜。他还撰写了一部《编年史》,从亚伯拉罕第一年开始叙述到300年,此后的历史由杰罗姆续写。最后,在君士坦丁大帝皈依之后,通过他在世时的亲密友谊,这位优西比乌所写的东西便集中到他身上。"

摘自同一个教会的祈祷书,6月21日

"全能和永恒的上帝,允许我们参与纪念神圣的信仰表白者及教士优西比乌的庆典,我们向您祷告,经由他的祝福,并通过我们的主耶稣基督,把我们带入喜乐的天界",等等。①

摘自《教会之光》

"恺撒利亚的优西比乌掌握着《圣经》的钥匙,是《新约》的看管人,他被希腊人证明比他论文中所论述的许多人还要伟大。他有三部著名的作品,兹证明于下:《四福音书之规则》,该书陈述和捍卫了《新约》;10卷《教会史》;《编年史》,亦即一部年代记梗概。我们从未发现有谁得以完全步他的后尘。"

摘自狄奥多尔·梅托齐塔(Theodore Metochita)《杂记》第19章

"优西比乌·潘菲利也出生于巴勒斯坦,不过如他自己所说,

---

① 瓦列修斯还添加了来自同一个教会的其他弥撒书的简短摘录,这里就没有必要再援引它们了。

他旅居埃及一段相当长的时间。他是一个非常博学的人,很明显,他出版了许多书,他使用了这样的语言。"

第 2 节 不利的证言

67

摘自阿里乌致尼科米底亚主教优西比乌信函(载于狄奥多雷:《教会史》第 1 卷第 5 章)①

"你的兄弟恺撒利亚主教优西比乌、狄奥多修斯、鲍里努斯、阿塔纳修斯、格利高里、爱提乌斯(Aetius)以及东方的所有主教均受到了谴责,因为他们说上帝先于子而存在。"

摘自安基拉的马尔切鲁斯《驳阿里乌分子》

"尼洛尼阿斯主教纳西苏斯(Narcissus)在一封写给科列斯图斯、尤弗洛纽斯和优西比乌的信函中碰巧提到,主教何修斯(Hosius)曾经问他,他是否像巴勒斯坦的优西比乌那样,相信两个本质的存在,我在该信函中读到,他回答说他相信三个本质的存在。"

摘自埃及主教会议的一封信函,该会议召集于亚历山大里亚,信函是写给全体大公教会主教的(该函载于阿塔纳修斯反阿里乌分子的第二篇辩护文中)

"这是一种什么样的公会议②呢? 这样一种集合的真正目的是什么呢? 他们中的大多数有谁不是我们的敌人呢? 优西比乌③的追随者不是由于阿里乌分子的疯狂而起来反对我们吗? 他们不是向与他们拥有相同意见的人作出了提示吗? 我们不是像驳斥拥有阿里乌观点的人那样一直在写文章驳斥他们吗? 在巴勒斯坦,恺撒利亚的优西比乌不是被我们的信仰表白者④指控为向异教神献

---

① 该摘录不是由瓦列修斯提供。
② 指下文将要提及的泰尔会议。——中译者
③ 这里似乎是指尼科米底亚的优西比乌。——中译者
④ 指下文将要提到的赫腊克利亚主教波塔摩。——中译者

祭吗？”

摘自艾皮法纽斯：《梅列提乌异端》第 68 章

　　“皇帝一听到这些事情，非常生气，遂下令在腓尼基的泰尔城召开一次宗教会议；他还命令优西比乌和其他一些人充当法官：这些人都有点过度偏袒粗俗的阿里乌分子。埃及大公教会的主教们也受到了传唤，其中包括属于阿塔纳修斯一边的人，他们同样伟大，在上帝面前过着光明磊落的生活，赫腊克利亚的主教和信仰表白者、值得纪念的波塔摩便是当中的佼佼者。不过出席的还有阿塔纳修斯的主要指控者梅列提乌分子。值得纪念的波塔摩是一个直言不讳的人，出于对真理和对正统的热情，他并不在意人的容貌——因为他为了真理，在迫害中丢失了一只眼睛——他看到优西比乌作为法官坐在那里，而阿塔纳修斯却站着，他像诚实之人所习以为常的那样，悲愤交集且泪流满面，大声地对优西比乌说：‘优西比乌，你坐着审判无辜之人阿塔纳修斯吗？谁能够容忍这样的事情呢？在迫害期间你不是和我一起受到监禁吗？我为了真理的缘故放弃了一只眼睛，而你身上却分毫未损，更不用说殉道了，你可活得潇洒自如。除非你向对我们施加暴行的人承诺要履行渎神的行为，或实际上已经履行了这种行为，否则你如何能够从牢里逃出呢？’”

摘自埃及大公教会主教们致泰尔宗教会议的信函（载于阿塔纳修斯上述第二篇辩护文中）

　　“因为你们也知道，如我们前面已经说过的，他们是我们的敌人，你们知道为何恺撒利亚的优西比乌自去年以来就成了我们的敌人。”

摘自阿塔纳修斯论尼西亚公会议法令的信函

　　“奇怪的事情是，巴勒斯坦的恺撒利亚主教优西比乌，头一天曾经否定，第二天却署名赞同，他被派到自己的教会那里，说这是教会的信条，这是教父的传统。他向所有人清楚地表明，此前他们是错误的，他们为探求真理作出了无益的努力。因为尽管当时他

68

不好意思直接写出这些话来,并且如其所愿地为自己向教会作了辩解,然而他仍然通过不否认'本质为一'和'同一本质'(Homoousion),清楚地希望在自己的信函中暗示这一点。他陷入了严重的争论当中,因为在自我辩护时,他继续谴责阿里乌分子,因为,在写下'子在被生出来以前不存在'之后,他们因此便否定了他在肉体上出生之前的存在。"

摘自阿塔纳修斯《论阿里米努姆和塞琉基亚宗教会议》

"尤其是,阿卡丘要对自己的老师优西比乌说些什么呢? 后者不仅在尼西亚会议上签字,而且通过信件来使自己属下的人民知道那是真正的信条,它已经为尼西亚公会议所同意和通过。因为尽管他如其所愿地通过信函来为自己辩解,他仍然没有否定所采取的立场。他还谴责阿里乌分子,因为既然他们说'子在被生出来以前不存在',那么他们也就否定了他先于马利亚而存在。"

摘自阿塔纳修斯致非洲诸主教信函

"这也一直为恺撒利亚主教优西比乌所知晓,此人最初把自己等同于阿里乌异端,后来他又在同一个尼西亚宗教会议上签了字,并给自己的朋友写信,坚决主张,'我们了解到,某些古代博学和著名的主教和作家,使用本体同一——词来指父和子的神性'。"

摘自阿塔纳修斯《论阿里米努姆和塞琉基亚宗教会议》

"巴勒斯坦的恺撒利亚主教优西比乌,在写给主教尤弗雷孙的信函中,并不害怕公开地说,基督不是真正的神。"

摘自杰罗姆就反佩拉纠分子致泰西丰(Ctesiphon)的信函

"他以神圣的殉道者潘菲鲁斯的名义作了此事,在为奥利金辩护的六卷书的第 1 卷中,他也借用了同一个殉道者潘菲鲁斯的名字,其实,它便是恺撒利亚的优西比乌所写,大家都知道此人曾经是一名阿里乌分子。"

摘自杰罗姆《驳鲁菲努斯第二书》

"他一离开港口，就让船只触了礁。因为它援引自殉道者潘菲鲁斯的《辩护书》（我们已经证明了它是阿里乌分子的首领优西比乌的作品）"，等等。

摘自杰罗姆《驳鲁菲努斯第一书》

"恺撒利亚主教优西比乌——我在上面曾经提到过此人——在为奥利金所作的《辩护书》的第 6 卷中，对主教和殉道者梅多丢斯提出了同样的指控，你也指责我曾赞扬过他，他说：'梅多丢斯如何在就他的观点说三道四之后又胆敢撰文反对奥利金？'这并不是为一名殉道者说话的地方，因为并非一切事情都应当在所有地方中被讨论。现在，刚刚触及到该问题就足够了，一名阿里乌分子指控一位最著名和最雄辩的殉道者在这同样的事情上犯了错，你又因我作为一名朋友赞扬过他而受到冒犯，据此指责我。"

摘自杰罗姆致米涅尔维乌斯（Minervius）和亚历山大的信函

"我从成年起至老迈时为止，一直坚持同一个看法，即奥利金和恺撒利亚的优西比乌的确是非常博学之人，可是他们均迷失于其自身的偏见之中。"

摘自苏克拉底：《教会史》第 1 卷第 23 章

"优西比乌·潘菲鲁斯说，在宗教会议之后，埃及便立刻因内部的分裂而变得动荡不安，但他并没有指出其中的原因，有人指责他不诚实，甚至把他无法指出这些冲突的原因归咎于他决定不同意尼西亚会议中的程序。"

同上书

69 "安条克主教尤斯塔修斯指控优西比乌·潘菲鲁斯曲解尼西亚信经。可是优西比乌否认他破坏了信条的解释，并且反责说，尤斯塔修斯是一名撒伯里乌观点的捍卫者。由于这些误解的缘故，他们每人都写了一些驳斥对方的书,尽管双方都承认,上帝之子具有一个独特的位格和存在,所有人都接受,存在着一个三位一体的上帝。然而,出于某种我无法觉察的原因,他们不能达成一致,因此从来没有和平过。"

摘自狄奥多利图斯(Theodoritus)《〈保罗致希伯来人书〉释义》,在谈到阿里乌分子时,写道:

　　"即使这不足于说服他们,但至少他们应该相信巴勒斯坦的优西比乌,他们把他称作他们自己学说的主要倡导者。"

摘自尼斯塔斯(Nicetas):《正统信条汇编》第 5 卷第 7 章

　　"此外,莫普修斯提亚的狄奥多尔叙述说,在所有人当中,只有九个人对宗教会议①的法令感到不满,他们的名字如下:尼西亚的狄奥格尼斯,尼科米底亚的优西比乌,西索波利斯的帕特洛菲鲁斯,巴勒斯坦的恺撒利亚主教优西比乌,西里西亚地区——此地现在叫作伊里诺波利斯——的尼洛尼亚斯的纳西苏斯,泰尔的鲍里努斯,以弗所的梅诺凡图斯,托勒麦斯——此地与埃及交界——的谢坎杜斯,以及马尔马里卡的狄奥纳斯。"②

摘自波斯特拉主教安提帕特:《驳优西比乌〈为奥利金辩护书〉》第 1 卷

　　"我不承认此人已经获得了有关教义的准确知识;就其伟大的学识而言,他因此而应当被给予适当的地位,而就其教义知识而言,他却不应当获得这种地位。而且我知道他完全缺乏这样一种准确的知识。"

摘自同上书

　　"如今,我们似乎不应当轻视此人——我们现在的目的并不是

---

① 即尼西亚公会议。——中译者
② 在这个摘录的后面,瓦列修斯添加了一条来自亚历山大里亚的尤洛吉乌斯的简短的和不太重要的引用语,不过这条引用语是如此晦涩——它被切断了前后联系,因此我无法读懂它——以至于没有人试图翻译它。

要谈论他——在调查过他的《辩护书》的准确性之后，我们也许会继续表明，这两个人都是异端分子，即撰写《辩护书》的人，和在该书中受到辩护的人。"

摘自同上书

"至于你试图表明，其他人和他（奥利金）都曾谈论到子对父的从属，我们最初也许对此并不惊讶，因为这是你的意见，也是你的追随者的意见。因此我们目前对该问题保持沉默，因为在很久以前它就被提交给公会议并受到后者的谴责。"

摘自第七次全基督教公会议①决议

"在教会里的忠实人士当中，和在获取了有关真正教义的知识的人士当中，有谁不知道优西比乌·潘菲利屈从于虚假的思想方式，并与附会阿里乌观点的人们沆瀣一气呢？在他的所有历史书籍中，他称子和上帝之道为一种受造物，一个仆人，在崇拜对象中位列第二。不过如果有任何想要为其辩护的人说，他在公会议上签了字，我们会承认这是真的。可是尽管他嘴上曾经尊重过真理，他的内心却根本不是那么回事，正如他的所有作品和书信所表明的那样。但是如果由于环境的变化和机缘的不同，他常常变得十分混乱或是见风使舵，有时赞颂坚持阿里乌学说的人，有时又假装服从真理，依照我们主的兄弟雅各的话，他自己表现得像一个反复无常的人，在自己所行进的道路上很不坚定，他别想从主那里获得任何东西。因为如果他曾经用心去相信公正，用嘴去承认拯救的真理，他本可以为自己的作品求得宽恕，同时对它们进行修正。可是他根本就没有这样作，他仍然像埃塞俄比亚人那样毛发未改。在解释这一节'我对主说，你是我的主'时，他偏离真正的意义甚

---

① 即第二届尼西亚公会议，787 年 9—10 月在尼西亚举行。会议反对圣像破坏运动，确立使用和崇拜圣像的合法性和意义。由于优西比乌一贯反对崇拜圣像，他在此次公会议上受到谴责便是情理中的事情了。——中译者

远,因为这就是他所说的话:'根据自然法则,每一个儿子的父亲必定是他的主;因此,生他的上帝必定同时是上帝独生子的上帝、主和父。'他写给伟大的阿塔纳修斯的老师、神圣的亚历山大的信函也是如此,其开头是:'我带着极大的焦虑和小心翼翼来着手撰写这封信。'接着,他便以最公开的亵渎来谈论有关阿里乌及其追随者:'你的信指责他们说过子从无中被造出来,就像所有人那样。可是他们曾经写过一封信函给你,在该函中,他们叙述了自己的信条,并明确地承认,律法的、先知的和《新约》的上帝在永恒的时间之前便生下了一位独生子,他还通过这位独生子,创造了时间和宇宙;他生他不是在外表上的,而是在实际上的,他使他服从于自己的意志,他是不会改变的,是上帝的一种完善的被造物,但不是作为被造物之一。因此,如果从他们那里收到的这封信讲了真话,他们就完全与你相抵触,在信中他们承认,上帝之子在永恒的时间之前就存在,通过他上帝创造了世界,他是不可改变的,是上帝的一个完善的被造物,但不是作为被造物之一。可是你的信指责他们说过子被创造成为一个被造物。他们没有这样说,而是清楚地宣布他不是作为一个被造物。请看看是否他们并没有直接留下再次受攻击和遭曲解的任何把柄。由于他们说过他在无中生下了他,你便又一次对他们吹毛求疵。我不晓得是否有人除了讲这话之外还能讲别的什么话。因为如果他是一,那么很清楚,每件事物都是由他所造,并出现于他之后。但如果他不是独一的,除他以外还存在着一个子,那么他如何生出一个已经存在的他来呢?因为如果这样的话,这些存在就会是二。'当时优西比乌对杰出的亚历山大写下了这些话。不过他还有写给这同一位圣人的其他信函,在这些信函里可以找到替阿里乌追随者辩护的各式各样的亵渎话语。在写给主教尤弗雷孙的信函中,他同样进行最公开的渎神;他的信是这样开头的:'我对我主致以千万谢意。'接着便说:'因为我们并不说子与父在一起,而是说父在子之先。可是上帝之子本身深知他比万有更伟大,也深知他与父不同,他比父小并附属于父,当他说出下列话语时,他把这些思想用极其虔诚的态度教给了我们:派

70

遭我的父比我要伟大。'他接着又说：'子也是上帝本身，但并不是真正的上帝。'他通过这些作品，表明他坚持阿里乌及其追随者的学说。这一阿里乌疯狂的发明者带着这种叛逆性的异端思想，坚持基督神人合一问题上的一性论，断言我们的主在其救赎计划中采取了一种没有灵魂的肉身，并宣称神性提供了灵魂的目的与运动。正如教士格利高里所说，他们也许认为上帝会受苦难。显然，那些认为上帝会受苦难的人是上帝受难派分子[1]。怀有这种异端观点的人不允许肖像的存在，如邪恶的塞维鲁（Severus），与他合伙的还有彼得·纳菲乌斯（Peter Cnapheus）、希拉波利斯的菲洛谢努斯（Philoxenus of Hierapolis），以及他们的所有追随者，他们是难以一下根绝的祸患。优西比乌便是属于这个派别，如其书信和历史作品所表现出来的那样，他是一个拒绝基督形象的上帝受难派分子"，等等[2]。

摘自佛提乌斯致君士坦丁的第 144 封信函

"优西比乌（我不知道他是潘菲鲁斯的奴隶还是朋友）为阿里乌主义所俘获，他的书高声宣布了这一点。他口不对心地自称感到懊悔，因而承认自己的弱点，尽管他以自己的懊悔反而表明他没有悔悟过。因为仅用那些为自己辩解的作品，他无法表明他已经从其先前的异端学说中撤出，也无法表明他与神圣的全基督教会议相一致。不过他认为，本体同一论的支持者在感情上与他一致，在观点上也与他一致，他把这当作是一个奇迹来谈论：许多其他事

---

① Patripassianiste，又译为"圣父受难派"，正统派对各种一性论派的贬称。认为基督只有一个神性而非共具神、人二性，他同上帝圣父是完全同一的。因此正统派指称该派主张基督受苦难和受死即上帝受苦难和受死，也就是上帝圣父亲自被钉死在十字架上。——中译者

② 这个摘录翻译自第二届尼西亚公会议（即第七次全基督教公会议——中译者注）决议的希腊文原作，第 5 册第 6 条决议（由拉贝［Labbe］和科萨提乌斯［Cossartius］在其 Concilia 中提供，第 7 册第 495 页）。瓦列修斯只是提供了一个拉丁文译本，而且是以残篇的形式出现。

情以及他写给他的恺撒利亚人民的信函,均准确地证明了这一事实。可是从一开始,他在内心中就怀有阿里乌学说,直到其生命的终结,他都没有停止过遵循它们,许多人都知道这一点,要从许多原始材料中收集该方面内容是轻而易举的事情。但是他还具有奥利金所具有的弱点,即在有关我们所有人共同复活的问题上持有错误见解,这是大多数人所不知道的。不过如果你亲自仔细地审阅他的书,你就会明白,他除了被阿里乌的疯狂所控制之外,还被这种致命的疾病所制服。"

摘自佛提乌斯:《文库》第 13 章

　　"读过了优西比乌的《反对》①和《辩护》②两部书;还读过他的另外两部③,后两部尽管在某些方面不同于前两部,可是在措辞和思想上却是相同的。不过,他就我们无可责难的宗教提出了某些源自于希腊文的异议。这些异议他均给予了正确的解答,尽管并不能够解决所有问题。可是就措辞而言,它一点也不令人满意。此人的确非常博学,尽管在心智敏锐方面、在性格坚定方面以及在教义的正确性方面,他都存在着缺陷。因为在这些书的许多地方,可以很清楚地看到,他亵渎了子,他称他为第二原因、总司令及其他得自于阿里乌狂热分子的名称。他似乎活跃于君士坦丁大帝时代。他还是神圣的殉道者潘菲鲁斯的一名热情崇拜者,有人说,由于这一缘故,他采用了后者的名字为自己的别名。"

71

同上书第 127 章

　　"读了优西比乌的作品《伟大皇帝君士坦丁颂》④四卷。此书包含了该皇帝的整个生平,从其孩童时代开始,侧重叙述他在基督教

---

① 似乎是指《驳马尔切鲁斯》。——中译者
② 似乎是指《为奥利金辩护》。——中译者
③ 后两部书可能是指《福音问答》中的两个部分,因为此书解决的正是福音书中希腊文句的歧义问题。——中译者
④ 应为《君士坦丁传》,写作"《君士坦丁颂》"当为笔误。——中译者

会历史上的功绩，直到他于 64 岁那年离世。然而，优西比乌即使在这部作品中也显示出其在措辞方面的自身本色，只是他的叙述方法有点超出了往常的漂亮文采，有时他比通常利用了更为华丽的词藻。不过却缺乏那种在他的其他作品中随处可见的趣味和美感。此外，他在该作品的四卷书中，插入了许多来自其《教会史》的整个十诫的相关段落。他说，君士坦丁大帝本人也是在尼科米底亚受洗的，他推迟了自己的受洗时间直到当时，因为他期望在约旦河里受洗。谁为他施洗，他并没有清楚地指明。然而，就阿里乌异端而言，他并没有明确地说他是否坚持这一观点，或者他是否有了改变；他甚至没有提及阿里乌是坚持正确的还是错误的观点，尽管他本该提到这些事情，因为在君士坦丁大帝的业绩当中，宗教会议占据了一个重要的位置，这再一次要求对它们作详尽的报道。不过他的确叙述道，在阿里乌与亚历山大之间发生了一场'争端'（这是他奸诈地加之于异端的称号），这位畏惧上帝的君主对这一争端感到非常悲伤，于是便借助信函并通过当时的科多瓦主教何修斯，力促争论各方达成和平与协调，使他们暂时搁置因这些问题所引致的争吵。而当他无法说服他们作到这一点时，他便召开了一次来自各方的宗教会议，它把已经产生的争吵化解为和平。然而，这些事情并没有被准确地或清楚地描述，当时他似乎感到羞耻，不愿意在会议上让大家的表决投向反对阿里乌这一面，以便使邪恶地与他为伴并与他一道被逐出的人们得到正义的惩罚。最后，他甚至也不提及在所有人看来是上帝施加于阿里乌身上的可怕命运。他并没有对这些事情中的任何一件给予公开曝光，也没有对此次宗教会议及其所作的事情作出一个书面解释。在打算要草拟一份有关神圣的尤斯塔修斯的记事时，他甚至连他的名字都不提及，也不提及那些对他自己不利的事情。相反，他把这些事情看作是暴乱和骚动，他再一次谈到了主教们的平静，由于皇帝的热心与合作，这些主教曾经被召集到了安条克，正是这一做法把暴乱和骚动变成为和平。在有关那些被恶意设计来反对永不停止战斗的阿塔纳修斯的事情上也是如此，当他着手要在自己的历史书中涉及这些事情时,他说道,亚历山大里亚再次充满着暴乱和骚动,这些暴乱和骚动因主教们的到来而被抚平了,因为他们受到了皇帝的帮助。可是他根本就没有弄清楚谁是暴乱的领导者,那是什么样的暴乱,这些暴乱是用什么方法加以解决的。他在叙述就教义问题而存在于主教们当中的争端以及他们在其他问题上的分歧时,也保持了几乎同样的掩饰方法。"

摘自约翰·左纳拉斯(Joannes Zonaras)的《第 3 卷》,在此书中,他叙述了君士坦丁的功绩

"甚至巴勒斯坦的恺撒利亚主教优西比乌·潘菲利,在当时也是阿里乌学说的一名支持者。据说他后来从阿里乌观点中撤出,并变得与坚持子和父拥有同一性质的人们具有同样的思想,因而被神圣的教父们接纳进其团体中。此外,在第一次宗教会议①的决议中,人们发现他曾为这些信徒作过辩护。于是这些事情被某些人记叙下来,可是,他通过其撰述于《教会史》当中的某些内容,使这些事情变得令人生疑。因为在该作品的许多地方,他似乎都追随着阿里乌。在该书的开头,他援引大卫的话说:'他说着时,世界就被造成;他命令时,万物就都出现。'(《诗篇》第 33 章第 9 节)他说,父和造物主应当被认为是创造者和宇宙的统治者,他借助尊贵的点头来发号施令,在权威上次于父的是圣道,他服从于父的命令。他还说,圣道是父的权能和智慧,他在天国中处于第二位,并受托去统治万物。他进一步说,还有一种本质,这种本质在世界产生之前就已经存在,它为了被造之物的创造而侍奉上帝和宇宙之父。他还引用被叫作上帝的智慧的所罗门的话:'主在他的道开始时就创造了我。'等等。他接着说,除了所有这些之外,作为先在的上帝之道,他还存在于所有被创造出来的时间之前,他从父那里接受神的荣耀,因而被崇拜为上帝。这些话以及其他事情均表明,优西比乌赞成阿里乌学说,除非有人说它们是被撰写于他改变信念

————————
① 指第一次尼西亚公会议。——中译者

141

之前。"

摘自绥达斯《有关"狄奥多鲁斯"①一词》

"提奥多鲁斯·列克托（Theodorus Lector）在其《教会史》中说道，修士狄奥多鲁斯（Diodorus）是尤利安②和瓦伦斯③时代西里西亚的塔尔苏斯主教，他写过几部作品，具体情况如下：《编年史》，该书纠正了优西比乌·潘菲鲁斯在年代学方面的错误。"等等。

摘自绥达斯的作品，转引自索弗洛纽斯（Sophronius）的书

"阿里乌异端信徒优西比乌·潘菲利是巴勒斯坦的恺撒利亚主教，此人热心地研究《圣经》，他曾与最细心的神圣文献调查者、殉道者潘菲鲁斯一道，出版过许多作品，其中的一些如下。"等等。④

---

① 希腊文 Διοδωρος 一词，拉丁文读音为"狄奥多鲁斯"（Diodorus）。——中译者

② 即"叛教者尤利安"，361—363 间的罗马皇帝。君士坦丁的侄子，虽然他接受的是基督教教育，他却改信了罗马异教，并试图把罗马帝国重新变成异教国家。——中译者

③ Valens，364—378 年间的罗马东部皇帝，当时统治西部的是他的兄长 Valentinian I（在位期间为 364—375 年）。——中译者

④ 这个来自索弗洛纽斯的摘录的其余部分，便是杰罗姆的《杰出人物传》（de viris illustribus）的部分译文，它在上面第 60 页中已经被援引过，因此在这里就把它删去了。瓦列修斯添加了一些来自巴洛纽斯（Baronius）和斯加利吉尔（Scaliger）的摘录，不过由于它们应当被归入现代类而不是古代作家类，因此最好还是把来自他们作品的引用语删去。

附:巴勒斯坦殉道者史

优西比乌　撰述

库厄顿　英译及作注

该中文译稿的底本是:*History of the Martyrs in Palestine*，by Eusebius, Bishop of Caesarea, Discovered in A Very Ancient Syriac Manuscript. Edited and Translated into English by William Cureton, D. D. , Paris:C. Borrani. MDCCCLXI.

中译者说明

（1）标注于页边上的阿拉伯数字，为英译本页码；标注于页边上的带有"p."形式的数字，为原叙利亚文本页码。

（2）在脚注中，凡中译者注，在该注后面均有特别注明；无特别注明者，一概为英译者原注。

（3）第一次出现的人名、作品名以及较为生疏的地名，均在其后括号内注明原著的外文表达；以后再次出现时，不再重复注明。

（4）英文译本把所有注释放在整篇译文的后面。考虑到中国读者的阅读习惯，中译本改为脚后注；不过，边码第36页在为殉道者潘菲鲁斯作注解时，引用了好几个页码的拉丁文文献，为了更好地安排版面，我们把这些文献作为附录放在全书后面，请读者阅读时切勿遗漏。

（5）为了节省篇幅，英译本后面所附的叙利亚文本原文被略去。

巴勒斯坦殉道者史

——一份保存于古叙利亚文抄本中的珍稀文献

著者:优西比乌,恺撒利亚主教

编辑和英译者:威廉·库厄顿,法兰西皇家学院院士

　　谨以此为耶稣基督神圣宗教之真理而献身的殉道者故事,献给嘉德勋爵士和埃列斯米尔伯爵弗朗西斯·伊吉尔顿。真诚地感谢其大量持续不断的好意,衷心地感念鄙人得以享有他的友谊,他生而具有个人的美德,在其以一名学者的学识、一名绅士的教养和一名基督徒的魅力而获得的身份之外,还加上了真正的尊严,因而引人注目地具有了崇高的地位。

序

　　优西比乌这部作品在经历了几个世纪之后最终被找到,收录该作品的抄本,便是目前收藏于大英博物馆尼特利亚收藏室中的精彩书卷①。有关该抄本的最奇异和最非凡的历史,我在我所编辑的《圣阿塔纳修斯的节日信函》(*The Festal Letters of St. Athanasius*)一书序言中已经作过披露②。因此在这里我就无须赘述,只需强调一点就足够了:这份抄本的誊写时间是在 1450 年前,亦即 411 年。

　　抄本中的几部作品目前均已重新印刷出版,以防将来日久佚失。第一部作品是《认识圣克勒门》(*The Recognitions of St. Clement*)的叙利亚文译本,出于出版的目的,我誊写了它的大部分,并把该部分的副本交给拉嘉德博士(P. de Lagarde)③,他继续完成了誊写工作,并参照过同一作品的另一抄本,然后编辑了整部作品,由于印刷和校对工作小心细致、准确无误,这便使该叙利亚文作品的价值顿时倍增。抄本中的第二部作品是阿拉伯的波斯特拉(Bostra)或波斯拉(Bozra)主教提图斯的《驳摩尼教徒》(Titus, *Against the Manicheans*)。对于这部重要作品的出版,我们也要感谢拉嘉德博士④。第三部作品是优西比乌的《论神的显现》,或《主的神圣显现》

---

① 大英博物馆,附加抄本,No. 12,150。

② 第 xv 页。《圣阿塔纳修斯的节日信函》,发现于一个古老的叙利亚文译本中。8vo. London,1848。

③ 《认识罗马的克勒门》,叙利亚文版,保罗·安东尼·德·拉嘉德编辑。8vo. Lipsiae,1861。

④ 波斯特拉的提图斯《驳摩尼教徒》,叙利亚文版,四卷。保罗·安东尼·德·拉嘉德编辑。8vo. Berolini,1859。

（*Divine Manifestation of our Lord*）。该作品由已故的李博士编辑①。他还刊行过该作品的英译本②，附有宝贵的注释和导读。最后一部作品就是《巴勒斯坦殉道者史》，亦为优西比乌所著。

iii 优西比乌在《教会史》第8卷简要谈及某些主教和信徒时，称他们用自己的鲜血印证了自己的信仰。在这里，优西比乌提到自己的意图，即想专门撰写一部作品，记述他本人所熟知的那些信徒的殉道③。在这部叙利亚文抄本被发现之前，还没有人知道有单独的《巴勒斯坦殉道者史》的拉丁文版本或希腊文版本存在。有几份希腊文的早期手稿的确曾经简短地提到，与优西比乌同时代的巴勒斯坦地区的基督徒在迫害中遭受过折磨，这些内容被插入到《教会史》中，最终成为该作品的一部分。然而，这些内容在《教会史》的不同抄本中出现的位置不一。有一个抄本把它置于第8卷第13章

iv 的中间④；有两个抄本⑤则放在第10卷的末尾；另有几个抄本⑥把其

---

① 恺撒利亚主教优西比乌《论神的显现，或救主耶稣基督的神圣显现》。叙利亚文版本由萨缪尔·李编辑自最近发现的一个古老的抄本。8vo. London，1842。

② 恺撒利亚主教优西比乌《论神的显现，或救主耶稣基督的神圣显现》。翻译成英文时附有注释，译自一个古老的叙利亚文版本，其希腊文原作目前已经逸失。在该作品的前面，萨缪尔·李博士还添加了这位著名作者的一个正统派辩白和先知式的观点。8vo. Cambridge，1843。

③ Οις γε μην αυτος παρεγενομην, τουτους και τοις μεθ'ημας γνωριμους δι'ετερας ποιησομαι γραφης。"而且，在这些地区和国家中还出现了许多其他著名的殉道者，他们在教会中名声卓著。我并不打算记述整个世界范围内那些为崇拜上帝而遭受各种磨难的人们的事迹，也不打算精确地描述发生在他们身上的每一件事情。这样的作品应该留给那些亲眼目睹所发生的一切的人来撰写。至于我在现场所看到的事情，则会在另一部作品中写下来以便留给后世。"见《教会史》第8卷第13章，英译本，第148页。

④ Codex olim Regiae Societatis, nunc vero Musei Britannici, 即伯顿博士编辑的G抄本。牛津，1838年。见同部作品，第572、591页。

⑤ Duo Codices Florentini Bibliothecae Mediceo-Laurentianae. Plut. lxx. n. 7 et 20，即伯顿博士编辑的I和K抄本。同上，第591页。

⑥ 1. Codex Regius Bibliothecae Parisiensis n. 1436；2. Codex Mediceus, *ibid*. n. 1434；3. Codex Mazarinasus, *ibid*. n. 1430；4. Codex Fuketianus, *ibid*. n. 1435；5. Codex Savilianus, in Bibliotheca Bodleiana, n. 2278；这些手抄本分别是伯顿编辑的A、B、C、D和F抄本。同上。

放在第 8 卷的末尾；还有两个抄本①则完全省略掉了这些内容。鲁菲努斯的拉丁文版本同样没有提到这段历史。这些抄本中，有一个抄本的前面加有 "Codex Castellani"②字样的标题，并带有如下题辞：Ευσεβιου συγγραμμα περιτων κατ᾽ αυτον μαρτυρησαντων εν τψ οκταετει Διοκλητιανου και εφεξηζ Γαλερισυ του Μαξιμινου διωγμου；而另外两个抄本的标题则为 "the Mazarine and Medicean"，其末尾处写有 Ευσεβιου του Παμφιλου περι των εν Παλαιστινη μαρτυρησαντων τελοζ 等字样③。

这便是优西比乌所熟知并承诺要付之于笔墨的那些殉道者的历史，这一点不容置疑。不过在另一方面，几乎每一个涉及该话题的人，都断定这个部分只不过是原作的一个节略本，而这个早已存在的原作，篇幅更大④。西门·梅塔弗拉斯提斯（Simeon Metaphrastes）⑤

v

---

① Codex Bibliothecae Regiae Parisiensis n. 1431, and Codex Venetus n. 838，即伯顿编辑的 E 和 H 抄本。同上。

② 见伯顿编辑的 N 抄本。同上。

③ 见 Valesius 的注释（A），第 154 页，英译本。

④ 见瓦列修斯和鲁伊纳特的注释，第 50、51、55、59、60、64、69、84 页。阿瑟曼尼（S. E. Assemani）也评论道："Graecam S. Procopii, Martyrum Palaestinorum in Diocletiani persecutione antesignani, historiam, quae in laudato de martyribus Palaestinae libro habetur; ab alia fusiori, atque explicatiori fuisse contractam atque truncatam, certum et exploratum est, nam quae ad patriam atque institum pertinent omittere nunquam consuevit Eusebius. "（《殉道者行传》［Acta SS. Mart.］）"Horum sanctorum martyrum historiam concisam pariter jejunamque exhibet nobis Graecus Eusebii Caesariensis textus in libro de martyribus Palaestinae; eandemque prorsus fortunam experta est, quam prior Procopii, ex latiori scilicet narratione in brevem summam. Atque priorem illam Latina, quae superfuit, versio supplerit, haec autem suppleri aliter non potuissent, nisi, favente Deo, Chaldaicus Codex noster e tenebris Aegypti vindicatus emersisset in lucem. "（同上，第 173 页）Baillet："Eusebe de Cesarée avait recueilli à part les Martyrs de Palestine: et quoique les Actes qu'il en avoit ramassez avec beaucoup de soin et de travail ne paroissent plus, il nous en reste un bon abbrégé dans le livre qui se trouve joint à son histoire generale de l'Eglise. "见《圣徒列传》（Les Vies des Saints），第 1 卷，第 55 页。

⑤ 由苏里乌斯（Surius）刊印的该作品的拉丁文版本，收录在第 69 页的注释部分。

所展示的古拉丁文版的《波洛科皮乌斯行传》(*Acts of Procopius*)[1]和《潘菲鲁斯及其同伴行传》(*Acts of Pamphilus and his Companions*),比出现于优西比乌的希腊文本中的同类记载,要详尽得多。有关在巴勒斯坦受难的其他殉道者,希腊文的《梅尼亚与诸圣略传》(*Menaea and Menologia*)提供了额外的证据,证明在某个时期里曾经存在过一部内容更为丰富的作品,而被插入到《教会史》中的部分只是其中的一个节略本而已。

恺撒利亚的优西比乌有关巴勒斯坦殉道者的这一文本的发现,完全证实了这种批判性推论的正确性。该文本的文字是殉道事件发生地的方言,它实际上是在作者辞世约 70 年之后被誊写出来的[2]。

vi 阿瑟曼尼走得更远,他甚至相信,巴勒斯坦殉道者受磨难的这段历史的原作,是用叙利亚文写成的。作为恺撒利亚主教的优西比乌必定对叙利亚语相当精通,因为叙利亚语是该国及该主教管区的方言[3]。优西比乌在日常事务中常常用到叙利亚文也是完全有可能的。而且,在迫害持续的时代,用叙利亚文把值得纪念的事件记下来,的确比用希腊语更为安全可靠。阿瑟曼尼这一推测如能成立,我目前出版的这部作品定会因其更有价值而受到更多关注。然而我得承认,对于有关原作用叙利亚文写成这一假设,我无法接受。在我看来,如下事实便足以否定这一假设:诸如阿瑟曼尼曾刊行过的《巴勒斯坦殉道者行传》之类的叙利亚文文本,很明显是出自别人的翻译,尽管文本的内容完全吻合,而且,某些专有名称在翻译上出现了偏差和错误,这只能归咎于两个相似的希腊字母在当时书写时的混淆[4]。再者,叙利亚文本中一些段落含糊不清,这显然是译者没有完全弄懂希腊文本的原意的结果[5]。

---

① 见下文第 50 页以及瓦列修斯对此的注释。

② 优西比乌卒于 339 或 340 年(Fabricius, *Bibliotheca Graec*. lib. v. c. 4. p. 31),而此文本则誊写于 411 年。

③ 见注释,第 51 页下方。

④ 见注释,第 57 页和第 60 页下方。

⑤ 见第 66 页下方。

人们在什么时候还在继续使用这部完整的希腊文原作，目前我们尚无法确知。不过在西门·梅塔弗拉斯提斯的时代，即 10 世纪 vii 时，该文本肯定还在流传，因为他从该文本中摘引了许多史料，而希腊文节略本则没有这些史料。此外，他还摘抄了有关潘菲鲁斯及其同伴的事迹的整个冗长段落①。毫无疑问，在编撰《梅尼亚与诸圣略传》的时期里，该文本也还在使用②。一方面，此文本所描述的众多情景和事件都已被插入到上述作品当中，另一方面，优西比乌亲自编纂的节略本——对此我深信不疑——也已被并入到《教会史》当中，因而也就再也没有人觉得有必要继续传抄这部篇幅更大的原作了，这便是我们再也无法找到一个希腊文单行本的主要原因。这部作品能以叙利亚文的形式完整地保留至今，主要得益于该早期文本被运送到叙利亚修道院时的环境。该修道院处于人烟稀少的尼特利亚沙漠③中，干燥的气候使羊皮纸免于腐烂，修士们由于闲散慵懒和目不识丁，该抄本被束之高阁，从而免去了因使用过度而导致的完全损毁。

即使不考虑作品所涉及的话题的吸引力，优西比乌的《巴勒斯 viii 坦殉道者史》也应当引起特别的关注，因为作者本人亲眼目睹了其所描述的绝大部分事件。诚然，在有些事件中优西比乌本人不可能在场，例如，罗曼努斯（Romanus）是在安条克殉道的，同一天，阿尔菲厄斯（Alphaeus）和撒该（Zacchaeus）在恺撒利亚殉道，而当时优西比乌正在恺撒利亚。优西比乌在《巴勒斯坦殉道者史》中记述了罗曼努斯所遭受的折磨，那是因为罗曼努斯是土生土长的巴勒斯

---

① 西门·梅塔弗拉斯提斯所摘抄的这些内容，由利波曼努斯（Lipomannus）译为拉丁文，我把它们刊印在第 69 页下方的注释中，目的是为了与本文本作比对。该作品还有希腊文版本，由帕匹布罗丘（D. Papebrochius）从一份美第奇家族的手稿（Medicean MS.）中摘出，首次发表在 6 月份的 *Acta Sanctorum* 中，见第 1 卷，第 64 页；后来又由法布里丘再版于 *S. Hippoliti Opera*，2 vols. fol. Hamb. 1716—19，第 2 卷，第 217 页。

② 见注释，第 53、56、59、60、64、68 页。

③ Nitrian Desert，古沙漠名，处于尼罗河三角洲西北部。——中译者

坦人,同时还是恺撒利亚一个村子的助祭及被魔师,优西比乌当然要急切地为巴勒斯坦及其教区邀得此人认信的荣誉。优西比乌的不在场,也许是《罗曼努斯行传》(*Acts of Romanus*)的希腊文本和拉丁文本与叙利亚文本在细节叙述的方面出现差异的原因。

我不打算讨论优西比乌这部作品及其《教会史》的撰写时间,我也不打算详尽谈论有关被插入《教会史》多数抄本中的《巴勒斯坦的殉道者》的节略问题,或由作者本人对前一作品所作的不同修订问题①。这些话题对于文献分析和历史探究来说必定是非常有趣的。这本书无疑将给评论家提供新资料,使其得以用一种比起任何前人来更为完整和令人满意的方式去阐释和处理上述话题。我宁愿把这些课题留待别的学者去完成。所获得的材料,大家都是一样的,不过有些人也许拥有其他更好的设施和工具,因而更能胜任这项工作。我相信我所要作的就是把自己的时间和精力花在另一个方面。

因此,我只满足于对如下的情形作简要的评述:在较早时期的其他事件在后人的心里已经不如当年健在的目击者所看到的那么鲜活和生动的时候,优西比乌有关巴勒斯坦殉道者的作品,却沿着历史的印记,把各自发生的历史事件分别记录下来,经过加工修订,按一定的时间顺序再现了历史情景。而且,优西比乌还有着某种先见之明,例如在较早的迫害时期里,作者认为某些事件有可能发生,结果真的发生了。

我还注意到,在该作品中,优西比乌详述了潘菲鲁斯及其同伴的殉道,而该作品显然撰写于他写作这位高贵的殉道者的更为详尽的生平之前,同时,他又在其节略版的《巴勒斯坦的殉道者》中提到过后一作品。而在这部最初的和较为冗长的《巴勒斯坦殉道者史》中,根本就没有提及任何这样的历史的存在。因此,它必然是撰写于他写作《教会史》之前,在后一部作品中,他几次谈到《潘菲鲁斯

---

① 见 Heinichen, *Notitia Codicum*, *Editionum et Translationum Historiae Ecclesiasticae Eusebianae*, § vi。

ix

传》是一本早已完成了的书。

《教会史》的第一版并没有包括巴勒斯坦殉道者的有关历史。这一版本似乎就是鲁菲努斯所使用的抄本,他并没有提供这段历史,因而在《教会史》第 8 卷第 13 章中,没有出现提及该史实的段落。

从优西比乌自己的话可以推知,节略本必定也是他自己所 x 撰[①]。他把内容进行压缩,是为了把它并入到《教会史》的后面一些版本中,同时他还借此机会补充了他曾经略去的一些史实,此前他之所以略去这些史实,不是因为出于谨慎的考虑,就是因为它们在作品最初完成时尚不为人所知。此外,优西比乌也敢于更加直率地臧否人物,因为君士坦丁登上帝位后的时局变化,使他能够在无后顾之忧的情况下这样作。我认为,这一点对于那些想要努力把逐年记载下来的事件的总体叙述与我所加上的注释作比对的人来说,甚至无须诉诸更为充分和详尽的研究,也是显而易见的。

在翻译方面我尽量作到忠实于原文,同时又不会因过多拘泥于叙利亚文的表达而使英语含糊不清。有少许段落我不太肯定其叙利亚文的确切涵义,不过这些段落的涵义不清必定是原译者造成的,原译者似乎并没有完全弄懂其案前的希腊文本。我在我的英译本《潘菲鲁斯及其同伴》刊出之后,才读到帕匹布罗丘出版的希腊文文本,以及利波曼努斯从这部希腊文本译出的拉丁文译本,该希腊文版本由西门·梅塔弗拉斯提斯保存。对所有这些文本进行比对,是很好的检验手段,可以从中得知希腊原文版本流传至今是否完整,以及叙利亚文译本是否忠实于原作。

在注释中,我的主要目的是搜集相关资料,以期对了解这部作 xi 品和《教会史》的写作时间有所帮助,同时又能对文本有所诠释。但为了避免占据过长的篇幅,我把为见多识广的学者们所了解的一般常识均略去不提。

---

① 见后面的注释,第 79 页。

论巴勒斯坦的殉道者

恺撒利亚的优西比乌

上帝神圣的殉道者爱我们的救主耶稣基督,爱至高至尊的上帝,胜过爱他们自己的生命。他们为信仰的缘故被卷入到斗争的磨难中,借着认信的殉道得到荣誉,宁愿惨死也不愿苟且偷生,戴上了胜利的冠冕,把成功的荣耀呈献给至高至尊的上帝。他们在天国中互相晋接,并与上帝一起漫步,上帝让他们的见证获胜,他们则把荣耀、敬畏和庄严一同献给圣父、圣子和圣灵。配得上天国的殉道者之灵魂已获殊荣,他们与先知和使徒们为伴。

让我们借助圣徒们的祷告的接济,在使徒们的书翰的指示下,共享对于圣徒们的纪念——在分享他们的荣耀的同时,开始讲述他们为除去罪恶所进行的抗争,这些抗争故事通过他们所熟悉的信众们的口,一直广为流传。实际上,对他们的赞美不是刻印在石碑上,也不是记录在充斥着死气沉沉的俗世物质的各类彩雕、绘画和肖像上,而是借着上帝面前所说出的真理之道,用活生生的行为烙印在他们的目击者的内心深处。

因此,让我们述说那见证神圣学说的浅显朕兆,并诉诸笔端,把其记录下来,作为永久的纪念,让他们崇高的品德不断浮现在我们眼前。他们的不朽勇气、各种形式下的认信、健全而又敏捷的灵魂、向上升华的心智、信仰的公开表白、清晰的理性、对周遭状况的忍耐以及宗教的纯真等,均使我惊叹不已。他们不是垂头丧气,而是仰望天空,既不颤抖也不畏惧。上帝和基督的爱,为他们提供了百求百应的力量,借着这力量,他们战胜了敌人。对于上帝,这位万有之中的至高至尊者,他们也怀有爱,他们用尽全力去爱他。他则以提供给他们的援助去酬答他们的爱，亦即说，他们也为他所爱，在反对敌人的斗争中他们被赐予力量，以至于在他们面前为他作过见证的认信者得以说出这样的话语来："谁能使我们与基督隔绝呢？是患难吗？是困苦吗？是迫害吗？是饥饿吗？是死亡吗？是刀剑吗？如经上所记：'我们为你的缘故终日被杀，我们被看作将宰的羊。'"①接着，这同一位殉道者赞誉那邪恶也无法征服的忍耐，他说："靠着爱我们的主，在这一切的事上我们获胜了。"②他预言，一切邪恶都将被上帝之爱所征服，所有的恐惧和哀伤都将被践踏在地上。同时，他大声说道："因为我深信，无论是死，是活，是现在的事，是将来的事，是权势，是高天，是深渊，任何其他受造之物，均无法使我们与上帝的爱相隔绝，这爱是在我们的主耶稣基督里的。"③

曾几何时，保罗靠着主的力量而欢欣雀跃，在帝国都城罗马的中心亲自戴上了殉道者的胜利冠冕，因为在一场高级别的对抗中他参加了竞赛。基督还把胜利的冠冕赐予了另一位凯旋而归的殉道者、他的大门徒西门④，此人的受难方式与我们的主相似⑤。其他使徒也在各不同的地方借着殉道结束此生。这种恩典不仅被施加给早期的门徒，也被大量地赐予我们这一代人。

p. 3
3

既然在其他各国的冲突中，人们的抗争都取得了辉煌的胜利，那么仍然活着的人们，就理当站出来述说自己国内所发生的一切。就我个人而言，我当然希望能够撰写一部有关我同时代的殉道者的报道⑥——我

---

① 《罗马人书》第 5 章 35 节。这段话与希腊文本和别西大（Peshito）版本略有不同。这里没有与 $\tau\eta\varsigma\ \alpha\gamma\alpha\pi\eta\varsigma$ 和 $\eta\ \gamma\upsilon\mu\nu\sigma\tau\eta\varsigma$ 相对应的词；ܡܘܬܐ（死亡）一词，对译为 $\kappa\iota\nu\delta\upsilon\nu\sigma\varsigma$。

② 《罗马人书》第 5 章第 37 节。似乎叙利亚文译者曾读过 $\delta\iota\alpha\ \tau\sigma\nu\ \alpha\gamma\alpha\pi\eta\sigma\alpha\nu\tau\alpha\ \eta\mu\alpha\varsigma$，否则就是误解了带有所有格的 $\delta\iota\alpha$ 的意思。

③ 《罗马人书》第 5 章第 38 节。此处略去了 $\sigma\upsilon\tau\epsilon\ \alpha\gamma\gamma\epsilon\lambda\sigma\iota,\ \ \sigma\upsilon\tau\epsilon\ \alpha\rho\chi\alpha\iota$。

④ 即使徒彼得，"西门"为其本名。——中译者

⑤ 优西比乌在《教会史》第 2 卷第 25 章中记述了彼得和保罗在罗马的殉道。

⑥ 优西比乌在《教会史》第 8 卷第 13 章中有类似的言词。对此，瓦列修斯作了以下注释(d)："毫无疑问，优西比乌指的是《关于巴勒斯坦殉道者》这本书，因为除此之外，没有发现其他的书。在这本书里，优西比乌叙述了他本人亲眼所（转下页）

多么盼望成为他们当中的一员，我的意思是，整个巴勒斯坦民族均为他们而骄傲，因为全人类的救主，犹如刚刚喷出的止渴清泉那样，就诞生于我们这片国土当中。因此，我将着手记述这些胜利的勇士们的抗争，以期作为一种共同的教诲，使大家均有裨益。

波洛科皮乌斯（Procopius）①的信仰表白
迫害的第一年②

出现在巴勒斯坦的第一位殉道者名叫波洛科皮乌斯。他实在

（接上页）见的殉道者们遭受的磨难。优西比乌的这段话进一步否定了克里斯托佛森（Christophorson）的观点，后者认为《关于巴勒斯坦殉道者》这本书是《教会史》第8卷的一个组成部分。"说到克里斯托佛森，瓦列修斯提到之前的一条注释，该注释是这样的（b）："也就是说，在置于《教会史》第8卷之后的《关于巴勒斯坦殉难者》这本书中，优西比乌详尽地提到了潘菲鲁斯殉道的整个事件，这是显而易见的。此外，从此处看来，优西比乌是在完成《教会史》和《殉道者潘菲鲁斯传》之后才撰写《关于巴勒斯坦殉道者》的。克里斯托佛森把整个附录插在本章之前，并被迫略去了优西比乌的这些话，免得让人感觉他忘乎所以。"见优西比乌《教会史》英译本，收录于 *The History of the Church*：fol.，London，1709，p. 148。在以下注释作此引用时写为"英译本"。

① 存有一个古拉丁文传记抄本，刊于瓦列修斯对《巴勒新坦殉难者传》第1章所作的注释中，并以希腊文形式出现在优西比乌的《教会史》第8卷的结尾处。对此，瓦列修斯写道："《殉道者波洛科皮乌斯受难记》（*Acts of the Passion of Procopius the Martyr*）中有同样的记述，它是这样开头的：'出现在巴勒斯坦的第一位殉道者是波洛科皮乌斯。'从中明显看出该传记是从优西比乌的希腊文本译成拉丁文的。为了使此点更加显而易见，把整个拉丁文抄本摘录下来，是非常有用的，因为值得我们了解的许多事情都包含在该抄本里面，此抄本连巴洛尼乌斯（Baronius）和摩拉努斯（Molanus）都没有机会见过。

Passio Sancti Procopii Martyris，qui passus est sub Fabiana judice 4 Nonas Augusti.

Primus martyrum qui sunt in Palaestina, apparuit Procopius, vir coelestis gratiae, qui et ante martyrium sic suam vitam dis-posuit, ut etiam a parva aetate castitati semper et morum virtuti-bus studeret. Corpus quidem suum sic confecit, ut paene mortuum putaretur, animam vero ejus sic verbis confortabat divinis, ut etiam corpori virtutem ex hujus refectione ministraret. Cibus et potus ei panis et aqua fuit. Solis his utebatur, cum post biduum triduumque, diem interdum etiam post septimam ad cibum rediret. Sacrorum quoque meditatio sermonum ita mentem ejus obstrinxerat, ut nocte ac die in hoc infatigabilis permaneret. Clementiae （转下页）

是一位敬神之人，即使在作出信仰表白之前，他就已经把巨大的忍

（接上页）autem et mansuetudinis tanquam ceteris inferior documentum sui praebebat copiam. In verbis divinis ei tantum studium erat. Illa vero quae extrinsecus sunt, mediocriter attigerat. Igitur genere quidem Aeliensis, conversatione autem vel habitatione Scythopolitanus erat. Ibi ecclesiae tria ministeria praebebat, unum in legendi officio, alterum in Syri interpretatione sermonis, et tertium adversus daemones manus impositione consummans. Cumque ab Scythopoli una cum sociis in Caesaream transmissus fuisset, ab ipsis portis ad praesidem ducitur, et priusquam carceris vel vinculorum experiretur angustias, in ipso ingressu suo a judice Flaviano ut diis sacrificaret impellitur. At ille magna voce non esse deos multos sed unum factorem omnium opificemque testatus est. Judex autem plaga sermonis ictus et conscientia saucius, consensit ejus sermoni. Atque ad alia se rursum argumenta constituit, ut vel regibus sacrificaret. Sanctus autem Dei martyr sermonem ejus despiciens, Homeri, inquit, versum dicens: non est bonum multos dominos esse. Unus dominus est, unus rex. Itaque hoc verbo ejus audito, quasi qui infausta in regibus deprompsisset, jussu judicis ducitur ad mortem, et capite amputato ingressum vitae coelestis, vel compendium beatus invenit: Desii septima Julii mensis, quae Nonas Julias dicitur apud Latinos, primo anno quo adversus nos fuit persecutio. Hoc primum in Caesarea martyrium consummatum est, regnante Domino nostro Jesu Christo, cui honor et gloria in saecula saeculorum. Amen.

　　在这份拉丁文本之后的一个注释中，他写道："优西比乌的希腊文本略去了许多东西，因此需要通过这份拉丁文本来加以补充和完善。优西比乌在这里说得很清楚，波洛科皮乌斯一抵达就被带到法官面前，至于他从哪里来，在哪里被捕以及被带到哪里，则没有交代，而这些都是不应该被略去的。况且，优西比乌在该作品中确实准确无误地交代了其他殉道者的出生和国籍。倘若这些够得上教会的荣耀，那么波洛科皮乌斯的生平背景也理应受到注意。然而，对于这样一位巴勒斯坦的首位殉道者和殉道者中的领袖，我们却没有见到这方面的记述。这很可能不是优西比乌的过失，而是以前的抄写员的失误，因为在传记的拉丁文本中，所有这些背景都说得清清楚楚，该拉丁文本译自优西比乌的希腊文本，这是我们之前就表明了的。"见《教会史》，英译本，第 154 页。鲁伊纳特也刊印过这个拉丁文版本，见 Acta primorum Mart yrum Sincera et Selecta, fol. Amstel. 1713 年，第 353 页。此外，此传记还有另一叙利亚文版本，摘自 Cod. Nit. Vat. 1（见阿瑟曼尼，Bibl. Orient, vol. 1. p. 56）；连同拉丁文译文及注释，由阿瑟曼尼刊发于 Acta SS. Martt. Orient. et Occident., 2 vol. fol. Romae, 1748，第 ii 部分，第 169 页。我比照过两个叙利亚文本，发现了一些差别，但并不重要，主要不过是翻译上的不同而已。

② 《教会史》第 8 卷《巴勒斯坦殉道者》的序言说，这一年是戴克里先在位的第十九年，即 303 年。见 Ruinart, Acta primorum Martt., 第 316 页。

耐力看得高于自己的生命；从孩提时代开始，他就拥有了纯朴的生活习惯和严格的道德品行。他借助自身心智的活力，使自己的肉体处于服从状态，以至于甚至在其死去之前，他的灵魂似乎一直寓居于一具完全受到抑制的躯体之内；他用上帝之道来激励自己的灵魂，因此，他的躯体也获得上帝力量的支持。他的饮食只有面包

p. 4 和水，除此之外，别无其他。偶尔每两天吃一餐，有时每三天吃一餐，更多的时候他会整周都不进食。但他会夜以继日地研读上帝

4 的道。他仪表端庄，为人谦逊，温顺而又虔诚，成为与自己同等身份的人们之楷模。尽管他把主要精力投入到研究神圣课题上，但他对自然科学也如数家珍。他的家庭来自百山（Baishan）[①]。他在教会中执行三项职务：第一，他曾是一名读经师；第二，他把希腊语翻译成亚兰语；[②]第三项比前面两项更为出色，他反对邪恶势力，恶魔在他面前也会颤栗。他和他的同道兄弟一起，被从百山押送到恺撒利亚。一旦进入城门，他就被带到总督面前。他一踏进门槛，

---

① 拉丁文本写作："Igitur genere quidem Aeliensis, conversatione autem vel habitatione Scythopolitanus erat."在文字上与另一叙利亚文本一致，ܚܕ̈ܢ ܐܘܦ܂ ܐܬܕܘܬܗ ܐܠܝܐ ܒܗ ܡܢ ܘܥܡܪ（"但他的家庭来自耶路撒冷，他本人住在百山城"）。斯舍波利斯（Scythopolis）是百山的希腊文译名，耶路撒冷则易名为埃里亚（Aelia）。关于百山，见阿瑟曼尼，同上书注释第171页。

② 他是一名翻译师。就该段话，阿瑟曼尼评述道："Ad munus interpretis recte adnotat Valesius, apud Syros olim Divinas Scripturas Graece fuisse lectitatas, quas deinde Interpres Syriacus redderet."同上书，第ii、171页。无需更多的证据，我也倾向于质疑这种推断。毫无疑问，在此之前，《圣经》已被译为叙利亚文。这段话的言下之意是，波洛科皮乌斯也把其他教会作品的希腊文本译成叙利亚文。优西比乌这篇作品在波洛科皮乌斯殉道仅仅108年以后就被抄写出来。同上书，第166页。阿瑟曼尼用如下的话表达了自己的观点："Imo vero quum S. Procopius Sanctorum librorum a Graeco in Syriacum sermonem in ecclesia Scythopolitana Interpres dicatur, plane inde colligitur, Syriacum seu Chaldaicum idioma Palaestinis tunc vernaculum fuisse, atque adeo ejusdem Procopii, quemadmodum et aliorum martyrum in Palaestina coronatorum, Acta Syriace seu Chaldaice ab Eusebio fuisse primum exarata, eademque ipsa esse, quae prae manibus habemus, omnino tenendum est. Neque enim verisimile est, Eusebium, quam in usum popularium suorum, et in ovium sibi concreditarum solatium scribebat, martyrum historiam iis literis consignasse, quas omnes non callerent."同上书，第166页。

法官弗拉维亚努斯（Flavianus）①就对他说："你必须给众神献祭。"
他却大声回答："只有独一的神，那就是万物的创造者。"这位殉道
者的话对于法官而言，无异于当头一击，于是，后者使出了另一种
武器来压制真理的声音，他不再要求波洛科皮乌斯向诸神献祭，而
是命令他去给四个皇帝②献祭。上帝的神圣殉道者对这样的命令
更是嗤之以鼻，他朗诵了希腊最著名的诗人③所作的诗句："众君共
治非良俗，一人独决是善风。"由于这一回答被认为是侮辱了皇帝
们，生龙猛虎似的他，却被判了极刑。这位蒙福之人的头颅，被立
即砍了下来，于是，他得以轻松地步入天堂。此事发生于我们时代   p. 5
中的迫害的第一个年头，赫吉兰月（Heziran）④第七日⑤。这是在我
们的城市恺撒利亚中圆满升天的第一位信仰表白者。

阿尔菲厄斯（Alphaeus）、撒该
和罗曼努斯的信仰表白⑥
迫害的第一年

　　时值当今皇帝即位第二十周年的节日庆典⑦。在节日届临时，   5
通常会宣布大赦，赦免牢狱里的囚犯。于是，在节日前夕，地方总
督莅临监狱，查询被关押的犯人的情况。一些犯人由于皇帝们的

---

① 另一叙利亚文本写作 ｏａｕｌａｓ，即 Paulinus，这明显是抄写员的错误。

② 他们是戴克里先、马克西米安、君士坦提乌斯和加勒里乌斯。见优西比乌《教会
　史》第 8 卷第 13 章以及该卷附录，另见瓦列修斯的注释，英译本，第 148、153 页。

③ 拉丁文本是 "Homeri inquit versum, dicens"；另一叙利亚文本为
　ｒｅｌａｓ　ｃｏｍｉｆｒａｅｓｉ　ｒｅｍｅｎ　ｃｏｄｏｏｆ（"荷马，希腊最著名的诗人"）。荷马《伊
　利亚特》（Iliad）第 2 章 24 节的这些诗句，经常被早期基督徒所引用，因此无法证
　明波洛科皮乌斯对荷马的诗很熟悉。见海尼琛的注释。

④ 犹太历中并无"赫吉兰月"一说，突厥历中 6 月则称作"哈吉兰（Haziran）月"，疑为
　翻译时的误译。——中译者

⑤ 见瓦列修斯对希腊文本中该段话的注释；英译本，第 157 页。

⑥ 他们的纪念节日是在 11 月 18 日。见 Baillet Vies des Saints。此传记还有一个叙
　利亚文版本，由阿瑟曼尼刊载于 Acta SS. Martt.，第二部分，第 177 页。

⑦ 即戴克里先即位 20 周年庆典。见瓦列修斯对此处的注释，英译本，第 158 页；另
　见他对《君士坦丁传》的注释，同上书，第 529 页。

仁慈而被释放，可是对上帝的殉道者，总督却用酷刑羞辱他们，好像他们是比盗贼和杀人犯还严重的坏蛋。

撒该曾是加达拉（Gadara）[①]城里的一名教会助祭，他像一只无辜的羔羊那样被从羊群中挑了出来。确实，他本质上就是那样清白无辜，认识他的人都给予他"撒该"的称谓，以作为一种荣誉的标记。因此，大家都用《圣经》中的撒该[②]这一名称称呼他，一个原因是他身材矮小，另一原因是他生活严谨。他比第一个撒该更盼望见到我们的主。当被押到法官面前时，他因能够为了基督的缘故进行信仰表白而欣喜不已。他当着法官的面宣讲上帝的道，之后便被处以各种酷刑：先是遭受鞭笞，接着被施以可怕的裂刑，然后又被抛入牢中，他的双脚被拉向刑架的四个孔洞里[③]，日夜不停地受到折磨。

最和蔼可亲的阿尔菲厄斯，也经历了同样的折磨和痛苦。他来自厄琉特若波利斯（Eleutheropolis）城一个最显赫的家族，在恺撒利亚教会里，他曾光荣地成为读经师和驱魔师[④]。不过在殉道前，他

---

① 另一叙利亚文本也是这样写。希腊文本中没有出现这一地名，瓦列修斯则在以下的注释中提供了该史实："他是加达拉人，有关此人，我们在 11 月 18 日的《希腊诸圣列传》中看到了一段描述：'纪念神圣的殉道者迈克乌斯（Michaeus）、加达拉助祭撒该（Zacchaeus）和阿尔菲厄斯。'"同上书，第 158 页。另见 Ruinart, *Acta prim. Martt.*，第 317 页，注释 4。

② 《圣经》中的撒该是一名富有的税吏，他在耶稣的感召下，改掉了压榨百姓的恶习，并承诺将自己财产的一半捐给穷人。事见《路加福音》第 19 章。——中译者

③ 瓦列修斯对优西比乌《教会史》第 5 卷第 1 章作了如下的注释："这种刑具的样式以及受刑者的受刑情况看来是这样的：一块木板上有五对孔，孔与孔之间有一定的距离。罪犯的双脚被拉进孔里，如同穿进靴子，然后用绳索和脚镣绑住。'他们双脚被拉至第五个孔'的意思是，行刑者把他们的双脚跨开，将其拉至最后一排的孔里（孔与孔之间处于最远的距离），使此种刑具达到最厉害的惩罚程度。"英译本，第 71 页。另见 *Gallonius De SS. Martt. cruciatibus*，Parisiis，1659。

④ 关于驱魔师，瓦列修斯有如下注释："在早期教会中驱魔师起两种作用。他们要净化那些被恶魔附身的人，还要为慕道者多次驱魔。慕道者每次通过教义问答后被带至驱魔师那里，解去腰带，脱掉鞋子，在驱魔师的帮助下，他们的污垢得到了清除。见亥洛索（Cyril Hierosol）刊载于 *Procatechesi ad llluminandos* 的作品，和克昌梭模（Chrysostom）的第一部布道书 *ad Illuminandos*，英译本，第 158 页。另见 Bingham, *Antiquities of the Christian Church*，第 3 卷第 4 章。关于读经师，见同上书，第 5 章。

一直是一名讲道师,负责教导上帝的话语;他对所有人都充满着充 p. 6
分的信心,这一点本身就足以解释他为何会崇尚和认证真理。他
看到那时的人们均陷入到懒惰闲散和深深的恐惧当中,许多人就
像是受到大洪水的冲力,被推动着去崇拜那肮脏的偶像。他就寻
思如何用自己的勇猛去抵挡邪恶的暴力,用自己的勇敢话语去压
制这场可怕的风暴。因此,他自愿地投入到压迫者的人群当中,用 6
义正词严的声音斥责那些由于胆怯而犯错误的人们,提醒他们记
住我们救主的信仰之道,阻止他们崇拜偶像。英勇无畏的阿尔菲
厄斯刚刚结束其公开演讲,官员们就把他抓了起来,并立即将他带
到法官面前。当时他如何像一位充满上帝圣灵的人那样滔滔不绝
地宣扬上帝之道,他又如何用虔诚的话语回答法官的提问,等等,
并不是我目前所要讲述的内容。接踵而来的事情,就是他被关入
了牢房。几天之后他再次被带到法官面前,并被无情的皮鞭抽打
得皮绽肉开。但在法官面前他斗志昂扬,毫不气馁。他用语言的
力量抵制住一切错误。接着,他的两肋受到铁梳①的残酷刮削。筋
疲力尽的法官及其手下人终于无计可施,只好把他和另一个同伴
押回牢里,并用木制刑架日夜不停地抽拉他的躯体。三天后两人
一同被带到法官面前,法官命令他们向皇帝献祭,但他们坦承自己
的信仰:"我们只承认万有中至高至尊的独一上帝。"在众人面前说
完这些话后,他们就跻身于神圣殉道者的行列,在为了上帝的抗争 p. 7
中,他们作为光荣而显赫的勇士被砍头,从而赢得了冠冕。他们所
喜爱的是来世而不是尘世的生活,因为那是去和他们信仰的上帝
在一起。他们殉道的日子是特士利月(Teshri)②第七日,他们因表
白自己的信仰而获得了圆满。

　　同一天,罗曼努斯③在安条克城殉道,不过他是巴勒斯坦人。

---

① 见 Gallonius de *SS. Martt. Cruciat.*,第 5 章。

② 犹太历中的第七个月,相当于公历 9—10 月间。——中译者

③ 还存在着《罗曼努斯传》的另一叙利亚文本,比此文本的叙述更长更详细。大英博
　物馆补充手稿,编号 12,174,fol. 300 b。在该文本中,罗曼努斯殉道的日子为后特
　士利月(Teshri the latter)19 日。见 L. Surius, *de Probatis Sanctorum* （转下页）

7　他是恺撒利亚一个村子的助祭，同时也是驱魔师。如恺撒利亚的殉道者阿尔菲厄斯那样，他的双脚也被置于刑架上，不断地受到抽拉。献祭的人们因为胆怯再度陷入到恶魔的歧途和罪恶之中，蒙福的罗曼努斯则用那义正词严的话语阻止他们这样作，并提醒他们牢记上帝的威严。在安条克，一大群人被强迫去献祭。罗曼努斯勇敢地混入他们当中，并主动走到法官①面前。当法官勒令他们献祭时，他们由于恐惧而战战兢兢，颤抖着身子去献祭。热血沸腾的罗曼努斯再也无法忍受这凄惨的景象，他同情他们，就像是同情那些在一片漆黑中四处摸索、快要掉进悬崖的人。他要让信仰上帝的教义如同太阳般在他们面前升起，于是大声喊叫："伙伴们，你们现在是要被引向何处？你们现在弯下腰去是要把自己投入深渊吗？抬起你们那睿智的双眼仰望上苍，你们将会认出全世界的救主上帝。不要错误地抛弃交付给你们的戒律，否则，你们将会犯上崇拜恶魔的渎神罪。请记住至高上帝的公正审判。"他高声说完这

p. 8　些话，毫无畏惧地站立在众人当中。法官命令手下官员②抓住他，将他判处火刑，因为狡猾的法官注意到，许多人听了这位殉道者的

（接上页）*vitis*，11 月 18 日，以及 Baillet, *Vies des Saints*，同一日。对罗曼努斯的进一步记述，请见优西比乌的 *de Resurrectione* 和普鲁登提马斯（Prudentius）的 περι σεφανων 等，由鲁伊纳特收录于 *Acta prim. Martt.* 第 357 页及其后。

① 该法官的名字叫阿斯克勒匹阿德斯（Asclepiades）。见 Prudentius, *Hymn peri stephanon*, l. 687，收录于 Ruinart, *Acta prim. Martt.*, p. 361。阿瑟曼尼评论道："Hunc Asclepiadem vocant *Acta* apud Mombritium et Prudentius in *Hymno*."见 *Acta SS. Martt.*，第二部分，第 182 页，以及该传记的另一叙利亚文本，大英博物馆补充手稿，编号为 12,174。

② ܡܫܐܠܢܐ，"Quaetionarii"（拷问者）。他们是施刑的人，从以下《特里佛行传》（*Acts of Trypho*）的一段话可以看出来："Praefectus autem admirans tantam eorum perseverantiam, jussit eos manibus post tergum ligatis nudos caedi : et cum acerrime caederentur, quaestionarii deficiebant, Praefectus ira repletus jussit ungulas et lampades eorum lateribus applicari. Quaestionarii accedentes jussa complebant."见 Ruinart, *Act. prim. Martt.*，第 163 页。他还在同一部作品第 172 页中作了如下注释：Quaestionis nomine designat tormenta, quae ad confessionem eliciendam adhibentur : vox etiam nunc ad eandem rem significandam usurpata est. Ab ea *Confessores quaestionati et torti* dicuntur apud Cyprian, *Epist. ad Florentium*, 66。

劝告之后坚定了信心，没有误入歧途。由于这位耶稣的仆人所行
之事就发生在皇帝们居住的地方，这位蒙福之人立刻被带到安条
克城中心。他被押至刑场，火刑所需的材料早已准备就绪。官员
们都在忙乎，准备尽快执行死刑命令。就在此时，戴克里先皇帝[①]　8
听闻了这一切，下令撤下火刑，他说，此人既傲慢又愚蠢，用火刑进
行惩罚显然不当。于是，作为一名仁慈的皇帝，他下令为殉道者准
备一种新的处罚，即把他的舌头割掉。他们虽然把殉道者的舌头
割掉了，却没能把他真挚的爱与上帝隔断，也没能阻止他那智慧的
舌头继续布道。他很快就从至尊的上帝那里获得了努力抗争的回
报，全身充满了前所未有的力量。他的舌头已经被割断，但借着上
帝的恩赐他却能勇敢地说出话来，这一伟大奇迹[②]使所有人都变得
目瞪口呆。他对自己的信仰欣喜若狂，就如同站在他所为之敞开
心扉的上帝的身边一样。他带着轻松和欢快的神情，他向认识的
人们致意，把上帝之道的种子撒播到所有人的耳朵里，劝导他们只
敬拜上帝，并把祈祷和感恩都呈献给创造奇迹的上帝。总之，他竭　　p.9
力在众人面前为基督的道作见证，并展现他所信仰的上帝的德能。
他在作这些事情的同时，也在经受着种种酷刑的考验，他的身躯被

[①] 希腊文本中没有出现该名字。瓦列修斯的以下叙述有误："我认为他指的是恺撒
加勒里乌斯，因为戴克里先那时住在尼科米底亚。"见英译本，第58页。该传记
的另一叙利亚文本给出的名字则是 ܡܟܣܡܝܢܘܣ ܐܬܢܗ ܕܕܝܘܩܠܛܝܢܘܣ ，"马克西敏，
戴克里先的女婿"。大英博物馆补充手稿，第304张。

[②] 这段叙述的奇迹部分有很浓厚的迷信色彩，因此在希腊文本中被略去。叙利亚
文本中增添的那段话以讲述撒该开始，该内容却没有在希腊文本中出现。不过，
罗曼努斯在被割掉舌头之后还能说话的故事，在另一个叙利亚文行传中、以及在
希腊文的《梅涅厄姆》(*Menaeum*)中都讲到。见瓦列修斯的英译本第158页的注
释。鲁伊纳特作了以下注释："Omittit miraculum Romani, etiam abscissa lingua
loquentis, quod alias adeo exaggerat. Hinc patet non omnia isto libello contineri." 第
318页。优西比乌本人在《论复活》(*de Resurrectione*)一书中证实了这一神迹。见
Ruinart, *Acta prim. . Martt.* , 第359页；以及 Chrysostom, *Orat.* 43 et 48。同上
书。另见阿瑟曼尼的注释，*Act. SS. Martt.* , 第二部分，第182页。

捆绑在刑架上①，连续不断地遭到抽拉。最后，在总督和法官的命令下，他被吊在绞刑架上②活活绞死。就在撒该光荣殉道的同一天，这位蒙福者也以自己的信仰表白圆满地结束了一生。尽管此人是在安条克经受磨难并殉道的，但由于他的家庭在巴勒斯坦，因此把他列入到巴勒斯坦的殉道者之中是恰如其分的。

加沙城的提摩太的信仰表白③
迫害的第二年

在迫害的第二年，对基督徒的敌视比第一年更加强烈。在那时，乌尔巴努斯（Urbanus）接替弗拉维亚努斯成为总督，统治巴勒斯坦人民。除了第一号敕令，皇帝又发布了第二号敕令④，迫害威胁到所有人。第一号敕令针对的仅是上帝教会的领袖，要求他们献祭。可是在第二号敕令中，有一道严厉的条文，强迫各城的所有人民，无论男女，都必须向无生命的偶像献祭。还有一道强制他们向恶魔奠酒的条文。这些暴君蠢蠢欲动，渴望发动战争，反对至尊之王上帝，故而下达了如此命令。当这些命令被付诸实施时，乌尔巴努斯正在加沙城，蒙福的提摩太被押到他的面前，这位殉道者像

---

① 另一叙利亚文本在此处添加了"（并被）拉至五个孔洞里"（to five holes），ܟܡܝܼܢ ܚܡܫܐ。同上书，第181页。

② ܒܚܢܩܐ，希腊文为 τῳ ξυλῳ βροχῳ。另一文本为："他被绞死在狱中。"第304张。

③ 阿瑟曼尼的另一叙利亚文译本也收录了该传记，Act. SS. Martt.，第二部分，第184页。见 Surius，8月19日，以及 Baillet，同一日。

④ 关于这几道敕令，瓦列修斯在对《教会史》第8卷第6章作注释时说道："皇帝们针对基督徒所下达的第一道敕令是，教堂必须被拆毁，圣经必须被焚烧，任何身居要职的基督徒（如果他们拒绝献祭），将被剥夺原有的地位和身份，普通人则要失去自由。参见第2章。接踵而来的第二道敕令则要求把主教、司铎和助祭都关押起来，用尽一切手段逼使他们献祭。第三道敕令波及所有基督徒，包括教职人员与平信徒，这道敕令是在迫害的第二年下达的（优西比乌在《关于巴勒斯坦殉道者》的第3章如是说）。但这似乎应当是第四道敕令，因为第二和第三道敕令只牵涉到长老们。在第二道敕令之下他们被关入监牢，第三道敕令要求不惜使用酷刑逼使他们献祭。"英译本，第143页。

谋杀犯一样,被非常不公正地锁住了手脚,这不是因为他作错了什 p. 10
么而应受责备,而是因为在整个人生中他的行为无可指摘。他既
没有服从偶像崇拜的法令,也没有向无生命的塑像低头鞠躬,因为
在每一件事情上他均是一个完美无缺的人,能在心灵上与上帝深
交。他信仰虔诚,行为正直,品德高尚,因此在被押送到总督面前
之前,加沙城的居民已经百般折磨他,他们不断地羞辱他、殴打他
和虐待他,因为他们都是些受诅咒的异教徒①。在总督的审讯室
里,在异教徒们的围观下,这位正义的斗士凭借着超常的坚韧最终
获得了胜利。法官使用各种酷刑折磨他,命人不断地抽打他的身
体,他的两肋被撕裂,其惨状实在难以言表。但是在酷刑之下,这
位上帝勇敢的殉道者,如英雄一般经受住考验,在慢火烧身的煎熬
中接受死亡,最终取得了斗争的胜利。由于烧他的火是文火,这样 10
他的灵魂就无法轻易离开身体得到安息。可是他就像慢火炉里的
真金一样接受考验,显示了他对上帝信仰的完美和真诚,由此而获
得了胜利的冠冕,这冠冕终究属于正义而荣耀的征服者。因为他
爱上帝,作为对他的意志的应得补偿,他在至尊的上帝面前获得了
所渴求的完美生命。在同一天里,同样是在加沙城,在这位勇敢的
信仰表白者受到拷问的同时,殉道者亚伽皮乌斯(Agapius)和令人
钦佩的特克拉(Theckla)(她也是我同时代的人)②也被总督下令处
死,成为野兽的食物。 p. 11.

---

① 见 Theodoretus 所作的报道,第 3 卷第 6、7 章,以及 S. E. Assemani, *Acta SS.
Martt.*,第二部分,第 186 页的注释(4)。
② 有好几位殉道者都名叫特克拉。阿瑟曼尼刊行过另两位特克拉的行传。见 *Acta
SS. Martt.* 及 *Jer.* 第 1 卷第 101、123 页。但优西比乌似乎特意要把这位特克拉
与圣保罗的同伴、即在早期基督教中颇负盛名的那位特克拉区别开来。见
Grabe, *Spicilegium*,第 1 卷,第 95 页;Jer. Jones, *New and Full Method*,第 2
卷,第 353 页;Tischendorf, *Acta Apost. Apocr. Lips.*,1851 年,第 40 页。在大
英博物馆也藏有《特克拉传》的其他叙利亚文古抄本,是从尼特利亚修道院获得
的。关于特克拉的叙述,有一两例出现在叙利亚文的《路得记》、《以斯帖记》、《犹
滴传》等经卷上,这些经卷被称作"妇女之书"(The Book of Women)。见补充手
稿,编号为 12,174;14,641;14,652。

亚伽皮乌斯、两位亚历山大、两位狄奥尼修斯、提摩太①、
罗穆卢斯(Romulus)和帕西斯(Paesis)②的信仰表白
（简称：亚伽皮乌斯等八君子的信仰表白）
迫害的第二年，恺撒利亚城

在节日里，所有民众都会聚集到城里。恺撒利亚也有这样的节日和习惯。圆形竞技场里有赛马，剧场里有演出，体育场上，也按惯例举行渎神和野蛮的表演。有消息传出：上面所提到过的亚伽皮乌斯、特克拉及剩余的弗里吉亚人③，都要被用殉道者的形式带到剧场，以便用他们去喂野兽。总督乌尔巴努斯要把这份礼物送给观众。这一消息沸沸扬扬，四处流传。正在此时，有六名年轻

11 人碰巧抵达，他们个个身材完美，勇敢无畏。当总督穿过城里准备前往剧场时，这六个人自行把自己的双手反绑于背后，然后走近法官乌尔巴努斯，并大胆地站到他跟前。实际上，把自己捆绑起来这一方式，表明他们将任由别人去处置，同时也表现出他们超常的坚韧，以及作好了殉道的准备，因为他们高声承认自己的信仰："我们是基督徒。"他们恳求总督乌尔巴努斯也把他们扔给剧场里的野兽，以便能够与亚伽皮乌斯等教友们为伴。我们的救主耶稣，在其斗士们身上把信心显现给众人，以他们的勇猛扑灭了暴君的胁迫之火，并清晰无误地表明，大火、刀剑甚至是凶猛的野兽，都无法使

---

① 希腊文本为 Τιμολαος。见 Surius，3 月 24 日，以及 Baillet，同一日。

② 叙利亚文本为 ܦܠܐܣܝܣ，即"Plasis"，在这里，我根据下面的不同读法 ܦܐܣܝܣ 改译为 Paesis(或 Pausis)，因为有些希腊文抄本写作 Παησις，有些则写作 Παυσις。瓦列修斯的注释说："在 Maz. 和 Med. MSS. 中，他的名字是 Paesis。在 3 月 5 日的《希腊诸圣略传》(由坎尼修斯［Canisius］刊行)中，他名叫 Publius，而非 Paesis。"英译本，第 159 页。叙利亚文本上出现的差异，毫无疑问是因为混淆了 ΠΑΗCΙC 和 ΠΛΗCΙC 中的 Α 与 Λ 而导致的。

③ 希腊文本没有提到弗里吉亚人，但在《教会史》第 8 卷第 11 章中，优西比乌提到了在弗里吉亚地区，整座基督徒城市被毁。也许其中有一些人被留了下来，用于剧院里的表演。

他的胜利的仆人屈服,因为主为他们佩带了正义的盔甲,这些无敌 p. 12
的和胜利的盔甲增强了他们的力量,因此他们得以藐视死亡。他
们的勇气马上令总督和他的整队人马目瞪口呆,于是他下令把他
们关进牢房,他们被囚禁了许多天。就在他们坐牢期间,有一位名
叫亚伽皮乌斯的温顺而又善良的人士,刚好从加沙城抵达,他也曾
经是一位难友;他频频地来到牢里探望他的兄弟,由于此前他曾经
历过多次为表白信仰而进行的抗争,因此他带着十足的信心来到
监狱。有人在总督面前告发他,说他是随时准备殉道的人,于是他
也被戴上镣铐,将经受第二次磨难的考验。狄奥尼修斯也遭遇到
类似的经历。作为他为殉道者们服务的一种奖赏,他从上帝那里
获得了优厚的补偿。总督在意识到狄奥尼修斯对殉道者们的同情
之后,便判处他死刑,这样他就得以同此前的殉道者们在一起了。
一起赴难的总共有八人,他们是:来自本都①的提摩太;来自的黎波 12
里城②的狄奥尼修斯;狄奥斯波利斯城教会的副助祭③罗穆卢斯;埃
及人帕西斯和亚历山大;另一位也叫亚历山大的人;还有上面我所
提到的最后被关进牢房的两个人。

所有这些人在同一时刻里一起被斩首,从而升入天国,此事发
生于阿达月(Adar)④第二十四日。与此同时,皇位突然出现变动⑤:

---

① 罗马行省之一,处于小亚细亚北部,即现在土耳其的萨姆松地区一带。——中译
者
② 黎巴嫩北部港市,叙利亚的出海口之一,也是古代东地中海地区的重要商
港。——中译者
③ 叙利亚文为ﺭ,很明显是ﺭﺍ的误写。希腊文为υποδιακονος。
④ 犹太历中的第十二或十三个月,相当于公历2—3月间。——中译者
⑤ 关于这一点,见优西比乌《君士坦丁传》第1卷第18章,英译本,第537页,瓦列
修斯作了如下注释:"此处极其重要,因为从中可以得出一个结论,即迫害开始的
时间是戴克里先在位的第八年和马克西米安在位的第七年,而不是巴洛尼乌斯
所认为的之前的一年。有关此事,我曾花费了不少笔墨对优西比乌《教会史》第8
卷第2章作注释。虽然优西比乌断定戴克里先和马克西米安在发动迫害的这一
年就放弃了皇袍,但很显然他们是在304年才这样作;我接下来的意思是,可以
推定戴克里先的迫害开始于303年。"鲁伊纳特的注释是:Diocletianus scilicet
prope Nicomediam, Herculius Mediolani, cogente Galerio Maximinano, （转下页）

p. 13　掌握最高权力的皇帝，与地位仅次于他的皇帝一道逊位，他们脱下皇袍，换上普通人的服装，把帝国交给副手们去打理。后者则由相互友爱转变成相互仇视，彼此间发动了你死我活的战争。在我们时代的和平传遍罗马帝国之前，没有任何有效的措施可以救治他们之间因仇恨而引致的弊病。不过，和平就如同冲破层层乌云绽放出来的光芒，至尊上帝的教会和神圣的教义很快就传到了整个世界①。

艾皮法纽斯②（希腊语为 Apphianus）的信仰表白
迫害的第三年，恺撒利亚城

在我所处的时代里，如毒蛇般邪恶的残酷暴君统治着罗马人，此人就是马克西敏。即位伊始，就如同是向上帝宣战，他向我们发泄的迫害之怒火，其强烈程度远远超过了他的任何前任。城里的所有居民对此均感到惊愕不已，许多人到处逃亡，从此过上颠沛流离的生活，以避开四处袭来的危险。

用什么样的语言才能够充分描述出殉道者艾皮法纽斯那神圣的爱呢？这位还不到 20 岁的小伙子，来自吕基亚③一个最显赫的家族④，

（接上页）non autem sponte, uti hactenus putabatur. Totam hunc historiam egregie describit Lactantius in lib. de *Mortibus Persecut*. cap. 18 seq. *Acta Prim. Martt.* ，第 319 页。

① 希腊文本补充了一句话："在更合适的时间和地方，我会准确无误地叙述这些事件。"很可能是指《君士坦丁传》。

② 叙利亚文为 ܐܦܝܢܐ，但希腊文本写作 Απφιανος。阿瑟曼尼刊行于 *Acta SS. Mart.*（第二部分，第 189 页）的另一叙利亚文版本则写作 ܐܦܝܢܐ；他所援引的一个阿拉伯文版本写作"*Amphianus*"。在拉丁文版本中他被称作 Apianus, Apphianus, 或 Amphianus。同上书。见 Surius 和 Baillet，4 月 2 日。

③ Lycia, 罗马的东方属地，位于小亚细亚西南部，现土耳其安塔利亚以南地区。——中译者

④ 希腊文本为 ει τις αρα Παγας επισταται της Λυκιας, ουκ ασημον πολιν, εντευθεν ορμωμενος。对此，瓦列修斯作了如下注释："在 *Med*. 抄本中，该城被称作 Arpagas，在 *Maz*. 抄本中，称作 Arapagas，在 *Fuk* 抄本中，称作 Harpagas；但页边有一个说明提示该词是一个带 h 音的 αραγας。我没遇到过有把吕基亚城称作 Aragas 的情况——在希腊文的《梅涅厄姆》中，安菲亚努斯（Amphianus）据说出生于吕底亚（Lydia）。"英译本，第 160 页。因此，这些早期抄本的某个地方可能有误。

该家族因家道殷实而闻名。在父母亲的照料下,他被送到贝鲁特 13
城①接受教育②,在那里,他学到了许多知识,不过这些与我们即将
要叙述的内容没有任何关联。我们所要提及的,是这位有着神圣
灵魂的人的美德。在这样一个城市里,他竟然不加入任何年轻人
的团体,拒绝与年轻人为伴;相反,他总是持守长者的品德和习惯, p. 14
奉行纯洁的行为准则,坚持适当的礼仪规范,克制自己的肉体欲
望,力求避免被青少年伙伴引入歧途。

他在忍耐力方面为自己打好了一切美德的基础,他珍惜圣洁和
自我节制,专心致志于贞节,一心一意地崇拜上帝。当他完成学业离
开贝鲁特并回到父母家中时,却发现自己再也无法跟家里人一起生
活,原因是大家的行为习惯各异。于是,他离开家里人,走时连一天
的食物都没想要带上。然而,凭借着上帝力量的陪同,他纯洁无瑕地
走完了自己的旅程,最后来到我们的城市③恺撒利亚,这城市已为他
准备好了殉道的冠冕。他和我们居住在同一所房子里,以虔诚的
教义坚定自己的信仰,并得到了完美殉道者潘菲鲁斯④在《圣经》方

---

① Beyrout 或 Berytus,为贝鲁特的古称,位于腓尼基北部近海处,是现黎巴嫩首
都。——中译者
② "贝鲁特有一间民法学校,许多人已从格利高里·索摩特格(Gregory Thaumaturgus)、尤
纳皮乌斯(Eunapius)及诺努斯(Nonnus)等人那里获知了这一点。纳西安的格利高里
(Gregorius Nazianzenus)称贝鲁特为 Φοινικης κλυτοναστν, νομων εδος Αυσονικων,即一座腓
尼基的名城,奥塞尼亚法律(Ausonian laws)的所在地。"见瓦列修斯,同上书。
③ 希腊文本为 την Καισαρεων πολιν。
④ 希腊文本没有提到他的名字,瓦列修斯对这段话作了如下注释:"西门·梅塔弗
拉斯提斯承认是他从优西比乌的希腊文本中抄录了《艾菲亚努斯的殉道》(他把
他称作安菲亚努斯),他还把此段作了如下改动:'*他与我们在神学研究方面有过
交流,在《圣经》方面得到伟大的殉道者潘菲鲁斯的教导,在德行方面获益匪浅,
从而为他自己打开了一条赢得殉道冠冕的通道。*'"见英译本,第 160 页。在同页
注释中,瓦列修斯写到:"4 月 2 日的希腊文《诸圣略传》提到安菲亚努斯连同他
的兄弟阿德修斯(Aedesius)在贝鲁特得到殉道者潘菲鲁斯在基督教信仰方面的
教导。"但并不知道潘菲鲁斯本人也是在此地接受过教育——叙利亚文本提供了
这一事实,但希腊文本却将其略去。瓦列修斯认为《诸圣略传》有误。见同上书
的注释(f)。从这里可以看出,西门·梅塔弗拉斯提斯以及《诸圣略传》的编撰者
们显然把这些行传视作与叙利亚文本一样。

面的教导，从他身上学到了超群的品德和行为。

出于这一原因，我着手叙述艾皮法纽斯的殉道故事，我希望能够说出他圆满结束此生的详情。所有观看过他殉道的人都充满着对他的敬仰。即使是现在，有谁在听闻过他的名声之后，对他的英勇、他说话的胆量、他的大无畏精神、他的忍耐力、他对总督的说辞及对法官的答语不感到惊叹不已呢？更令人称奇的是他所表达的

14 决心，这一决心就像是烧着香把自己的热忱献祭给上帝。当针对我们的第二轮迫害被发起时，亦即在此次迫害的第三年，马克西敏下达了第一道敕令，命令各城的总督必须竭尽全力迫使所有人向

p. 15 恶魔献祭和奠酒。于是，传令官在各城卖力地传令所有男人必须带上妻子和孩子，到竖有偶像的神庙集合。千夫长和百夫长则按手上的名单，挨家逐户地把人们叫出来。在神庙里，他们逐一点名传唤，强迫大家当着长官们的面依令献祭。正当这场无边无际的大风暴从四面八方威胁到所有人的时候，艾皮法纽斯，作为一位极为神圣的人和真理的见证者，做出了一件无法用言语表达的事情。没有人意识到他的目的，我们同一屋子的人也毫不知晓他会这样做。他走近总督身边，并大胆地站在他面前，他的这一行为并没有引起总督身边的士兵的注意，因为当他靠近总督时，他们都没有在意他。乌尔巴努斯正在向神像奠酒。艾皮法纽斯走上前去，抓住他的右手，试图阻止他给偶像祭奠那肮脏的酒，并努力用既神圣又不失温和和文雅的言辞劝他从错误中幡然悔过，他说道："要我们背离独一的真神上帝，献祭给毫无生命的偶像和邪恶的恶魔，这是错误的。"这样，全能的主通过年轻的艾皮法纽斯斥责邪恶之人，耶稣的力量把他从其家庭里召唤出来，就是为了让他斥责这些堕落的事情。因此，艾皮法纽斯蔑视各种威胁和死亡，没有弃善从恶，而是欣喜地用精湛的知识和荣耀的舌头急于劝说他人，如果可能的话，甚至劝说这些迫害者，教导他们远离过错，去认识普世大众

15 的解救者——救主和上帝。这位上帝的神圣殉道者的言行，使恶魔

p. 16 的仆人连同总督的手下均感到心头好像受到火红的烫铁的重击。他们猛打他的脸，把他摔倒在地，又用脚踢他，用缰绳抽打他的嘴

巴和嘴唇。他勇敢地承受了这一切，之后他被关进黑牢里，双腿被套上枷锁，日夜不停地受到抽拉。第三天，艾皮法纽斯被带到审讯室，他虽年纪不大，却是大勇之人。在那里，总督乌尔巴努斯在上帝的殉道者身上施加了各种酷刑，借此暴行，他自身的邪恶和对这位可爱的年轻人的憎恨暴露无遗。接着他下令对其两肋使用裂刑，重刑之下，年轻人的骨头和内脏都露了出来，[①]整张脸面高度变形，以至于连朋友们也辨认不出他来。然而，这位基督的殉道者，从灵魂到肉体，都像磐石一样坚不可摧，他对上帝满怀信心，因而站立得愈加坚定了。总督问了他许多问题，他只回答说他是基督徒。总督又问他是谁的儿子，从哪里来，住在哪里。他只是说他是基督的仆人，而不言其他。这使总督益发恼火，在盛怒之下他暴跳如雷。由于无法用话语征服我们的殉道者，总督下令用蘸满油污的棉布捆住他的双脚，然后在棉布上点火。审讯的官员们依令照办。我们的殉道者被高高地吊起[②]，以便让这可怕的一幕血腥地显现在所有围观者的面前。与此同时，恶人们还用铁梳爬梳他的两肋，直到他全身变成一团肿块，整张脸完全变形。由于双脚被猛火燃烧的时间过长，脚上的肌肉就像熔蜡一样滴落下来，大火开始吞噬着像芦杆一样的骨头。虽然这一切使他陷入极度的痛苦之中，可是他却凭借着巨大的忍耐力，表现得相当轻松自如，因为他的救助者上帝就居住在他的内心深处。显然，他在众人看来如同太阳，这位基督的殉道者表现出来的非凡勇气吸引了众多的基督徒，他们围绕着他，注视着他，并从他那里获得了巨大的自信。他用毫不含糊的言辞承认自己的信仰，为上帝作了见证，并凭借着自己的这般勇气宣告了耶稣那隐藏的力量：主一直存在于愿意接近他的人身边。

p. 17
16

---

① 据说同样的事情也发生在殉道者亚历山大身上，鲁伊纳特刊发过他的行传："Ita enim laniatum fuerat corpus crudelitate verberantium, ut carne soluta costarum, patefactisque visceribus, secreta animae panderentur." *Acta Prim. Martt.*，第 77 页。
② 关于在酷刑中被悬吊的各种方式，见 Gallonius, *de SS. Martt. cruciatibus*，第 6 页。

　　荣耀的艾皮法纽斯就像在剧场上展现壮观的场面一样：这位殉道者的压迫者宛如堕落的恶魔，他们在内心深处承受着巨大的苦楚，而且，由于这位殉道者对主的教义的坚守和忠诚，压迫者自己的身体也受尽了折磨。他们痛苦地站着，对他咬牙切齿，怒火中烧，试图逼他说出他从哪里来，到底是什么人，父亲是谁，住在哪里，并命令他按照敕令的要求献祭。可是他把他们都视作邪恶的妖魔和堕落的魔鬼：他没有回答他们提出的任何问题，而仅仅说自己认信基督，基督就是上帝和上帝之子，同时也证明他只认识他的父上帝。一门心思整治他的迫害者们，最终也筋疲力尽，像斗败的公鸡垂头丧气，不得不把他押回牢房。第二天，他们又把他带到残酷无情的法官面前，但他像往常那样继续承认自己的信仰。在总督及其手下的官员和打手们的一切图谋均被挫败之后，他最终被强令扔进大海深处。

p. 18

　　可是，接着这一行动之后而发生的是一件不可思议的事情，我知道，对于这一奇迹，人们如果不是像我那样亲眼目睹过的话，是无法相信的：因为人们往往会相信看到的事情而不是听到的事情。然而，我们不应当像那些误入歧途、缺乏信仰的人那样隐瞒这位上帝的殉道者死亡时所发生的奇迹。我要向你们说，恺撒利亚城的所有居民都亲眼见证了我所写下的这些事情，这可怕的景象发生时，没有一个居民是不在场的。在这位信神者双脚系着石头被扔入可怕的大海深处之后，大海立刻掀起了狂风恶浪，雷雨从天而降，一场猛烈的地震使整座城市摇摇欲坠。每个人都被惊吓得举起颤抖的双手，伸向天空，他们以为这整片地方连同他们自己都将在那一天被毁灭。就在这时，大海似乎也无法忍受这一切，它竟然把上帝殉道者的神圣躯体从嘴里吐了出来，并借助波涛的推动把它带到了城门口。与此同时，全城陷入了巨大的哀伤和骚动，仿佛是上帝派遣了一位信使，来向所有人昭示他的极大愤怒。当全城的居民被告知所发生的事情之后，他们便立刻跑了出来，他们互相推搡着来到城门口，以便一睹奇观。人群中有男有女，有老有少，不分贵贱，甚至那些身处深闺的端庄少女，连同乳臭未干的娃娃，

17

p. 19

都急着前来看个究竟。全城的人一同把荣耀全都献给基督徒的上帝，大声承认基督的名，因为基督已经赐予了殉道者在有生之年忍受如此痛苦的力量，并在他离世时，把奇迹显示给所有目击者。

艾皮法纽斯的故事就此结束，此事发生在尼散月（Nisan）①的第二日，在这一天人们都会纪念他②。

阿洛希斯（Alosis③，希腊文为 Aedesius）的信仰表白

就像发生在殉道者艾皮法纽斯身上的故事一样，不久之后，艾皮法纽斯同父同母的④兄弟也成为了一位信仰表白者，他的名字叫阿洛希斯。他也用上帝的话语与迫害者抗争，以真理的信仰为盔甲。恶人们则撞击他和鞭打他。双方对决，就如战场上的互相厮杀，每一方都想取得胜利。在自己的兄弟献身给上帝之前，这位令人钦佩的阿洛希斯就已经把满腹心思用在哲学上，思索着最伟大的思想家们的学术研究。他不仅精通希腊人的学问，对罗马人的

18

---

① 犹太历中的第一个月，相当于公历 3—4 月间。——中译者

② 在艾菲亚努斯的殉道之后，希腊文本补充了如下对乌尔皮亚努斯（Ulpianus）的叙述："与此同时，几乎是同一天，泰尔城一位名叫乌尔皮亚努斯的年轻人，在遭到残忍的鞭笞和忍受了最惨无人道的抽打之后，被缝入一张生牛皮里，里面还装有一只狗和一条毒蛇，然后被扔入大海。我认为在讲述艾菲亚努斯殉道的地方提到这个人很是合适。"英译本，第 161 页。对此瓦列修斯作了如下注释："'Διο μοι δοκει κ. τ. λ'：也即是，'虽然乌尔皮亚努斯不是在巴勒斯坦而是在腓尼基受难，但由于他在同一时间殉道，并死于与施加在艾菲亚努斯身上同样的刑罚，我认为在此处不提及他是不妥当的'。从这些话中，可以很明显地看到，优西比乌此书的用意是仅仅叙述巴勒斯坦行省的殉道者而已。"同上书。

③ 希腊文本为 Aedesius，Αιδεσιος，其中的差异毫无疑问是由于部分被磨损的手抄本上 ΑΔΟCΙΟC 和 ΑΔεCΙΟC 的相似造成的。阿瑟曼尼刊行的另一叙利亚文本为 ܐܝܕܣܝܘܣ。见 Acta SS. Martt.，第二部分，第 195 页。Baillet 收录了此次殉道事件的报道，4 月 2 日。

④ 在另一叙利亚文本中也是如此。同上书，第 195 页。希腊文本中只有 ομοπατριος αδελφος。瓦列修斯对此注释道："在 4 月 2 日的希腊文《诸圣略传》中，艾德修斯被称作艾菲亚努斯的同母兄弟。"英译本，第 161 页。看来两个文本都沿用了同一个来源文本，两者均略去了其中的一部分。

哲学也相当熟悉。他在殉道者潘菲鲁斯的学术圈子里①呆了很长一段时间，并从他那里学到了有关神的教义，就如皇帝披上紫袍那么得心应手。这位令人钦佩的阿洛希斯，在我们的面前进行过信仰表白，因而被恶人关进监狱，被折磨了很长一段时间。最初，他被遣送到我们巴勒斯坦国内的铜矿区。在那里，他经受了许多苦难。在被释放之后，他去了亚历山大里亚城，落入了希尔洛克斯（Hierocles）②的手里。希尔洛克斯是当时埃及行省的总督。此人用严酷手段审讯基督徒，违背正义的法律，嘲弄上帝的信仰表白者，强迫上帝的神圣处女奸淫和纵欲，并使其遭受肉体耻辱。在这些恶行被一一展现于这位英勇的斗士面前之后，他便决心要像自己的兄弟艾皮法纽斯一样有所作为。他对上帝的热情像火一样炽热，这种热情一碰到邪恶，就如烈焰遇到枯枝般燃烧着他的五脏六腑。他义愤填膺地走到这名邪恶的总督身边，凭借着智慧的语言和正义的行为令希尔洛克斯羞愧难当：他用双手猛击总督的脸，把他打倒在地。当希尔洛克斯的手下想要扶起他时，阿洛希斯又给了他重重的几拳，并撂下了一句话："你竟敢玷污清白，违背自然，

p. 20

19

---

① 在希腊文本中没有提到此点，也没有提到潘菲鲁斯，但在《梅涅厄姆》和《诸圣略传》中却说到了艾菲亚努斯和他的兄弟艾德修斯一起受到潘菲鲁斯的教导。见瓦列修斯的注释（f），英译本，第 160 页。

② 希腊文本略去了他的名字，但在希腊文的《梅涅厄姆》中却有该名字，瓦列修斯对后者作过引述，以便解释这段话（这段话在希腊文本中是含糊不清的）。由于有了这一引述，叙利亚文本中所提供的事实便变得足够清晰了："对此处的解释应当出自于希腊文的《梅涅厄姆》，在该文献中，据说艾德修斯用拳头猛击了埃及的行政长官希尔洛克斯。文字上的描写如下：'但是被发配到铜矿区的艾德修斯在埃及的亚历山大里亚看到长官希尔洛克斯正在惩罚基督徒，就认为他是一个卑鄙小人，于是亲手猛击这位长官。'艾皮法纽斯和拉克坦提乌斯均提到过这个埃及的行政长官希尔洛克斯，他因对基督徒的惨杀而臭名昭彰。优西比乌作品《驳希尔洛克斯》中的希尔洛克斯正是此人。"见英译本第 161 页注释（d）。另见 S. E. Assemani, *Acta SS. Martt.*, 第一部分，第 197 页。优西比乌《驳希尔洛克斯》的最后也是最好的一个版本是由已故的优秀而又博学的盖斯佛德（Gaisford）博士刊行的，他是基督教会的地方主教，见 *Eusebii Pamphili contra Hieroclem et Marcellum*, libri, 8vo., Oxonii, 1852。

174

迫害上帝的仆人，当心你的狗命。"受过良好教导的阿洛希斯，根据法律本身来宣告总督犯有违法罪。

阿洛希斯勇敢地作完这一切之后，便以超凡的忍耐力承受住施加在其肉体上的各种酷刑。在长相、行为、热情和信仰等方面，他都像他的兄弟艾皮法纽斯，两兄弟还经受了同样的惩罚。在他们死后，浩瀚的大海从法官的手中接纳了他们。

如今在亚历山大里亚城，耶稣的这位仆人已经展示了为真理而 p.21
进行的抗争，并戴上了胜利的冠冕。而在巴勒斯坦，紧接着艾皮法纽斯被召唤去经受殉道考验的信仰表白者是亚伽皮乌斯。

亚伽皮乌斯①的信仰表白
迫害的第四年

在大迫害的第四年，后特士利月的第二十日，星期五。这一天，最大的暴君马克西敏来到恺撒利亚城。他夸下海口，要给所有为他而来的观众展示新奇的景观，因为在同一天里他将要庆祝自己的生日。暴君到来时往往需要玩些与往常不同的花样。除了把上帝的殉道者扔给野兽去吞食之外，还能有什么新的伎俩呢？传统的做法往往是，皇帝抵达时为观众安排各式各样的竞技表演，诸如背诵名篇，听稀奇古怪的歌曲和音乐，观看各种野兽的搏斗等。同样，角斗士表演也能取悦观众，提供消遣。

因此在皇帝生日的庆典上，有必要展现某些与众不同的伟大 20
壮举，而他在此前为人们所安排的表演，都没有什么新意。这名邪恶暴君所乐意接受并且渴望去作的事情，就是把一位上帝的殉道者拖到观众的中间。此人既大义凛然，又温顺得体，他被扔到剧场上去等待野兽的吞食。他的名字叫亚伽皮乌斯。根据命令，他将与特克拉一起被扔给野兽去吞食。特克拉的美名在另一章

---

① 叙利亚文本为 ܐܓܦܝܘܤ，其更为确切的译法应当是"Agapus"；不过，由阿瑟曼尼刊行的另一叙利亚文本却是 ܐܓܦܘܤ，见 Acta SS. Martt.，第二部分，第198页。元音的省略频繁地导致了在转译希腊专有名称为叙利亚文字时出现严重的差异。Baillet 收录了《亚伽皮乌斯行传》(Acts of Agapius)，8月19日。

p.22 中①已被提到过。蒙福的亚伽皮乌斯被拖行一圈②，最后被放置在体育场中央，受尽了观众的嘲弄。他的胸前挂着一块牌子，牌上写有对他的唯一指控："他是一名基督徒。"一同被带上来的还有一名奴隶，他因杀害了自己的主人而成为一名杀人犯。他们俩得到的处罚竟然是同样的。这种受难方式与我们的救主非常类似③。一个是为了全宇宙之上帝的缘故而殉道，另一个却是因为谋杀了自己的主人而被判处死刑，他们俩却被处以同样邪恶的刑罚而毫无区别。办理这个案子的法官是总督乌尔巴努斯，因为他当时仍然是巴勒斯坦的总督。可是在马克西敏④来到现场之后，乌尔巴努斯却果断地加强了自己的邪恶权力，他撤除了那个杀人犯的死刑，也没有用任何的刑罚处置他，而对于上帝的殉道者，乌尔巴努斯却乐滋滋地亲眼看着他被凶猛的野兽一口一口地吃掉。还在亚伽皮乌斯被带到体育场绕场一周进行示众时，

21 有人首先问他是否会否认上帝，他用响亮的声音对着所有聚集的观众说："你们现在正在观看对我的审讯，你们知道，我被讯问，并不是因为我犯了什么邪恶的罪行，而是因为我是上帝真理的一名见证人。我向你们作见证，是为了让你们能了解独一的上帝，了解上帝

---

① 见上文第10页。瓦列修斯错误地认为这是另一个亚伽皮乌斯。此处说得很清楚，虽然亚伽皮乌斯两年之前就被法官乌尔巴努斯定为死罪，将被野兽吞食，但刑罚一直未执行，拖到后来马克西敏在位的时期。见英译本第162页注释（b）。在希腊文本中他被称作第二位亚伽皮乌斯——Αγαπιος οντος ο δευτερος——那是因为虽然他以前被定为死罪，却拖到上文第11页提到的另一位亚伽皮乌斯被斩首之后才执行。

② 关于被领着绕体育场一周，瓦列修斯在对《教会史》第5卷第1章作注释时有如下说法："角斗士和猛兽在交锋之前，会在观众面前被带着绕场一周（见 Lucian, in *Toxari*），这是惯例，不仅那些为了赢得奖赏而自己出来搏斗的人要这样作，那些被判了死刑、将死于刀剑或野兽之下的罪犯也是如此。"马提奥（Martial）也有类似说法："Traducta est gyris, nec cepit arena nocentes."英译本，第72页。

③ 据福音书载，耶稣是与两名强盗一起被钉死于十字架上的，事见《马太福音》第27章第38节。——中译者

④ 希腊文本没有提到皇帝的名字，却有以下这段叙利亚文本中没有的话："此时皇帝亲自到场，好像是专门为了那次机会：我们的救主凭借着神的知识向他的门徒预告的话语，会在他身上得到成全，他们要被带到君王面前为他作见证。"见英译本，第162页。

创造的光①,从而使你们能够认识并仰慕上帝,他是天与地的创造者。既然发生在我身上的这一切是为了上帝之名的缘故,我便在心里欣然接受。我被带到这里来,这并没有违背我的意愿,我是心甘情愿渴望这样的,并且可以坚持到死。而且,我是在为自己的信仰而斗争,我可以给那些比我年龄小的人以鼓励,以便他们也能够追随真正的生命,蔑视死亡,并因漠视坟墓而获得一个王国。他们 p. 23
应当轻视将死之物,在回忆中得到生命给予者所赐予的生命,不畏惧这短暂的刑罚,却害怕那永不熄灭的火焰。"

　　这位上帝的殉道者大声说罢,挺直身子站在竞技场中央,如同一个确信没有任何危险的人。邪恶的暴君怒火冲天,下令放纵野兽猛扑到他身上。勇气十足和鄙视死亡的亚伽皮乌斯并没有向左右两边躲闪,而是怀着一颗勇敢的心,以轻快的脚步向野兽迎去,一头凶猛的熊冲到他身上,用牙齿把他撕裂。接着,他被押回牢房,那时他还有气息。在牢里呆了一天之后,他被系上石块扔进大海。可是蒙福的亚伽皮乌斯的灵魂,却拍着翅膀冲上云霄,飞往它以前就急着要去的天国,并得到接纳,与众天使和神圣的殉道者们在一起。以上就是英勇的亚伽皮乌斯抗争胜利的记述。

---

① 叙利亚文为 ☩☩☩ ☩☩☩,下文第 27 页第 20 行再次出现,即"从他身上显现"。优西比乌早已佚失的作品《论神的显现》(Περι Θεοφανειας),被发现于同一个抄本当中,已经由已故的李博士以叙利亚文和英文出版,叙利亚文标题为 ☩☩☩ ☩☩☩ ☩☩☩,意为"神的显现",或更加字面化的意思是"神的升起",希腊文为 Ανατολη;在七十子希腊文圣经的《撒迦利亚书》(6:12)中的 ΠΩΖ 表述为 ιδου ο ανθρωπος ψ ονομα Ανατολη;在我们的英译本中表述为"Behold theman whose name is the Branch(看那名叫布朗兹的人)";在《路加福音》(1:78)中为 Ανατολη εξ υψους,在《马太福音》(4:16)中为 φως ανετειλεν,在《希伯来书》(7:14)中为 εξ Ιουδα ανατεταλκεν θ Κυριος ημων。所有这些,指的都是基督的降临。

22   **上帝的处女狄奥多西娅（Theodosia）①的信仰表白**
         发生于迫害的第五年

　　迫害延续到第五年。在尼散月的第二日，泰尔②城有一位虔
诚、神圣的处女，还不到 18 岁，为上帝之子守着童身③。一些信
p.24　徒因认信上帝的缘故被带到总督的法庭前，出于对他们纯洁的爱，
她走近他们，并向他们致敬，请求他们在祷告中为她代求。听到这
些话之后，邪恶之人勃然大怒，仿佛她作了什么不义和不当之事。
官员们立刻抓住她，把她带到总督乌尔巴努斯④面前，那时乌尔巴
努斯还执掌着巴勒斯坦的大权。我不知道他们向他说了些什么，
但见乌尔巴努斯像是被这位年轻女子所激怒，马上变得暴跳如雷，
他命令这位姑娘必须献祭。可是他很快就发现，虽然她只是一个
女孩，却像一名女英雄那样拒行皇帝的命令。因此，野蛮的总督就
对她的两肋和胸脯施行残酷的刮刑，她被刮得皮开肉绽，肠子也露
了出来。姑娘一言不发地经受了如此痛苦的刮刑，却仍存有气息，
于是总督又命令她去献祭。她睁开眼睛，以受折磨时的那种令人
惺惺相惜的表情（她漂亮迷人，身材姣好）环视四周，并张开嘴巴大
声对总督说："哦！伙计，你为什么要自欺欺人呢？难道你没有注
意到我已经从你的手中获得了我祈求得到的东西了吗？能够有幸
23　加入到上帝殉道者的行列，即使遭遇磨难，也令我欣喜万分。我的

---

① 该传存有另一叙利亚文版本，由阿瑟曼尼刊行于 *Acta SS. Martt.*，第二部分，第
203 页。鲁伊纳特注释道："Celebris est ejus memoria apud Latinos et Graecos die 2
Aprilis. Alii tamen aliis diebus ejus festum peragunt. Ejusdem Martyris Acta
prolixiora vidimus in multis codd. MSS. sed aliquatenus amplificata. Ipsius vero
sacrum corpus in Monasterium Dervense allatum ab ipso S. Berchario fuisse dicitur.
Vide Mabillon, saec. 2; Bened. p. 848; et Bolland, ad diem 2 April." 见 *Acta Prim.
Martt.*，第 323 页。她的殉道记为 Baillet 所收录，4 月 2 日。
② Tyre，旧译"推罗"，古代腓尼基南部濒海城市，即今之黎巴嫩的苏尔城
（Sur）。——中译者
③ 另一叙利亚文本为"基督的童贞女"，܀ܕܚܘܠܬ；希腊文本则为 παρθενος, πιστον και
σεμνοτατον κορασιον。
④ 希腊文本略去了总督的名字。

确为了这一目的,站起来与他们说话,希望借助某种方式与他们分享痛苦,这样我就能够在天国拥有自己的一席之地,能够与他们在一起。因为倘若我没有分担他们的痛苦,我就无法分享他们的救赎。如今,请看吧,由于有未来的补偿,站在你面前的我是何等的欢喜,因为甚至在那些义人面前,我也已经获得了接近上帝的途径,而刚才我还央求他们替我说情呢。"邪恶的法官看到自己 p. 25成为笑柄,他傲慢的恐吓在那些站在他跟前的人们面前显得相形见绌,就不敢再用先前的酷刑折磨女孩,而是判处她死刑,把她扔进大海深处。

法官宣判完这位纯洁的女孩之后,又接着宣判余下的信仰表白者,正是由于他们的缘故,这位蒙福的少女才会被召唤而得到恩典,他们全被发配到巴勒斯坦的铜矿区①。法官对他们三缄其口,也没能施行任何的折磨或酷刑,因为这位神圣的少女以自己的英勇行为,防止了所有这些信仰表白者犯错误,她的身体如同一块盾牌,替他们承受了本该由他们承受的所有苦难和酷刑,并亲自训斥了迫害他们的敌人。在她的勇气和忍耐力的制服下,凶狠残暴的法官,在对待其他信仰表白者时却表现得像一个懦夫。在那个星期的第一天②,这些信仰表白者在恺撒利亚被定罪,此事完成于我们上面所提到的迫害第五年的尼散月。

多姆尼努斯(Domninus)的信仰表白③ 　　24
迫害的第五年,恺撒利亚城

时间是后特士利月的第一日,乌尔巴努斯是当时巴勒斯坦的

---

① 希腊文本增添了费亚诺(Phaeno)这一地名,该地名在下面的叙利亚文本中也有出现。见第 24 页第 35 行和第 46 页第 9 行,以及其中的注释。

② 希腊文本为 εν αυτη κυριακη ημερα της του Σωτηρος ημων αναστασεως,对此,瓦列修斯注释道(a):"在狄奥多西娅受难行传的抄本中,据说她只是在一个星期日受难,而不是在复活节日受难。"英译本,第 162 页。

③ 希腊文本在多姆尼努斯之前还提到了西尔瓦努斯(Sylvanus),而且对二者的叙述均有大量的删节。Surius 和 Baillet,10 月 4 日。

总督。他在恶行方面每天都标新立异，每年都准备些新的招数来对付我们。接下来我所要记述的，就是他在这一天里犯下了多少
p. 26 邪恶的罪行。那时有这么一个人，其所作所为令人钦佩不已，在医学方面技艺高超，是一位身材修长、英俊潇洒的年轻小伙子，因神圣的生活、纯洁的灵魂和谦逊的态度而家喻户晓，他就是多姆尼努斯。我们时代的所有信仰表白者都知道他的大名。而且，此人在圆满殉道之前，曾经在铜矿区经受过折磨。如今，由于他在表白信仰时的坚忍不拔，他被判处火刑。

上面所提到的法官，是一个在邪恶方面颇独出心裁的人（因为那些自夸在邪恶方面很厉害的人，是不应当被称作聪明人的）。他审理完了这位殉道者之后，便把目光停留在三位身材优雅的年轻人身上。他们长得清秀大方，其崇拜上帝的勇气及其玉洁冰清的灵魂都令人称赞不已。为了丰富自己的娱乐生活，法官把他们遣往卢德斯（Ludus）①。处理完这些年轻人之后，他又判处一位才华出众的虔诚老人②死刑，使其成为野兽的口粮。这个疯子处置完老人，又把魔爪伸向另一群人，下令把他们阉割，好让他们变成太监。接着，他又着手对付与西尔瓦努斯③在一起的人们，把他们发落到
25 费亚诺的矿区去服劳役，而西尔瓦努斯本人也在不久之后成为上帝的殉道者。处置完这一批人之后，他又走到另一批人面前，用酷

---

① "Munera seu ludi, pugnae cum bestiis appellabantur, quod in populorum vel militum delectationem darentur. Dicebantur autem ludi castrenses, si in castris fierent. Sermonem in *die Munerum* habuit Augustinus in *Basilica Restituta*, qui est in nova edit. 19, tomi v. vide notas ibi appositas." 见 Ruinart, *Acta Prim. Martt.*, 第 96 页 注释；另见第 111 页。然而，希腊文本在此处则称: και τρεις μεν εις το μονομαχειν επι πυγμη καταδικαζει, 对此，瓦列修斯作了如下注释（c）："参看接下来的一章；从这里，我们得知那些被判处将与野兽搏斗的人会被送到皇帝的官员那里，他们会让这些角斗士每天训练，以便最后适合参加角斗。" 英译本。第 163 页。
卢德斯是位于意大利中南部卡普亚城的角斗奴培训学校的名称。——中译者。
② 希腊文本出现了该老人的名字为"Auxentius"，见 Baillet，12 月 13 日。
③ 下文第 47 页有对他的进一步叙述。希腊文本在此处作了补充："他那时是一名长老，也是一名信仰表白者，一段时间过后，荣升主教。" 英译本，第 162 页。

刑羞辱他们。他邪恶的怒火并没有满足于折磨男人,他也威胁着
要折磨妇女,他把一些处女交给奸淫者,任由他们去蹂躏,其余的
则再一次被关入牢房。这个不可一世的法官竟然在一个小时之内
犯下了上述的罪行。

　　上述的所有事情完成之后,上帝天国的殉道者潘菲鲁斯便经受
了殉道的考验。潘菲鲁斯这个名字对我来说弥足珍贵,他在一切   p.27
方面都非常神圣,具有每一种美德。就其哲学上的成就以及在神
圣的和世俗的文学造诣而言,他当之无愧是我所处时代最著名的
殉道者。由于此人在所有事情上都令人钦佩,乌尔巴努斯起初用
各式各样的问题来考验他的智慧。最后,这位法官想方设法胁迫
他给死的偶像献祭。不过,在确定他不会被语言所说服、并注意到
他对威胁毫不在意之后,法官就使用了残酷的折磨手段,对他的两
肋施加野蛮的裂刑。可是不出所料,这种方法也没能使他屈服。
于是,邪恶的法官思量着:如果把他与刚刚提及的那些信仰表白者
囚禁在一起,或许就可以制服这位神圣的殉道者。

　　既然这位残忍的法官使用了各种邪恶的手段来对付上帝的信
仰者,那么等着他的,将会是怎么样的报应和惩罚呢? 根据我所记
载的内容,我们可以很轻易地得知答案。因为很快——或者可以说
是马上①,上帝的正义审判就因他的肆意妄为而毫无耽搁地突然降
临到他身上,并狠狠地报复了他。昔日傲慢无比和高高地坐在法
官席上的他,常常对着身前的士兵自我吹嘘的他,喜欢凌驾于所有
巴勒斯坦人之上②的他,在一夜之间被剥夺了所有的光辉和荣耀,
最后落得孤家寡人的地步。就在他犯下上述种种罪行的这座恺撒
利亚城中,他被如同他自己一样邪恶的暴君马克西敏判处死刑,而   26
且死得很惨。比各种死亡更加糟糕的侮辱相继落在他的身上,在
他死前,妇女们的责骂声,以及大家嘴里的一切诅咒声,像浪潮般

————————

① 希腊文本为 και ουκ εις μακρον τοις κατα Παμφιλου τετολμημενοις。
② 希腊文本在此处增添了“他本人还是暴君的同伙,因为他最得暴君的宠信,常常
　与其同桌进餐”。同上书,第163页。

p. 28 涌进了他的双耳。因此，借着这些事情，我们可以看到，这是上帝特意为他预留的复仇的先兆，为的是报复他对上帝仆人们[1]的歹毒和无情。

我已经粗略地为信众们述说了这些事情，他们当中的一些人至今还活着。我略去了发生在这位殉道者身上的许多磨难，以便得以简明扼要地排列这些事迹，并用简洁的话语记录下来，留给后人。不过我终将会腾出时间来详细记载那些以我们为敌的恶人在末日时是如何垮台的。

保罗、瓦伦提娜（Valentina）和哈达（Hatha）[2]的信仰表白
迫害的第六年，恺撒利亚城

到了迫害的第六个年头，针对我们的这场风暴还在肆虐。大

---

① 希腊文本的言辞更加不客气，用的是"反对我们"（καθ ημων）；下面第15行也是如此。希腊文本的表达不是用"也许会有一个时期……针对我们的人"，而是用"会有一个合适的机会，让我们慢慢地讲述那些渎神的坏蛋们（尤其是马克西敏及其身边的顾问）是如何垮台和死亡、从而不得善终的，他们是迫害我们的最顽劣的恶棍"。见英译本，第163页。在《教会史》第8卷的附言中有该段叙述。同上书，第153页。另见《教会史》第8卷第16章，以及瓦利修斯的注释（b），英译本，第151页，和第9卷第9章，同上书，第177页。

② 希腊文本中没有出现该名字，只出现η αδελφη一词，意为"修女"，Hatha一词本意即为"修女"。Hathai ܚܘ 并不是一个普通的女性名字，见 S. E. Assemani, *Acta SS. Martt.*，第一部分，第101页。在希腊文的《诸圣略传》中，她被称作提娅（Thea）。瓦列修斯作了如下注释："这里缺了这位处女的名字，但我们可以借助希腊文的《诸圣略传》补充这个缺漏；这段话出现在7月15日的记录上：'*在同一天，神圣的殉道者、埃及人瓦伦提娜和提娅被带到狄奥凯撒利亚城（Dio Caesarea），在法官菲米里亚努斯面前公开承认基督的名，承认基督是我们的上帝。之后，她们的左脚被灼烧，右眼被挖出，全身被刀剑戳刺，尸体被焚烧。*'但这段叙述与优西比乌在此处的记述不符。因为优西比乌说到一位出生于加沙，另一位出生于凯撒利亚，他并没有提到她们的脚被灼烧，眼睛被挖出来。"见英译本，第164页。《诸圣略传》中出现的错误，很可能是因为编撰者在读了同一章开头提到的那些埃及人的眼睛被挖出来、脚被灼烧，就下结论说接下来提到的那两位处女也是埃及人、遭受到与其他人同样的磨难。见 Surius 和 Baillet，7月25日。

批的信仰表白者被遣送到埃及边界底比斯[①]的波菲里提斯
(Porphyrites)矿区。由于当地出产紫色大理石，"波菲里提斯"一词
也就被用来称呼切割大理石的雇工，后来则被扩大到用来指称整
个埃及境内被遣送来服劳役的大量信仰表白者。在这些信仰表白
者当中，除了 3 人以外，其余 100 人都成了殉道者。这些信仰表白
者，包括男人、女人和孩子在内，都被押送到巴勒斯坦总督菲米里
亚努斯(Firmillianus)那里，此人已接替乌尔巴努斯成为新总督。他
绝非是一个生性和平的人，事实上，他在凶残方面比起其前任来有   27
过之而无不及。他上过战场，嗜血成性，在征战方面有着丰富的
经验。   p. 29

在巴勒斯坦有一座大城市，人口众多，住的全是犹太人，亚兰
语方言称该城为卢德(Lud)[②]，希腊语则称为狄奥恺撒利亚
(Diocaesarea)。总督菲米里亚努斯来到这个城市，与他一起抵达的
有那 100 名信仰表白者，这一宏伟情景的确值得记录下来。犹太
人从四面八方围住审判场所，观看这场壮观的较量，似乎到头来只
是为了获得谴责，他们用自己的双眼目睹了所发生的一切。而所
有信仰表白者则信心十足、满怀无比的勇气承认他们对上帝基督
的信仰。作为犹太人，他们的先知已经向他们预告了基督的来临，
这正是他们的祖辈一直在寻找的东西，可是当主降临的时候，他们
却不肯接纳他。而这些埃及人虽然在古时曾经是上帝的敌人，却
在身受迫害之中也承认了他们对上帝的信仰，对全宇宙之主的信
仰，以及对主的显现的信仰。这些埃及人虽然一直被其父辈们教
导去崇拜偶像，他们却为了不敬拜偶像而经受磨难。这些犹太人

---

① Thebais 处于上、下埃及的交界处，跨尼罗河中游两岸，曾为中王国和新王国的都
城，其遗址即为今之卢克苏尔和卡纳克。——中译者

② 在希腊文本中卢德被称为狄奥恺撒利亚。Lydda 则是狄奥斯波利斯(Diospolis)。
狄奥恺撒利亚与赛佛里斯(Sepphoris)是同一个地方，它被误认为是狄奥斯波利
斯。参看 Van de Velde, *Memoir to Accompany the Map of the Holy Land*，第 331、
347 页。然而，即使有误，也已经被刊印到希腊文的《诸圣略传》中。见前一个注
释。

总是因为崇拜偶像而受到其先知们的指责，如今他们成为这些埃及人的围观者和嘲笑者，而这些埃及人则抛弃了其父辈们所崇奉的诸神，承认自己所信仰的是与犹太先知们所信的同一个神，并为犹太人多次否认的上帝作见证。当他们听到总督的法警用希伯来名字大声呼唤埃及人①或以先知们的名义对他们讲话时，他们更加心如刀割，痛不欲生。因为法警对他们大声地叫喊：以利亚、以赛亚、耶利米、但以理及其他类似的名字，这些是他们的父辈从希伯来人当中选取的名字，目的就是要用先知们的名字来为后代命名。而且，他们的行为确实配得上这些名字。犹太人对他们的所言所行、对他们本身及他们的名字均甚感惊奇，而自己却因自身的邪恶和不忠而受人鄙夷。我本人深信，若没有上帝的旨意，这些事情是不可能出现的。然而，在受刑之后，他们就无法再使用左腿，因为膝盖上的肌肉被火烧灼，接着他们的右眼又被刀剑戳瞎，身躯被大火焚烧。事实上遭受这种对待的不仅仅有男人，还有孩子们和许多妇女。之后他们被遣送到铜矿区去经受新的苦难。

28
p. 30

---

① 优西比乌在《〈以赛亚书〉评注》中把这一点看作是《以赛亚书》第 44 章第 5 节中的预言得到应验："这个人要说，我是属主的；那个人则要以雅各的名自称；还有一个人要在手上写'归主'，并自称为以色列。"优西比乌写道：

    Θαυνμασαι δε εστι, και καταπλαγηναι αληθως την των προφητικων λογων δυναμιν, ως αυτοι ς εργοι ς τααποτελεσματα παειληφαμεν εν γουν τοι ς καθ ημας αυτους γειομενοι ς διωγμοι ς, πολλους των αλλοφυλων εθνων εθεασαμεθα, προσαρπας οντα ς εαυτοι ς τα ς των αγιων ανδρων προσηγοριας. ων ο μεν εαυτον Ιακωβ εκαλει, και ετερος Ισραηλ, αλλος δε Ιερεμαν, και Ησαιαν ετερος, και Δανιηλ παλιν αλλος. τοιαυτα γουν επιγραφομενοι ονοματα επι το μαρτυριον του Θεον συν πολλψ θαρσει και παρρησια παρησαν α δηρημαιουσαη προφητεια φησιν, Ουτος ερει, του Θεου ειμι. Hoc est：Mirari plane subit prophetiae vim et efficaciam, et quam vere rei eventum oculis perceperimus. Nam in persecutionibus nostro tempore concitatis, multos ex alienigenis gentibus vidimus, qui sanctorum virorum nomina usurpabant; alius quippe sese Jacobum appellabat, alius Israelem, alius Jeremiam, hic Hesaiam, iste Danielem. Etenim his sibi adscriptis nominibus, ad martyrium pro Deo subeundum cum fiducia et constantia accedebant. Quae prophetia indicat dum ait, Hic dicet, Dei Sum, &c. 见优西比乌：《〈以赛亚书〉评注》，收录于 *Collectio Nova Patt.*，ed. by Montfaucon，第 2 卷，第 353、527 页。

　　不久以后,有三个来自巴勒斯坦的人被召来经受类似的磨难,他们就是我之前提到过的被送往卢德斯的人。由于他们不愿吃皇家供给的食物①,也不愿按要求和命令进行拳术训练,他们所受到的邪恶折磨真是难以言状。在饱受磨难之后,他们才经受这一严厉的判决。在加沙城里,另有一些人常常聚在一起祷告和读经,于是他们便被抓了起来,眼被刺瞎、腿被烧伤,受到同样的折磨。还有一些人遭受了更大的痛苦,他们除了被刺瞎眼和烧伤腿之外,两肋还被刮得皮开肉绽。除此之外,这些人当中最杰出的一批人,最后不得不与死神直接抗争。

　　处置完这些人之后,菲米里亚努斯便转过身来,着手审讯下一个。她虽为女流之辈,却是一位拥有勇敢心智的女英雄。她还是 p. 31一名处女,过着贞洁的生活,决不能够容忍她所听说的污秽的威 29胁。她迅即向暴虐的皇帝提出庄严的抗议,反对他授权给一个如此歹毒和邪恶的法官。由于这一原因,法官首先用鞭子抽打她,致使她全身瘀伤。接着,她被悬吊起来,两肋被施以裂刑。她接受这种刑罚不是一次,而是一小时内两三次,过一段时间后又继续一次,直到行刑者自己筋疲力尽,然后别的人接替他们继续对她用刑。在怒不可遏的总督的命令下,他们愈发卖力地折磨她。这些法官的行为都很野蛮,因为他们心中只装着敌人。正当这位怒气冲冲的法官用酷刑羞辱这位姑娘时,从围观的人群中崛起了另一位年轻的女子。她长得小巧玲珑,却有一颗勇敢的心;她满怀宏图壮志,这为她那娇小的身躯提供了力量。由于再也无法忍受施加在她姐妹身上的邪恶暴行,她遂放声哭诉:"你想把我的姐妹折磨到什么时候才罢手? 难道要把她撕成碎片不成?"邪恶的菲米里亚

---

① 希腊文本为:επει μητε τα ς εκ του βασιλικου ταμειον τροφα ς, μητε μη τα ς επιτηδειους τη πυγμη μελετας υπεμενον。此外,还增添了叙利亚文本中所没有的内容:ηδη δε ουκ επιτροποις αυτο μονον αιδηλουμενοι, αλλα και αυτψ Μαξιμιψψ τουτου γε ενεκεν παρασταντεδ。瓦列修斯对此评论道(b):"我认为他指的是管理这群角斗士及负责晨练的皇家官员,铭文经常提到他们。角斗士由国库支出的薪金来维持,并由他们来看管,他们从国库中领取津贴发给角斗士。"英译本,第 163 页注释。

努斯听到这话后火冒三丈,下令把这哭诉的姑娘带到他面前。她的名字叫瓦伦提娜。他们抓住她以后,把她带到审判场所的中央。可是她已经把自己交托给了耶稣的神圣之名。盛怒之中的总督杀气腾腾,他命令她去献祭,但少女瓦伦提娜却鄙夷恐吓者的话。于是他命令他的手下用武力控制她,把她硬拉到神坛边,以便使她受到祭品的污染。就在这恐怖的刹那间,这位高贵的少女展示出了心中的勇气,她一脚把神坛踢翻。顿时,点燃香火的火星四处泼洒,而她却毫无惧色,把总督激怒得像头发疯的野兽。他下令毫不留情地用刮刑折磨她,她所受的痛苦连一名男子汉也不堪忍受。他对她的仇视则无以复加,我想如果可以的话,他甚至会吞下她的肉。他的暴怒终于得到了血腥场面的安抚,同时他也获悉,战无不胜的神力是多么神圣,即使是一个小女孩,也可从它那里得到足够的勇气和力量。他命手下把这两个姑娘哈达和瓦伦提娜捆绑在一起,并下令用火把她们烧死。第一位少女的名字是哈达,出生于加沙;另一位来自恺撒利亚,即我们所在的城市①,许多人都知道她,她叫瓦伦提娜。

在这之后,信仰表白者保罗被召去接受审讯。他勇敢地经受住了考验,在一小时内被判极刑,处以利剑斩首。这位蒙福的人走进刑场时,请求行刑的官员等他一会儿,官员同意了。保罗首先以温和而又欢快的声调,感谢上帝使自己配得上这种胜利的荣誉,并借此机会向上帝献上崇拜和荣耀。接着他为我们的人民祈求安宁和和平,恳求上帝早日解救他们。之后,他为我们的敌人——犹太人祈祷,而当时,有许多犹太人正在围观。接着,他继续他的祈求,为撒玛利亚②人祈祷,为盲目无知的外邦人祈祷,他祈求他们能够皈依真知。他并没有忽略那些围观他的人,他也为他们祈祷。哦! 难

p. 32

30

p. 33

---

① "即我们所在的城市"句,在希腊文本中被略去。可能出于同样的目的,第 20 行"为我们的人民"句,亦被 υπερ των ομοεθνων 所取代。

② 位于耶路撒冷以北 40 英里处,曾是南北分立时期北部"以色列国"的首都,公元前 722 年被亚述人征服,其居民开始与外邦人混居和通婚,南部的犹太人遂把它看作是外邦人的城市。——中译者

以言尽的完美之处就在于：他竟然为那位下令处死他的法官祈祷，为各地的统治者祈祷；不仅如此，他还为那位即将砍他头的官员祈祷。当他祈求上帝时，官员们亲耳听到他在为他们祈祷，他恳求上帝不要因他们所作的一切给他们定罪。当他用哀求的语气为所有人作祷告后，围观的群众无不伤心不已，泪流满面。然后，他自愿弯下身子，伸出脖子，让利剑砍下。塔姆斯月（Thamuz）①的第二十五日，这位胜利的殉道者在经受了磨难之后，圆满地结束此生。

31

安东尼努斯（Antoninus）、泽比纳斯（Zebinas）、杰曼努斯（Germanus）和曼纳舒斯（Mannathus）②（希腊文 Ennathas）的信仰表白
（简称：安东尼等四人的信仰表白）
迫害的第六年，恺撒利亚

　　上述事件过去一段时间以后，另一群上帝的殉道者，总共 130人，被从埃及押送到巴勒斯坦。如同先前的殉道者一样，所有这些人的眼睛和腿部均遭受摧残。他们中的一些人被发配到巴勒斯坦矿区，另一些人则被押送到西里西亚③，去接受法官们伤害性和侮辱性的惩罚。由于刀剑已经喝饱了神圣殉道者的鲜血，对我们进行迫害的火焰，在短期内熄灭了，因此，发生在我们的时代里的迫害，得以暂时停歇。上帝之鞭持续不断地落在邪恶暴君马克西敏的身上，以惩罚他所犯下的罪行。对于这些罪行，各地的总督都是教唆者和狡猾的执行者，作为罗马军队之首的司令官，自然也难辞

p. 34

---

① 犹太历中的第四个月，相当于公历 6—7 月间。——中译者

② 希腊文本中，后面还有 Ennaθας，对此瓦列修斯评论道（f）："在希腊文《诸圣略传》中，她被称作玛娜所（Manatho）。"英译本，第 165 页。鲁伊纳特也评论道："Hoc ipso die memorantur（i. e. Antoninus, Zebinas, et Germanus）cum Ennatha virgine in Martyrol. Romano, ac Menologio Basilii Imp., sed in magnis Menaeis et Menologio Canisii die praecedenti. Porro haec omnia Menologia *Nicephorum* tribus his martyribus adjiciunt, et pro Ennatha habent *Manatho*." *Acta Prim. Martt.*，第 327 页。参看 Baillet,*Vies des Saints*, 11 月 13 日。

③ Cilicia, 罗马行省，处于小亚细亚东南沿岸地区，其首府为塔尔苏斯（Tarsus）。——中译者

187

其咎①。由于所发生的那些事件，他们敦促各城的财政官、军队司令官和书记员（the Tabularii）②，努力重建倒塌了的偶像神庙，并强迫所有男人连同他们的妻子、孩子以及奴隶、甚至嗷嗷待哺的婴儿一起去给恶魔献祭和奠酒，逼他们吃祭品，还下达命令要求市场上出售的所有物品都沾上祭奠过的酒和牲口的血。这种做法为人们所深恶痛绝，甚至那些不信上帝的异教徒也颇有同感。

因此，前所未有的巨大混乱和惊恐笼罩着各地的信徒。每个人的灵魂都处于痛苦和不安之中。鉴于所发生的一切，神圣的力量鼓励着每一个属于他的信仰者，以便他们得以把法官们的恐吓踩在脚下，并蔑视后者的种种酷刑。

正当总督在城中心为偶像奠酒的时候，基督的一些仆人突然自行冲向他，呼吁他停止犯错："因为只有独一的上帝，他就是万物的创造者。"他们虽然在身体上尚属少年，却早已用上帝的崇拜武装着自己的灵魂。当被问到他们是谁时，他们承认自己是基督徒。

---

① 这段话明显掺杂着讹误，故很难理解。我添上对应的希腊文：$\alpha\theta\rho\omega\varsigma$ δ $o\upsilon\nu$ $\alpha\upsilon\theta\iota\varsigma$ $M\alpha\xi\iota\mu\iota\nu o\upsilon$ $\delta\iota\alpha\phi o\iota\tau\alpha$ $\kappa\alpha\theta$' $\eta\mu\omega\nu$ $\pi\alpha\nu\tau\alpha\chi o\upsilon$ $\gamma\rho\alpha\mu\mu\alpha\tau\alpha$ $\kappa\alpha\tau$' $\epsilon\pi\alpha\rho\chi\iota\alpha\nu$. $\eta\gamma\epsilon\mu o\nu\epsilon\varsigma$ $\tau\epsilon$ $\kappa\alpha\iota$ $\pi\rho o\sigma\epsilon\tau\iota$ o $\tau\omega\nu$ $\sigma\tau\rho\alpha\tau o\pi\epsilon\delta\omega\nu$ $\alpha\rho\chi\epsilon\iota\nu$ $\epsilon\pi\iota\tau\epsilon\tau\alpha\gamma\mu\epsilon\nu o\varsigma$, $\kappa.$ $\tau.$ $\lambda.$

② 对此瓦列修斯解释道(a)："我认为他指的是禁卫军统领。因为当时他们掌管着军务。优西比乌以下言词的确足以证明这里指的就是禁卫军统领。他提到了传达给各城财政官、地方长官和书记员的法令，这些法令都只能由禁卫军统领来颁行，有许多证据可以证明这一点。请见第9卷第1、9章，在这两章中优西比乌提到了萨比努斯这一人物，此人便是马克西敏的禁卫军统领。"英译本，第165页。关于财务官（Logistae or Curators），他写道（b）："各城的财政官负责财政以及其他一切属于城里的财政收入，这一点得到了《法令全书》（Pandects of the Law）的证明。在 Cod. de modo mulctandi 的第三条法令中，财政官也被称作 Logista（来自原文中的希腊语 $\lambda o\gamma\iota o\tau\eta\varsigma$）。因此 $\lambda o\gamma\iota\sigma\tau\epsilon\upsilon\epsilon\iota\nu$ 一词被用来指称财政官职务的履行。"见《教会史》第8卷第9章；英译本，第146页。关于书记员（Tabularii），他写道（b）："这些官员负责各城的公共议程和公文，并看管税收账目。他们最初被称作转运使（Numerarii），后来瓦伦斯颁令称他们为 Tabularii。"接着他还就有关阿米亚努斯·马切里努斯的评论问题提供了进一步的信息，同上书，第165页，这些信息已被海尼琛收录到其注释中。

话音刚落,他们就被判处死刑①,因此也就轻而易举和刻不容缓地抵达他们所认信的主那里。他们中的第一位是安东尼努斯,②第二位是泽比纳斯,第三位是杰曼努斯。该事件发生于后特士利月的第十三日。

与此同时,他们还有一位同伴,是一名修女,她为主守着童身。 p. 35
这位少女纯洁、勇敢③,来自百山城。然而,她并不是以与同伴们同样的方式而成为一名信仰表白者的。她被从百山强行带了过来,在定死罪之前,就已经遭受了法官的羞辱及酷刑。一名掌管城里各大街巡查事务的人,是这些恶行的始作俑者。此人名叫马克西斯(Maxys)④,他向所有人证明了他比他的名字更坏。他把这位蒙 33
福的女人的衣服剥光,只遮住下阴部,这样,他就可以肆无忌惮地把自己那双淫欲的眼睛扫向她的胴体。他带着她在整座城里游街示众,并不时地用皮鞭抽打她。之后,他把她带到总督的法庭里。在那里,她以大胆的言辞承认了自己的信仰:她是一名基督徒,并在每一种酷刑之下均显示出了自己的勇气和坚韧。接着,她被总督判处火刑。该法官一天比一天凶残,这暴露出他那冷酷无情的本性。他甚至丧心病狂到了逾越自然法则的地步,竟然把报复和

---

① 希腊文本提到这是由菲米里亚努斯下达的判决,还补充说泽比纳斯来自厄琉特若波利斯(Eleutheropolis)。

② 瓦列修斯解释说(e):"在希腊文的《诸圣略传》中,这个人被称作安东尼乌斯,除了他和泽比纳斯及杰曼努斯之外,还有第四个同伴,即尼斯弗鲁斯(Nicephorus)。下列这段话出现在11月12日的日志上:'(今天是)神圣的殉道者安东尼乌斯及其同伴们的生日,处于马克西敏统治时期。安东尼乌斯是一位老人,尼斯弗鲁斯、泽比纳斯、杰曼努斯正值花样年华。他们在恺撒利亚被捕,在大胆承认基督之后被杀害。'从这里可以看到,《诸圣略传》的作者把 πρεσβυτερος 翻译成老人,而不是长老。"同上书,第165页。

③ 希腊文本为 τις γυνη παρθενιας στεμματι και αυτη κεοσμημενη;该文本还增添了 Ενναθας 这一名字,叙利亚文本中则无此名。

④ 希腊文本为 Μαξυς。鲁伊纳特在 Acta Marti 的第327页中作此注释:"Haec vox Graeca non est. An a Syris repetenda, apud quos mochos est pulicanus a casas increpare?"即是从 ܡܐ 到 ܡܚܘ,但该形式在这里则写作 ܡܟܘܣ,这看来与希腊文本较为吻合。

憎恨发泄到那些已经没有生命的基督徒遗体上，他禁止尸体下葬。针对这位少女和那些在同一天得着圆满的信仰表白者，总督下令把他们的尸体扔给猛兽去吞食，并要求日夜看守，直到尸体被野鸟叼完为止。为了执行这一野蛮的命令，许多人员被安排在附近值班，为的是提防我们把信仰表白者的尸体偷偷带走。顿时，场面一片狼藉，猛兽、野狗和天上的鸟禽把这些人的肉撕扯成碎片，弄得到处都有，甚至在城中心都可以看得到他们的骨头和内脏。由于发生的这一切，所有人都沉浸在悲痛之中，因为如此的暴行闻所未

p. 36   闻。甚至那些教外人士，在目睹这一切之后也痛心不已。即使在城门前，也上演了这可怕的一幕：这些殉道者的尸体正在被野兽吞食。这种情景持续了好多天。之后，在城中心发生了一件几乎令人难以置信的奇迹：那天分外平静和晴朗，突然之间城里许多门廊的柱子喷出血样的斑点，而集市和大街却如同被水洒过一样潮湿，尽管天上一滴雨也没有降落过。大家都说，石头流泪了，大地在哭

34   泣①，因为即使是毫无知觉的石头和大地，也无法忍受这肮脏和野蛮的行为；从石头中流出的血，和从大地上渗出的水，就如同人的身体流出的血泪一样，它们正在无声地控诉着所有这些渎神的败类。

没有亲历过这一切的人们，也许会把我所讲述的东西归之为一个虚构的寓言故事。正好相反，生活在那个时代的人们则亲眼目睹了我所描述的这些事情，其中的一些人至今尚在人世。

那些上帝的神圣殉道者，就是这样圆满结束此生的，他们反对谬误的努力和斗争就展现在我们的眼前。

---

① 这些现象毫无疑问是由于自然原因而产生的，在优西比乌看来如同神迹，当他把它们看作是我们主的预言得到应验时，更是如此。《路加福音》第 19 章第 40 节："我告诉你们，若是他们闭口不说，这些石头必要呼叫起来。"另见 Habak. ii. 11，参照第 55 页上方的注释。

亚瑞斯（Ares）、普里姆斯（Primus）①（希腊语 Promus）和 以利亚的信仰表白
迫害的第六年，阿什凯隆②

在前卡农月（Canun the former）③的第十四日，一些来自埃及的上帝的殉道者，在阿什凯隆城门前被抓捕，因为在遭到盘问时，他们承认自己是基督徒，并承认他们从自己的国家出发，踏上旅途来到 p. 37 这里，就是为了支援西里西亚的信仰表白者。他们被当作罪犯带到法官面前。守城的卫兵是些残忍的人，他们抓住这些殉道者，把他们带到总督菲米里亚努斯面前，后者直到那时仍然统治着巴勒斯坦，他下令残酷地惩罚他们：他们中的一些人，眼睛和腿部被火和钢刀弄残，另一些人则被利剑刺死，其中一个名叫亚瑞斯的人被烈火烧死，借着信仰而得圆满。普里姆斯和以利亚则被用利剑斩首。

35

彼得（绰号押沙龙）④的信仰表白
迫害的第七年，恺撒利亚

后卡农月（Canun the latter）的第十日，彼得——又名押沙

---

① 希腊文本为 *Προμος*。对此，瓦列修斯评论道（a）："在希腊文本中，这个人的名字是 Promus，但我认为应该为 Probus，我从未见过有像 Promus 这样的专有名称。该错误的起源是：在古抄本中，Beta 常常被写成 My，在 F 和 S 抄本中，该名字实为 Probus。"英译本，第 166 页。

② Ashkelon，巴勒斯坦西岸港市，位于南半段海岸的中央。——中译者

③ 犹太历中并无"卡农月"一说，疑为误译。——中译者

④ 在希腊文本中，他被称作 *Πετρος ασκητης, ο και Αψελαμος*。瓦列修斯对此解释道："10 月 14 日的希腊文《梅涅厄姆》提到过这一人物，但是优西比乌却说他受难于 1 月 13 日 3 点。在《梅涅厄姆》中，他被称作 Auselamus，但《诸圣略传》却把 Auselamus 或 Abselamus 误写为 Anselamus。这段话的含义是这样的：'同一天是神圣殉道者厄琉特若波利斯的 Petrus Anselamus 的纪念日。他正值花样年华，精力充沛，为了信仰的缘故经受磨难，其表现令人称道。他鄙夷凡间事物，在戴克里先和马克西米安统治的第六年作为燔祭受到上帝的悦纳。'从这段话中可以看出戴克里先统治的第六年被认为就是迫害的第六年。"见英译本，第 166 页。鲁伊纳特曾刊印过 *Passio Sancti Petri Balsami* 一书，该书主人公应该与此处的 Peter Absalom 为同一人，尽管有些人对此事实表示质疑。见 *Acta* （转下页）

龙——登场了。他是上帝王国中的一位著名的信仰表白者,在为崇拜上帝的斗争中表现得如此勇敢,在殉道的考验中取得了如此重大的胜利,甚至激起了法官的仰慕,旁观者都对之惊叹不已,他们力劝他怜惜自己,给自己留一条生路,把自己从逼在眉睫的不幸中解救出来,但他丝毫没有听进他们的话。围观者们,包括认识他的或不认识他的,一个接一个地敦促他,请求他,甚至哀求他,好像是为他们自己求命似的。一些人是要坚定他的决心,其他人则想借

p. 38 助言词使他放弃,劝他可怜自己的青春和生命。那些志同道合者提醒他记住将要来临的地狱之火,而其他人则想要让他害怕眼前可见到的火。一些人想尽法子,拿凡间的法官来吓唬他,而另一些人则提醒他要处处想起所有法官之中的法官。一些人呼吁他珍惜这短暂的生命,而其他人则规劝他面向天国。右手边的人请求他转向他们,左手边的人则力劝他顾及凡间的事物。这位年轻英俊的小伙子,英勇无畏,身手敏捷,才气横溢,他就像火炉里的真金一

36 样证明了自己的纯洁,他对救主信仰的热爱胜过了稍纵即逝的此生。与他一起被火烧死的,还有一位马西昂派[①]异端人士[②],他自称是一名主教。他也把自己献给了正义的事业,与这位上帝的殉道者一起经历了火的殉道,虽然他并没能获得真知。我们所谈论的这位神圣的殉道者,来自贝斯哥伯林(Beth Gobrin)境内一个叫埃尔(Aia,希腊语 Anea)的村庄[③]。如上所述,他为此生的圆满而抗

（接上页）*Prim. Martt.* ,第 501 页。Baillet 在 1 月 3 日的 *Vies des Saints* 中也给出了同样的叙述。

① Marcion,110—160 年,马西昂派教会创始人,他否论全部《旧约》,只承认《新约》中经其修订的《路加福音》和保罗书信,认为犹太教的上帝与基督教的上帝不是同一位神,后者高于前者。其所创立的教派流行于 2—7 世纪的地中海地区。——中译者

② 希腊文本给出了此人的名字为 Asclepius,在这里则被略去。

③ 希腊文本为 $A\nu\epsilon\alpha\varsigma, \kappa\omega\mu\eta\varsigma \tau\omega\nu \; o\rho\omega\nu \; E\lambda\epsilon\upsilon\theta\epsilon\rho o\pi o\lambda\epsilon\omega\varsigma$ 。阿瑟曼尼刊行的另一叙利亚版本为 ◌◌ ,他翻译为"Ex agro Eleutheropolitano in vico Anea"。*Acta SS. Martt.* ,第二部分,第 207 页。见 Van de Velde, *Eleutheropolis*:*Betogabra* (Ptolemy xvi. 4), *Betogabri*, *Bethgebrim*;也见 *Geberin of the Crusaders*, identified （转下页）

争,在磨难中戴上了基督殉道者荣耀的胜利冠冕。

潘菲鲁斯(Pamphilus)、瓦莱斯(Vales)、塞列科斯(Seleucus)、保罗、波菲利乌斯(Porphyrius)、狄奥多鲁斯(Theophilus,①或 Theodulus)、朱利亚努斯(Julianus)以及一名埃及人(总共八人②)的信仰表白(简称:潘菲鲁斯等八人的信仰表白)③

迫害的第七年

我们终于有机会来描述那种壮观情景,该情景是由圣洁的殉道者潘菲鲁斯,与其同伴们一起借助圆满的殉道展现出来的。他 p. 39 们令人钦佩,英勇无比,以各种不同的形式显示出为崇拜上帝而进行的抗争。的确,我们知道有许多人都在这场迫害中夺得了胜利,

---

（接上页）with great care by Robinson and Smith（*Bib. Res.* 404—420, 642, seq.），with the Modern Beit—Jibrin. *Memoir to accompany the Map of the Holy Land*,第 309 页。

① 这是抄写员的笔误,应为 Theodulus。下面的叙述中出现的人名是正确的。

② 上面列举的名字有 8 人,但实际上有 12 人。见第 38、44 页。希腊文本在此处有大量的删减,一开头是 δωδεκα δ ησαν οι παντες。

③ 在希腊文本中这部分的叙述被大量地删减了。瓦列修斯作了如下注释(a):"西门·梅塔弗拉斯提斯从优西比乌的希腊文本中抄录了有关潘菲鲁斯及其同伴的殉道的整个记述,并以他惯常的做法,做了一些添加和改动。但他似乎有比我们手头上更完整的优西比乌作品的抄本,这一点对于读者来说是显而易见的,因为后者均有可能见到过梅塔弗拉斯提斯有关潘菲鲁斯报道的拉丁文本,此文本由利波曼和苏里乌斯刊行于 Ven. 所编辑的 *Tome the third*(1581 年 6 月 1 日)第 139 页上。"英译本,第 166 页。这个有关潘菲鲁斯及其同伴的报道仍然以希腊文本的形式被完整地保存下来,它最初由帕匹布罗丘博士从一份美第奇家族的手稿中摘出并刊印在 *Acta Sanctorum*(6 月,第 1 卷,第 64 页)中。法布里丘将该作品再版于他所编辑的《希坡律陀作品集》(*Hippolytus' works*,第 2 卷,第 217 页)里。两位博学之士都认为这是优西比乌《潘菲鲁斯传》的一段摘录,优西比乌在《教会史》中经常提到这部作品,杰罗姆也提到过这部作品。见第 78 页下方注释。显然,梅塔弗拉斯提斯的案前放着与该叙利亚文本一样的《巴勒斯坦殉道者》抄本,尽管两者有少许不同。我认为,为了便于比对,把利波曼努斯的整篇拉丁文本印于此处,会有所帮助。该拉丁文本是依据梅塔弗拉斯提斯的版本整理而成,它刊印于苏里乌斯的 *De Probatis Sanctorum Vitis*(6 月 1 日)中(全文请见书后附录部分——中译者)。

但我们却未曾见过像这一批人那样，身体和年龄状况是那么参差不齐，道德水平、灵性能力及教育程度是那么高低不等，所遭受的折磨和死亡方式是如此千差万别，借助殉道而获得的成功和荣耀又是如此巨大。与他们在一起的所有埃及人似乎都是青少年[①]；另有一些是像波菲利乌斯[②]一样年富力强的青壮年；还有一些是潘菲鲁斯——这是我所挚爱的名字——家里的常客，他们精力充沛，心智成熟。保罗来自埃姆拿（Iamna）[③]，塞列科斯和朱利亚努斯来自卡帕多西亚[④]。他们当中还有一些可敬的长者，他们由于年纪老迈

37 而弯腰驼背，如耶路撒冷教会的助祭瓦莱斯，以及其行为配得上其名字的狄奥多鲁斯[⑤]。他们的身体条件各不相同。他们在智力上和学识上也各有差异，有些头脑简单，生性朴实得像小孩；有些则拥有高深的知识和勇敢的性格。这些人当中虽然只有一部分人受过良好的神学教育，不过他们的勇气都格外出众。正如群星之中唯独太阳能够为白天送来光明那样，在他们之中能够放射出光芒的，只有我的主人潘菲鲁斯[⑥]。提到圣洁的蒙福者潘菲鲁斯这个名字，

---

① 帕匹布罗丘在此勘正了利波曼努斯的错误——"*Adolescentes et pueros atque adeo plane infantes*"。见 *Hippolyti Opera*，curante J. A. Fabricio，第 2 卷，第 217 页。我手头没有《殉道者行传》（*Acta Martyrum*），因此引证了法布里丘再版的《潘菲鲁斯及其同伴行传》。当我使用"另一希腊文本"这一措词时，我指的就是这些行传，以便与"该希腊文本"区别开来，在注释中我便用后一措词来指称发现于优西比乌《教会史》中的节略本。

② 叙利亚文本在此处误写为 ܦܘܪܦܘܢ，即"Porphon"。

③ "Jamnia sive Jamna urbs maritima Palaestinae，haud procul a Joppe，sed totis 20 leueis horariis dissita a Caesarea，cujus Archiepiscopo subest：etiam urbs maritima in confiniis Phoeniciae." 帕匹布罗丘，同上书，第 218 页。

④ 罗马行省，在小亚细亚东部，首府为马萨卡（Mazaca，亦称 Caesarea）。——中译者

⑤ 此名意为"上帝的仆人"。

⑥ 优西比乌在《教会史》第 6 卷第 32 章中多次提及潘菲鲁斯，他说："此处并非列举潘菲鲁斯全部作品之处，这需要专书处理，这样的一份书目我已附在《潘菲鲁斯传》中，本书乃是我为纪念这位同时代的神圣殉道者而撰写的。为了证明潘菲鲁斯对神学的关注和热爱，我引述了他所收藏的奥利金和其他教会作家的作品目录。"英译本，第 107 页。在下一章中他接着说道："但是，关于奥利金 （转下页）

我理所当然要尊他为我的主人，①因为他的确非常精通希腊学问，在我们的时代里，还没有人像他那样在来自圣灵的经书方面和在整个神学领域受过如此精湛的教导。比这些学识更令人折服的是，他拥有天生的智慧和洞察力，这是上帝赐给他的礼物。此外，潘菲鲁斯出生于一个显赫的家族，他在自己祖国中的生活方式与贵族一样高尚。塞列科斯在军队里也占有一个重要的地位。这些人中

p. 40

（接上页）的一些最为重要的信息已收入《为奥利金辩护》一书中。本书是由我同时代的神圣殉道者潘菲鲁斯和我本人联合撰写的。"同上书，第7卷第33章。"在此人（亚伽皮乌斯）的时代里，我得以认识当地（恺撒利亚）教会长老潘菲鲁斯。他是一位极有辩才的人，在生活中是一名真正的哲学家，要说明他的特点和背景并非易事，但我还是专门为他写了一本书，详细记录了他的生活细节、他所建立的学校、他在大迫害期间所遭受的折磨、他对信仰的几次公开表白以及最终获得殉道冠冕。他确实是城里最令人钦佩的人。"瓦列修斯的注释（x）。克里斯托佛森以为这些言辞表示的只是一卷书而已。但优西比乌却完成了三卷的《潘菲鲁斯传》，这在杰罗姆的作品 *De Scriptoribus Ecclesiasticis* 和 *Against Ruffinus* 中得到了证实。同上书，第138页。第8卷第13章："在这里，我们还必须提到潘菲鲁斯长老，他是我这个时代最为杰出的人，是恺撒利亚教会的最伟大的荣耀，在适当的时候，我还会提及他的坚毅和英勇事迹。"瓦列修斯评论道（b）："我确实得承认，在 *Maz.*、*Med.*、*Fuk.* 和 *Savil* 等抄本中，写法是 ανεγαψαμεν（*我们曾经宣称*）；倘若这一写法是真的，优西比乌指的必定是他的有关殉道者潘菲鲁斯生平的书，正如我们此前就已注意到的，这些作品在他写作《教会史》之前就已完成。"同上书，第148页。见我在上面引述的注释的前半部分，第49页。另见优西比乌在《多姆尼努斯的信仰表白》（*Confession of Domninus*）中的言词，上面第25页。希腊文本在谈及潘菲鲁斯时添加了如下内容："这位人物的其他美德和卓越的表现需要更多的笔墨，我已经把这些内容包括在三卷书里，该书是关于潘菲鲁斯一生的特别之作。"对此，瓦列修斯评论道（d）："因此我们得出一个清晰的结论，即有关巴勒斯坦殉道者的书，是优西比乌本人的作品，该作品是在他完成了《潘菲鲁斯传》和《教会史》之后才开始撰写的。"英译本，第166页。我们必须记住的是，瓦列修斯的这一评论只适用于《巴勒斯坦殉道者》的节略本，而不适用于原作，因为无论是在叙利亚文本中还是在另一希腊文本中，他据以得出该结论的那段话并不存在。因此可以肯定，节略本是由优西比乌本人亲自撰写的。《潘菲鲁斯的信仰表白》，被 Baillet 收录于6月1日的 *Vie des Saints* 中。

① 参考此处的叙利亚文本可以得知，西门·梅塔弗拉斯提斯把其写作 ετερον 是正确的，利波曼努斯跟随他，把其翻译成"*non est mihi fas aliter appellare*"，而另一希腊文本把其写作 εταιρον，则是错误的。见帕匹布罗丘，*Hipp. Oper.*，第2卷，第218页的注释。

的一些属于中等阶层。还有一个获召与其他人一道得此殊荣的人，则是总督的一名奴隶。波菲利乌斯①也被认为是潘菲鲁斯的奴隶，但他借着对上帝的热爱及其令人称道的信仰而成为潘菲鲁斯的弟兄，潘菲鲁斯本人则把他看作是自己深爱的儿子。确实，他在各个方面都极像把其抚养成人的潘菲鲁斯。如果有人说，他们这群人就是教会会众的完美代表，我可以说，这并没有夸大事实。在他们当中，潘菲鲁斯被尊为长老，瓦莱斯是副主祭②，一些人是读经师，塞列科斯甚至在圆满殉道之前，就曾因苛严的自我鞭打而被尊为忏悔师，因而以巨大的毅力忍受了被撤销军队指挥权③的痛苦。其余的则是听讲者和领教者（慕道者）。于是，他们便以较小的形式，组合成了一个拥有各色人员的完美教会。这些殉道者就是如此令人称道地被挑选出来，当我们望向他们时，看到的虽然人数不多，却活像一把多弦的竖琴④，这把竖琴由许多具有彼此不同音色的琴弦构成，有高音、低音、降音、升音以及中间音，所有的音色都按照音乐艺术规律编排好。与此相类似，在他们当中，年轻人和老年人，奴隶和自由人，聪明人和头脑简单的人，贵族和平民，信徒和

38

p. 41

---

① 他及其同伴们的殉道记，被 Baillet 收录在 2 月 17 日的 *Vie des Saints* 中。

② 英译本使用 diaconate 一词，字面上译为"副主祭"，实际上就是助祭。——中译者

③ 拉克坦提乌斯提到戴克里先关于开除承认基督教信仰的士兵的命令如下："Tunc ira furens, sacrificare non eos tantum qui sacris ministrabant, sed universos qui erant in palatio, jussit, et in eos, si detractassent, verberibus animadverti; datisque ad Praepositos litteris, etiam milites cogi ad nefanda sacrificia praecepit, ut qui non paruissent, militia solverentur."见《论迫害者之死》（*De Mortibus Persecutorum*），第 10 章。

④ 优西比乌在《论神的显现》第 1 卷第 28 章中运用了同样的比喻：ᵒᵖ ... （叙利亚文）。李博士翻译如下："这个感性的世界如同一把多弦的竖琴，由各个不同的部分组成：有高音和低音，弱音和强音，还有其他介于其中的部分，所有这一切都由音乐家的艺术完美地结合在一起。这个宇宙也是如此，由不同的部分和成分——其中包括冷的、热的、湿的、干的——聚在一起成为一个混合体。而且，它是一个巨大的容器，是全宇宙的上帝的杰作。"见《恺撒利亚主教优西比乌"论神的显现"》，由李博士翻译，8vo.，剑桥，1843 年，第 18 页。

听讲者(慕道者),助祭和长老等各不同类别,都借着上帝独生之道的娴熟手法,和谐地组合在一起。他们各自通过忍受各种酷刑来展示体内那卓著的力量,在审判场上谱写出一首光荣信仰的乐曲。

他们的人数是 12 个,这恰好与先知①或门徒的数目相合,仅仅注意到这一点,就足以使人啧啧称羡。他们中的每个人都忠于职守,并欣然准备作出牺牲,对此我们不能略而不叙②。他们的两肋被施以刮刑,身上受到残酷的鞭打,种种折磨手段给他们留下了无法治愈的伤痛。敌人用尽一切暴力,无非是要逼迫这些殉道者们去作那些他们所憎恨的事情。在这种情况下,我们还有必要提及他们所发出的神圣言辞吗? 他们似乎并不把鞭打当一回事,而是带着欢快和欣喜的神情回答法官的审问,并乐意拿所遭受的酷刑来打趣。当法官又一次质问他们从哪里来时,他们根本不肯说出他们所属于的世俗城市,而只肯说出其来世所要达到的城市,他们说:他们来自天上的耶路撒冷,并承认自己正在赶往那个城。正因为如此,法官愈发恼怒,准备亲自用残酷的鞭刑对付他们,以便达到控制他们的目的。但他的指望落空了,于是,他只好下令让他们中的一个接受胜利的冠冕。

此外,他们的死亡方式也各不相同。他们中有两个人是听讲者(慕道者),此二人只是在死时才接受了火的洗礼③,而其他人则如

39

① 他指的是 12 小先知。
② 利波曼努斯的拉丁文本也是如此。另一希腊文本在此处有讹误,写成了 ου περυ ετερων。
③ 在早期,为基督而殉道被看作是为了给尚未接受这项圣礼的人们提供洗礼地点,这通常被叫作"血的洗礼"。西普里安在致科内琉斯的信函(第 57 函)中这样写道:"Qui martyrium tollit, sanguine suo batizatur." Edit. *Dodwell*, Amst. 1691, p. 118. 他在致茹贝亚努斯的信函(第 73 函)中写道:"Sanguine autem suo baptizatos et passione sanctificatos consummari, et divinae pollicitationis gratiam consequi; declarat in Evangelio idem Dominus." *Ibid.* p. 208. 在《力劝殉道》(*Exhort, ad Mart.*)一书中则说道:"Nos tantum, qui, Domino permittente, primum baptisma credentibus dedimus, ad aliud quoque singulos praeparemus, insinuantes et docentes hoc esse baptisma in gratia majus, in postestate sublimius, in honore pretiosius: baptisma in quo angeli baptizant, baptisma in quo Deus (转下页)

197

我们的救主那样，被钉死在十字架上。

潘菲鲁斯获得了与众不同的胜利。他这一名字对我来说特别
p.42 珍贵，因为他全心全意地爱着上帝，是众人的和平使者[①]。他是恺
撒利亚教会的骄傲，作为一名长老，他为这一教职增了光，同时他
自己也因这一教职而获益。他的所作所为笃实虔诚，一直与上帝
的圣灵有交流[②]，在生活方式方面德行超群，蔑视财富和荣誉，鄙夷
并抛开一切世俗利益，全身心投身于上帝之道。他变卖了父母留
给他的每一件财物，把钱分给衣不蔽体的病人和穷人，自己却过着
十分清贫的生活，在对神圣哲学的耐心研究中度过时光。后来，他
离开了贝鲁特——他正是在该城市里长大成人并获得学问的。由
于自己的认识和理解，他与那些追求完美的人们[③]在一起。他抛弃
了世俗智慧，爱上了上帝之道。他还采纳了先知们的神圣习惯，并
赢得了殉道的冠冕[④]。

在潘菲鲁斯之后接受考验的是瓦莱斯[⑤]。他看上去是个纯洁
而可爱的老人，整齐的银发使人肃然起敬。他并不仅仅因此而得
到荣誉，他还拥有丰富的《圣经》知识，他的记忆仓库里所储存的

（接上页）et Christus ejus exultant, baptisma post quod nemo jam peccat, baptisma
quod fidei nostrae incrementa consummat, baptisma quod nos de mundo recedentes
statim Deo copulat. In aquae baptismo accipitur peccatorum remissa, in sanguinis
corona virtutum. ” *Ibid.* p. 168。另见 *Bingham Antiquit.*，第 10 卷第 2 章第 20
段，以及他所引证的其他段落。St. Cyril of Jerusalem, Cat. 3, ch. 10：ει μη τις
λαβοι το βαπτισμα, σωτηριαν ουκ εχει, πλην μονων μαρτυρων, οι και χωρις υδατος λαμβανουσι
την βασιλειαν。优西比乌也提到过赫莱斯（Herais），他是一位慕道者，接受过火的
洗礼，第 6 卷第 4 章：——και γυναικων δ᾽ Ηαρις ετι κατηχουμενη το βαπτισμα, ως φησιν που
αυτος, το δια πυρος λαβουσα τον βιον εξεληλυθεν。

① 另一希腊文本在此处与叙利亚文本不同。见上面第 7 页利波曼努斯的译文。
② 另一希腊文本为 Θειας μετεχων εμπνευσεως。
③ 另一希腊文本为 τελειους ανδρας。
④ 另一希腊文本在此处添加了 αλλ᾽ ο μεν Παμφιλος τοιουτος ην。
⑤ 希腊文本在此处增添了"埃里亚的一名助祭（a deacon of AElia）"字样。此前提
　到他时用"耶路撒冷教会的一名助祭（a deacon of the Church of Jerusalem）"，此
　部分被从希腊文本中删去。见上文第 37 页第 35 行。

全都是《圣经》,整部《圣经》均被牢牢地刻印在他的脑袋里,因此,他可以一字不差地背诵出所有不同的章节。此外,他还是上帝教会的一名助祭。

排在第三位的是来自埃姆拿城的保罗,他对上帝的圣灵极为热心,在此之前,他就曾因承认自己的信仰而遭受过烙刑。 40
p.43

他们经受了约两年之久的牢狱之苦①,导致他们殉道的直接原因,是将与他们一同完成殉道使命的那批埃及人的抵达。在陪同那些被发落到西里西亚矿区服劳役的人们走完一程之后,他们便返程回国,刚刚踏进恺撒利亚城门,他们就遭到了审问。守城官员查问他们的身份和来历,他们并不隐瞒真相,大家都承认说:"我们是基督徒。"于是,他们马上就被当作罪犯抓了起来。他们一共有五人。他们被带到法官面前,当着他的面承认了自己的信仰,旋即被判入狱。第二天,亦即舍巴特月(Shebat)②的第十六日,他们与潘菲鲁斯等人一同被带到菲米里亚努斯面前。起初,总督审问了这些埃及人,用各种酷刑折磨他们。他把他们当中排头的一人拉到中间,问他的名字,但从他那里听到的是一个先知的名字,而非真名。与他在一起的其他埃及人,也都各自为自己起了先知的名字,如以利亚,耶利米,以赛亚,撒母耳和但以理等,用以取代父母给他们起的偶像神的名字。法官从这位殉道者那里听到诸如此类的名字时,并没有注意到他们说话时的那种坚毅口气。总督又一次问他来自哪个城市,他的回答与先前的受讯问者类似:"耶路撒冷就是我的城市。"因为总督很熟悉圣保罗所谈到过的这个城市,据说这个耶路撒冷的自由要高过其他城市,它是我们所信赖的神圣的母亲教会③,所以总督非常积极地打听该方面的情况。为了

① 另一希腊文本为 επι της κρητη。继梅塔弗拉斯提斯之后,帕匹布罗丘根据利波曼努斯对"被禁闭"(in carcere)的翻译,把 επι της κρητη 更正为 της ειρκτης。
② 犹太历中的第十一个月,相当于公历1—2月间。——中译者
③ 如同《加拉太书》(4:26)中所写,希腊文本在此处为 ητις εστιν μητηρ ημων。不过这里添加了《希伯来书》(12:12)中的 ττοσεληλυδατε Σιων ορει, και πολει Θεου ζωντο ς, Ιερουσλημ επουρανιψ,另一希腊文本和利波曼努斯的版本也是如此。见第74页上方。

41　达到这一目的，他命人准备了铁梳和烙具。我们的这位殉道者双手被反绑在背后，双脚被套在枷锁里，总督不准他重复说过的话，

p. 44　而是要他说出真相。总督一而再、再而三地追问他：那个据说只属于基督徒的耶路撒冷是怎么样的城市，处于哪个国家①。他回答道："它在东方，就在太阳升起的地方。"他充分地利用了这种拖延策略，仿佛耶路撒冷就在他心中。他周围的打手则继续用刮刑折磨他。他没有任何的改变，宛如一个没有躯体的人。这时，法官变得狂躁不安，他推测，基督徒可能已经在某个地方为自己建造了一座城市。于是更动辄使用酷刑来对付他们，以便就这个存在于东方国度的城市问题打听出一个究竟来。不过在这位年轻人遭受一场鞭打之后，总督发现他说的话与原先所说的没有任何差别，只好定他死罪，将其斩首处决。对于其他埃及人，总督用了同样的酷刑，他们与上述那个埃及人有着完全一致的信仰。

　　在处理完这些事情后，法官转向了潘菲鲁斯及其同屋的人们。当他得知他们之前就遭受过酷刑后，心想如果再施加同样的酷刑，他会显得很愚蠢，而且也是白费劲。因此他就只问了一个问题，问他们现在是否顺服。他听到的，是他们争先恐后地表白自己的信

---

①　在这些事件发生时，罗马人尚不知有一个叫耶路撒冷的城市，否则——正如瓦列修斯所注意到的——巴勒斯坦总督菲米里亚努斯就不会如此热心地向殉道者打探耶路撒冷在哪里了。优西比乌在《教会史》第4卷第6章中写道："此后，哈德良发布命令，所有犹太人均不得进入耶路撒冷及其附近的地方。这样一来，犹太人就连看也看不到父辈们传下来的土地了。佩拉的亚里斯顿对此作过记述，犹太人被拒之于耶路撒冷之外，原先的居民死亡殆尽，耶路撒冷就这样被外族殖民化了，一座罗马化城市随之出现，耶路撒冷也被易名为埃里亚，以纪念当时在位的皇帝埃里乌斯·哈德良。"瓦列修斯在对此事的注释中写道："优西比乌在此处犯了两点错误：第一点是他说耶路撒冷在哈德良在位时期就被全部毁掉，第二点是他认为贝特拉在被围困之后，埃里亚·卡皮托里纳（Aelia Capitolina）是由同一个哈德良建立起来的。——（其实）埃里亚·卡皮托里纳早就被建造起来了，即在哈德良在位的第二年：从这时起到君士坦丁大帝时期它一直被称作埃里亚。但在君士坦丁大帝时期它又恢复了耶路撒冷之名，一来是这名称的荣耀，二来是该地作为首席主教所在地的特权。"见英译本，第52页。

仰。于是，他就按上述处置埃及人的方式给他们定罪，要把他们斩首处决。整篇宣判书尚未读完，潘菲鲁斯家的一名年轻奴隶便从围观的人群当中大声叫喊着走了出来，并来到审判场的中间，他高声劝说总督，要求他允许埋葬殉道者们的尸体。此人就是蒙福的波菲利乌斯，潘菲鲁斯所喜爱的门徒，是一个具有大勇之人，当时还不到 18 岁，就已经在文学和写作方面接受过教导。他因谦逊和规矩而获得各种赞誉，这样一位优秀的年轻人，正是由这样一位优秀的人抚养成人的。当他得知对主人的判决后，便在人群中大哭起来，并央求得到殉道者的尸体。那个坏蛋——他不配被称为人，或该称其为一只残忍的野兽①——不仅拒绝了这一合理的请求，而且也没放过或是怜悯这名花季少年。在了解到他也是一名基督徒这样一个事实之后，法官便下令行刑者用尽全力对他施加裂刑。接着，又命令这位蒙福的年轻人献祭，被拒绝后，又继续对他施刑。这些酷刑似乎不是施加在人的肉体上，而是施加在一块毫无生命的木头或石头上。他的肌体被撕得皮开肉绽，骨头和内脏都裸露出来。刑罚持续了好一阵子，总督发现这样作毫无用处。在这名年轻人身上展示了自己的凶残和野蛮之后，他下令用文火把他慢慢烧死。如今，在潘菲鲁斯圆满结束此生之前，波菲利乌斯就要经历磨难，在抚养他成人的主人面前，与自己的躯体分离。就这样，在所有的考验中，波菲利乌斯表明自己就是一个获得胜利冠冕的战士。虽然身体羸弱②，他却露出欢快的表情，怀着勇敢的信心，毫不畏惧地踏上死亡的道路。他的确充满着圣灵。他来到刑场，像

42

p. 45

---

① 此外，还有"恶毒的蛇蝎"（第 12 页）、"凶狠的野兽"（第 49 页）等，诸如此类的叫法，用于基督徒的迫害者，并不独见于优西比乌。西普里安把尼禄称作 *execrabilis ac nocens tyrannus*，*bestia mala*，把戴修斯称作 *execrabile animal*，还把戴克里先、马克西米安·赫尔克琉斯（Maximinianus Herculius）和加勒里乌斯·马克西米安（Galerius Maximinianus）称作 *tres acerbissimae bestiae*。见 *De mortt. Pers.* 第 4、9、16 章等。

② 叙利亚文本为 ܠܘܬ ܘܝ ܚܦܟܐ，另一希腊文本为 κεκονιμενον το σωμα，利波曼努斯的版本为 *corpore pulverulentum*。原译文可能是 ܠܘܬ，后来为抄写员所改动。

一名哲学家那样披上斗篷，露出肩膀①，双眼仰望上苍。此时，他从内心深处鄙视自己的人间生命，因而带着一个毫不动摇的灵魂向大火迈进，身边的一切危险均被弃之如履。他头脑清醒，心境平静如水，在托付朋友们照料其凡间事物之后，就急切地要到上帝那里去。因此，当身边的火被点燃时，他的嘴巴不时冒出了火焰，他的灵魂也便快步踏上了前面的旅途。这就是波菲利乌斯所接受的考验。

接着，塞列科斯向潘菲鲁斯报告了波菲利乌斯所遭受的一切，作为对这一报告的回报，上帝恩准塞列科斯可以和潘菲鲁斯一起成为殉道者。他把有关波菲利乌斯的斗争和磨难的信息告诉潘菲鲁斯之后，便亲吻了其中一位殉道者，并向他致敬。士兵们立即抓住他，把他带到总督面前。由于塞列科斯本人也急切地要与信仰表白者们为伴，他被下令斩首处决。这位塞列科斯来自卡帕多西亚地区，在军队服役时获得光荣的名声，并担任过重要的军职。不仅如此，他身材高大，英勇无比，比许多人都强。他的长相也非常英俊潇洒，而且在迫害开始时，他就因认证信仰而闻名，并因此而忍受过鞭刑。由于宗教的缘故，他不得不离开军队，但他的热忱不允许他停止行善。因此，他热切地成为基督深爱的士兵，经常看望失去父母的孤儿、一贫如洗的寡妇、以及贫病交加的人们。他就像一名温厚的父亲那样探访他们，资助他们，尽力治愈他们的苦痛。由于上帝喜欢这些事情胜过牺牲、燔祭和燃香，故他也能借着信仰而圆满结束此生。他是上述所提到的人们当中的第十位勇士，他与这些人在同一天里一起获得圆满的冠冕。潘菲鲁斯的信仰表白似乎把天国的一扇大门打开了，于是出现了一道宽敞的入口，好让他自己和其他人一起进入上帝的乐园。

---

① 瓦列修斯对《教会史》第 6 卷第 19 章作如下注释(p)："穿大披肩或斗篷，往往是希腊哲学家的象征和习惯，以显示与普通希腊人的穿着有所区别。那些哲学家出身的基督徒还保留着这个习惯。"见英译本，第 101 页。有关这一点，他继续写道(n)："在希腊文本中，这种外衣被称作 εξωμις，有关这种衣服的具体描述，请见 A. Gellius，第 7 卷，第 12 章。"同上书，第 168 页。

在塞列科斯之后被带出来的是纯洁而虔诚的狄奥多鲁斯。他是总督家的一名奴隶,是这些人当中年纪最大的一个,他因仪表和年岁而备受大家的尊敬。虽然他已经是一位曾祖父①,而且仍忠心耿耿地侍候着主人,可是当总督听说他像塞列科斯那样向殉道者致敬时,他便毫不留情。当有人告知他这件事情之后,他暴跳如雷,对狄奥多鲁斯的恼怒比对其他人还要强烈,他因此下令判他死罪,以我们救主受难的方式执行对他的死刑,让他在十字架上殉道。

要构成12这个数目,还缺一个人。朱利亚努斯刚好从旅途中抵达,仿佛是天意要组成12位殉道者这一完整数目。在进城的路上,他就已经被告知有关信仰表白者的事情,于是他加快脚步进城,以便到现场看个究竟。当他看到圣徒们的躯体躺在地上时,他顿时充满了喜悦,用神圣的爱一个接一个地拥抱他们,并以亲吻来向他们致意。正当他看着他们、哀叹自己未能与他们一起殉道时,官员们②抓住他,把他带到法官面前,此时法官余怒未消,正想找人出气,于是判处他被慢火烧死。这位朱利亚努斯欢快和愉悦地高声赞美上帝,因为他自己终于也能殉道了,他的灵魂将与信仰表白者们一同升到主那里。朱利亚努斯出生于卡帕多西亚,作为一个安静而虔诚的人,他的灵魂深处充满了对上帝的敬畏,乐于践行各种美德。在他身上还存在着一种荣耀的圣灵味道③,配得上与蒙福的潘菲鲁斯及其同伴们在一起,也配得上一同为了信仰而殉道。

根据总督菲米里亚努斯的命令,在四天四夜里,上帝圣洁的殉

---

① 希腊文本为 *τψ τργονεια ς πατερα καθεστιαναι*,另一希腊文本则为 *διο τργονεια ς αυτον πατερα καθεστιαναι*。对此帕匹布罗丘评论道:"Trium filiorum patribus praemia apud Romanos fuisse proposita notius est quam ut hic moneri debeat, atque id hic dici credo *τριγονεια ς πατερα*. Valesius, tamen aliter vertit *quod tertioe jam stirpis nepotes haberet.*"见 *Hippol. Opera*,第2卷,第224页。

② 即第55页上面的"Quaestionarii(审讯者)"。希腊文本在此处使用 *α των φονων διακονοτ*。

③ 希腊文本为 *πνεων αυτου αγιου πνευματος*;另一希腊文本为 *πνεων ευωδια ς αγιου πνευματος*。

45 道者们的尸体无遮无掩地暴露在外，被野兽吞食。可是，这些尸体并没有受到任何损害，连野兽也没有碰过它们，人们未经总督许可①，就把它们全部搬走，他们出于应有的尊敬，为它们举行了一个体面的葬礼。它们被葬在若干教堂的内墙里面，他们的名字则被记载在一个永远不会被忘记的纪念碑上，这纪念碑就位于祷告室的圣龛上，这样，他们就能够荣幸地加入到与上帝同在的教友之列②。

哈德里亚努斯（Hadrianus）和优布鲁斯（Eubulus）的信仰表白
迫害的第七年

在潘菲鲁斯及其同伴光荣殉道的事迹经由众人之口广为流传之后，来自巴塔尼亚地方（Part of Batanea）③的哈德里亚努斯和优布鲁斯急匆匆地赶往恺撒利亚，打算去探望剩余的殉道者。在接近城门时，守城官员盘问他们的来意，说明真相后，他们便被带到菲米里亚努斯面前，后者毫不迟疑地命令对他们的两肋施以刮刑，同时还使用一种特殊的方式惩罚他们，仿佛他们早已成为他的仇敌。总督对使用刑罚尚不解恨，干脆判他们被野兽吞食。两天过后，信仰表白者哈德里亚努斯在阿达尔月的第五日被扔到一头狮子面前，勇敢地接受考验，他被野兽撕得遍体鳞伤，最后被利剑刺死。两天后，即阿达尔月的第七日，法官在优布鲁斯身上作出了百般努力，对他说："如果你给众神献祭，就会平平安安地得到释放，获得自由。"但他却鄙夷这正在逝去的生存时光，为自己选择了永恒的生命，拒绝了稍纵即逝的短暂生命。于是，他被扔给一头狮子，这头狮子用牙齿把他咬得伤痕累累。之后，他遭受了他之前的人们

p. 49

---

① 此分句在希腊文本中被略去。

② 这段话在希腊文节略本中没有出现，却出现在另一希腊文本中。对此帕匹布罗丘作了如下注释："Deest haec clansula in historia：quam tamem Eusebio abjudicare nihil nos cogit, qui vitam Pamphili aeque ac Historiam Ecclesiasticam scripsit, cum jam Constantinus lege lata permisisset Christianis sacras aedes condere et Martyrum corpora eis inferre."见 *Hippol. Opera.*，第 2 卷，第 224 页。

③ ܡܓܠܬܐ，希腊文本为 απο Μαγγανειας。

所受过的同样磨难。他在恺撒利亚胜利结束了抗争,成为该城的
最后一位殉道者①。

46

保罗(希腊语 Peleus)②、尼鲁斯(Nilus)、帕特里米
提亚(Patrimytheas,希腊语 Patermutheus)和以利亚
的信仰表白(简称:保罗等四人的信仰表白)
迫害的第七年

以禄月(Ilul)③的第十九日,在巴勒斯坦的费亚诺④,上帝的殉
道者们一起经受了惊人的考验,汇合成一场壮观的表演。所有的
勇士都是完美无缺的,他们的数量大约有 150 人,其中的埃及人超
过了 100 人。起初,他们的右眼都被利剑刺瞎,左腿被烙铁灼残,
之后便被遣送到矿区去挖铜。巴勒斯坦本地的人也经受了同样的
苦难,他们一起被集中在一个叫萨亚拉(Zauara)⑤的地方,很像是
一个由许多人组成的集会。还有不少人从其他地方赶来探望他
们,陪伴他们,照料他们的日常所需,并用爱去弥补他们缺失。他
们整天都忙于祈祷,作圣事,教课和读经。所有发生在他们身上的
苦难,都被他们看作是一种愉悦,就如同是参加节日的聚会。但上
帝的敌人和邪恶的嫉妒者无法容忍这一切,立刻派出了一个名叫
杜克斯(Dux)的罗马将军前来对付他们。首先,他把他们彼此分

---

① 希腊文本在此处还记述了他被菲米里亚努斯判处死刑,被刀剑砍死。接着有一
　章专述发生在该教会各高级教士身上的事情。
② 希腊文本上的名字是 Πηγευς,在此处和在《教会史》第 8 卷第 13 章中的写法均
　是如此。
③ 犹太历中的第六个月,相当于公历 8—9 月间。——中译者
④ 优西比乌在《论圣经地名》一书中描述了此地:Φινων, ην κατψκησεν Ισραηλ επι του
　ερημιου ην δε και πολις Εδωμ. αυτη εστι Φαινον, ενθα τα μεταλλα του χαλκου, μεταξυ κειμενη
　Πετρης πολεως και Ζουρων. 阿塔纳修斯也写道:μεταλλον ουχ απλως, αλλα εις το του
　Θαιω, ενθα και φονευς καταδικαξομενος ολιγας ημερα μογις δυναται ζησατ. 见里丁对优
　西比乌此处所言的注释。
⑤ 即为 Zoura,优西比乌在前一个注释中提到过它,现在为 Zara, Zora, 或 Zoara.
　参看 Van de Velde, Memoir to Map of the Holy Land,第 354 页。

p.50

47

开：有的人留在萨亚拉这个不幸的地方，有的人被遣送到出产铜矿的费亚诺，其他人则被送到别的地方去。之后，杜克斯从流放到费亚诺的那群人中，挑出了四位出类拔萃的人，目的是为了杀一儆百。他们在被带去审讯之后，却没有人流露出伤心的样子。这位无情的法官认为，没有任何惩罚手段比火更厉害的了，于是就判处上帝神圣的殉道者经受这种死刑。他们一旦被带到火堆前面，便毫不畏惧地扑向大火，把自己当作一种比所有香火和奠酒更为合意的祭物，把自己的躯体当作比所有祭物更为优越的燔祭献给了上帝。他们之中有两位是主教，即保罗和尼鲁斯，另两位则是平信徒，即帕特米修斯①和以利亚，这四位都是埃及人。他们全心全意地热爱上帝那崇高的哲学②，把自己奉献出来，如同把金子放在火炉里去净化。给予弱者以力量、给予苦难者以加倍安慰的主，认定他们配得上天国的生命，因此让他们与天使们为伴。

希尔瓦努斯及其同伴的信仰表白
迫害的第八年

蒙福的希尔瓦努斯来自加沙③，是一名老兵。因退役之后的生活与他的习惯格格不入，他于是应征成为基督的一名优秀士兵。他是一个极其温顺的人，性情开朗，信仰单纯而又真挚。作为加沙城的一名教会长老④，他的行为合礼，举止有方。由于争夺生命的

p.51 考验已经落到了基督士兵的身上，他作为一位高贵的老人，走下体

---

① 这里写作"Patermytheus"，在上面则为 *Patrimytheas*，用叙利亚文字拼写专有名称时，往往会出现前后不一致。

② 即基督徒的宗教。在《教会史》中随处可见。

③ 巴勒斯坦西南端的城市，靠近埃及边境和地中海，为巴勒斯坦重要的海上门户。——中译者

④ 希腊文本为 ων ηγειτο εκ της Γαζαιων επισκοπος ορμωμενος Ειλβανος。《教会史》第8卷第13章：επισκοπος των αμφι την Γαζαν εκκλησιων。在《巴勒斯坦殉道者》的希腊文本第7章中，作者对此人的叙述与此相一致："他那时是加沙的长老，后来升迁至主教（Σιλβανον ειτ δη τοτε οντα πρεσβυτερον, ομολγησαντα, ον ουκ εις μακρον επιοκοπη τιμηθηναι συνεβη）。"

206

育场,在恺撒利亚民众的面前,英勇地作出了第一次信仰表白,因而遭受到鞭打的折磨。在勇敢地忍受住这一皮肉之苦之后,他又投入了第二次战斗,在此次冲突中,这位老人像一名小伙子那样,经受住了对其两肋所施行的刮刑。在第三次抗争中,他被遣送到铜矿区去服劳役。在其悠长的一生中,他均经受住了大量的考验。 48 他被公认为配得上主教职位,他也以忠实履行职责而使自己名声大震。在依雅尔月(Iyar)①的第四日,天国的大门向他完全打开,这位蒙福之人与一群殉道者一起升了上去,他并不孤独,因为有一群勇士跟随着他。一道邪恶的命令突然颁布下来②:矿区里的老、弱、病、残和一切失去劳动能力的人,都要被用刀剑处死。上帝的殉道者们在同一天里都被斩首,他们总共有 40 人③,其中许多是埃及人④,但他们的领袖和向导就是殉道者希尔瓦努斯主教,他是上帝真正赐福和深爱的人。

在叙述到此处时,我要告诉你们上帝是如何在短时间内报复那些邪恶的统治者的,他们很快就遭受到对他们罪恶的报应。那个用野蛮手段对待这些上帝的殉道者的人,就像一只穷凶极恶的野兽,遭受到一种极其可怕的惩罚:在当时掌权的皇帝的命令下,死于残忍的野兽的爪下⑤。其他人也都以各种方式不得善终,因为自己的罪过而得到了应有的惩处。

至此,我已经讲述了整场迫害期间巴勒斯坦人的经历。所有这

---

① 犹太历中的第二个月,相当于公历 4—5 月间。——中译者
② 希腊文本说,此命令是马克西敏下达的。
③ 希腊文本则为"39 人"。
④ 希腊文本在此处还添加了一个叫约翰的人的记录,此人甚能记诵经文,据优西比乌说,当他看到约翰站起来,为会众朗读部分经文时,他以为约翰是看着经文读的,等到他走近时,才发现约翰是个盲人。
⑤ 这里不清楚是指谁。可能作者指的是菲米里亚努斯,他在上文曾用诅咒的措词提到这个性情野蛮、极端残忍的人,见第 27、29 页,在希腊文本中也叙述了他的死亡,虽然在此被略去了。见上面对第 45 页第 32 行的注释,并见第 84 页。也有可能作者指的是马克西敏,在《教会史》第 9 卷第 10 章中描述过他的死亡。

p. 52 些人都是蒙福的上帝殉道者，在我们的时代里赢得了胜利。他们鄙夷这短暂的人生，珍惜对上帝的崇拜远远超过其他事物，并获得了拥有福音的希望，这希望既是隐匿不扬的，又是凡人肉眼所看不见的。

啊！基督王国里蒙福的信仰表白者们，如同金子一样受到过考验，结果以他们经受的磨难，证明了他们的正义和卓越，他们获得了与天使们同在天上的地位，并得到了发自天上的胜利召唤及对隐藏之福音的应许——"上帝为爱他的人所预备的，是眼睛未曾看见，耳朵未曾听见，人心也未曾想到的"。

记述巴勒斯坦神圣的信仰表白者胜利的篇章就此结束。

附录

Certamen SS. Martyrum Pamphili et
Sociorum ex Symeone Metaphraste.

I. " Tempus invitat ad omnibus enarrandum magnum et gloriosum spectaculum Pamphili et sociorum, virorum admirabilium, cum eo consummatorum, et qui ostenderunt multiplicia certamina pietatis. Atque cum plurimi in nobis cognita persecutione se fortiter gesserint, eorum de quibus agimus rarissimun certamen quod nos cognovimus, conscripsimus, quod in se simul omne genus aetatis et corporis et animi vitaeque diversorum studiorum est complexum, variis tormentorum generibus, et diversis in perfecto martyrio coronis exornatum. Licebat enim videre quosdam adolescentes et pueros, atque adeo plane infantes, ex illis qui erant ex ipsis, alios autem pubescentes, cum quibus erat Porphyrius, corpore simul vigentes et prudentia, nempe mihi carissimum Jamnitem Paulum, Seleucumque et Julianum, qui ambo orti erant ex terra Cappadocum. Erant autem inter eos sacris quoque canis et profunda ornati senectute, Valens quidam diaconus ecclesiae Hierosolymitanae, et cui verum nomen obtigerat, Theodulus.

II. Atque haec quidem fuit in eis aetatum varietas. Animis autem inter se differebant. Nam alii quidem erant rudiores, utpote pueri, et quibus erat ingenium adhuc tenerius et simplicius, alii vero severi et morum gravitate praediti. Erant autem inter eos quoque nonnulli disciplinarum sacrarum non ignari. Aderat vero omnibus congenita, insignis et admirabilis animi fortitudo. Veluti autem quoddam in die resplendens luminare in astris fulgentibus, in medio eorum eminebat meus Dominus, non est enim fas mihi aliter appellare divinum et plane beatissimum Pamphilum. Is enim et eruditionem, quae habetur apud Graecos in admiratione, non modice attigerat, et in divinorum dogmatum et divinitus inspiratarum scripturarum eruditione, si quid audacius, sed verum dicendum est, ita erat exercitatus, ut nullus aeque ex iis qui erant suo tempore. Quod autem erat his longe majus et praestantius, habebat donum, nempe domi natam, vel potius ei a Deo datam, intelligentiam et sapientiam.

III. Et quod ad animum quidem attinet, omnes ita se habebant. Vitae autem conditionis et conversationis erat inter eos plurima differentia, cum Pamphilus quidem duceret genus secundum carnem ex iis qui erant honesto loco nati, fuisset autem insignis in republica gerenda in patria sua; Seleucus vero fuisset insigniter ornatus militiae dignitatibus; alii autem nati essent ex mediocri et communi loco. Non erat eorum chorus nec extra servilem conditionem. Nam et ex praesidis domo in eorum numerum relatus erat Theodulus, et Porphyrius, qui specie quidem erat Pamphili famulus; is autem ipsum affectione habebat loco fratris, vel germani potius filii, ut qui nihil omitteret, quo minus imitaretur dominum. Quid aliud? Si quis dixerit in summa, eos ecclesiastici coetus typum esse complexos, is non procul abfuerit a veritate, cum inter eos presbyterio quidem dignatus esset Pamphilus; Valens vero diaconatu, et alii sortiti essent locum eorum, qui e multitudine consueverunt legere, et confessionibus per fortissimam flagrorum tolerantiam diu ante in martyrio praeclarissime se gessisset Seleucus, et militaris dignitatis amissionem fortiter excepisset, et reliqui deinde per catechumenos et fideles reliquam implerent similitudinem innumerabilis ecclesiae, ut in parva imagine.

IV. Sic adspexi admirabilem tam multorum et talium martyrum electionem, qui etsi non essent multi numero, nullus tamen aberat ex iis ordinibus, qui inveniuntur inter homines. Quomodo autem lyra, quae multas habet chordas, et ex chordis constat dissimilibus, acutis et gravibus, remissisque et intensis, et mediis, arte musica concinne adaptatis omnibus, eodem modo in his adolescentes simul et senes, servi simul et liberi, eruditi et rudes, obscuri generis homines, ut multis videbatur, et gloria insignes, fideles simul cum catechumenis, et diaconi simul cum presbyteris. Qui omnes tanquam a sapientissimo musico, nempe Dei verbo unigenito, varie pulsati, et quae erat in ipsis potentiae unusquisque per tormentorum tolerantiam, hoc est confessionem, ostendentes virtutem, et clarissimos numerososque, et concinnos sonos edentes in judiiciis, uno et eodem fine in primis piam et longe sapientissimam, per Martyrii consummationem, Deo universorum impleverunt melodiam.

V. Opera pretium autem est admirari virorum quoque numerum, qui significat propheticam quamdam et apostolicam gratiam. Contigit enim omnes esse duodecim, quo numero patriarchas et prophetas et apostolos fuisse accepimus. Non est autem praetermittenda uniuscujusque singulatim laboriosa fortitudo, laterum lacerationes, et cum pilis caprinis laceratarum corporis partium attritiones, et flagella immedicabilia, multipliciaque et varia tormenta, gravesque et toleratu difficiles cruciatus, quos, jubente judice, manibus et pedibus infligentes satellites, vi cogebant martyres aliquid facere eorum quae prohibita.

VI. Quid opus est dicere memoriae perpetuo mandandas voces virorum divinorum, quibus labores nihil curantes, laeto et alacri vultu respondebant judicis interrogationibus, in ipsis tormentis ridentes viriliter, et bonis moribus ludificantes ejus percontationes? Cum enim rogasset undenam essent, mittentes dicere, quam in terris habebant civitatem, ostendebant eam, quae vere est eorum patria, dicentes se esse ex Hierusalem. Indicabant vero eadem sententia Dei quoque caelestem, ad quam tendebant, civitatem, et alia quae sunt ejusmodi, ignota quidem et quae non possunt perspici ab iis, qui sacras literas non gustarunt, eis autem solis qui a fide divina sunt incitati, aperta adducebant. Propter quae judex indignatus, et valde animo cruciatus, et plane quid ageret dubius, varia, ne vinceretur, in eos operabatur. Deinde cum a spe cecidisset, concessit unicuique auferre praemia victoriae. Erat autem varius modus eorum mortis, cum duo quidem inter eos catechumeni, consummati sint baptismo ignis, alius vero fuerit traditus figurae salutaris passionis, qui autem erat mihi carus, fuerit diversis braviis redimitus.

Ⅶ. Atque haec quidem dixerit quispiam, horum magis faciens universam mentionem, singulatim autem unumquemque persequens, merito beatum pronuntiarit eum, qui in choro primum locum obtinet. Is autem erat Pamphilus, vir revera pius, et omnium, ut semel dicam, amicus et familiaris, re ipsa nomen sibi impositum verum esse ostendens, Caesariensium ecclesiae ornamentum. Nam presbyterorum quoque cathedram, cum esset presbyter, honestabat, ut qui simul ornaret ministerium et ex eo ornaretur. Quinctiam aliis quoque erat divinus et divinae particeps inspirationis, quoniam tota sua vita fuit maxime insignis virtute, multum quidem jubens valere delicias et copiam divitiarum, cum se totum dedicasset Dei verbo, renuntians quidem iis quae ad ipsum redibant a majoribus, nudis, mancis, et pauperibus omnia distribuit. Ipse autem degit in vita, quae nihil possidebat, per valentissimam exercitationem, divinam persequens philosophiam. Atque ortus quidem erat ex Berytensium civitate, ubi in prima aetate educatus fuerat in illis, quae illic erant, studiis litterariis. Postquam autem ejus providentia ad virilem pervenisset aetatem, transiit ab iis ad sacrarum litterarum scientiam. Assumpsit vero mores divinae et propheticae vitae, et ipse se verum Dei martyrem exhibuit etiam ante ultimum vitae finem. Sed talis quidem erat Pamphilus.

Ⅷ. Secundus autem post ipsum accessit Valens ad certamen, qui senili, et quae decet sacerdotem, erat ornatus canitie, ipsoque aspectu venerandus et sacro-sanctus senex; qui etiam divinarum scripturarum sciens, ut si quis alius, eas quidem certe ita erat complexus memoria, ut a lectione nihil discreparent, quae memoriae mandatae ab eo conservabantur, sacrosanctorum discipulorum promissiones. Erat autem diaconus, etsi esset hujusmodi, ecclesiae Eliensium.

Tertius in eorum numerum relatus erat Paulus, qui, vir acerrimus et spiritu fervens, agnoscebatur ex civitate Iamnitarum: qui etiam in martyrio per cauterii tolerantiam susceperat certamen confessionis.

IX. His in carcere duobus annis contritis, martyrii occasio fuit Aegyptiorum adventus, qui etiam cum eis fuêre consummati. Ii autem cum vel sic valde afflicti, in metallis usque ad loca pervenissent, domum revertebantur. Qui, cum in ingressu portae Caesariensium interrogati essent a custodibus, quinam essent et unde venirent, et nihil veri celassent, dixissent antem se esse Christianos; perinde ac malefici in ipso furto deprehensi, vincti sunt et comprehensi; erant vero quinque numero. Ad Praesidem autem adducti, et coram eo libere locuti, in vincula quidem statim conjiciuntur: die autem sequente, qui erat sextus decimus mensis Peritii, more vero Romano quartus decimus Calend. Martii, hos ipsos cum Pamphilo et sociis adducunt ad Firmillianun. Ille autem Aegyptiorum solum periculum fecit ante tormenta, omni ratione eos exercens. Atque eorum quidem principem, quum adduxisset in medium, rogavit quisnam esset, et unde? Qui cum pro proprio nomine quoddam propheticum audisset (hoc autem fiebat ante alia, ut qui pro patriis eis impositis idolicis nominibus sibi prophetica nomina impossuissent, ut qui Eliam, et Hieremiam, Esaiam, Samuelem et Danielem ipsi seipsos nomlnarent, et qui est in occulto, Judaeum et germanum Israelitem, non solum factis, sed etiam vocibus proprie enunciatis judicarent).

X. Cum tale ergo Judex audivisset a martyre, vim autem nominis non attendisset, secundo rogavit, quaenam esset ejus patria? Ille vero caelestem Hierusalem dixit esse suam patriam, illam intelligens de qua dictum est Paulo. 'Quae sursum est Jerusalem est libera, quae est mater nostra. ' Et ' accessistis ad montem Sion et civitatem Dei viventis, Hierusalem caelestem. ' Et hic quidem hanc cogitabat: ille autem humi suam abjiciens cogitationem, quaenam haec esset, et ubi terrarum sita esset, accurate perscrutabatur, atque adeo ei etiam inferabat tormenta, ut verum fateretur. Hic vero dum torqueretur, se verum dixisse affirmabat. Deinde eo haec rursus et saepe sciscitante quaenam esset, et ubi sita esset dicta civitas Hierusalem? solum dicebat eam esse patriam Christianorum; nullos enim alios praeter eos esse ejus participes, sitam autem esse ad orientem et ad ipsam lucem et solem. Atque hic quidem rursus per haec mente sua philosophabatur, nihil sentiens eos, qui circumcirca ipsum tormentis afficiebant. Tanquam autem carnis expers et incorporeus, nihil videbatur pati molestum. Judex vero animi dubius, odio cruciabatur, et existimans Christianos hanc sibi civitatem, quae esset infesta Romanis, constituisse, valde urgebat tormentis, et curiose scrutabatur eam, quae dicta fuerat, civitatem, et quae est in Oriente, inquirebat regionem. Cum autem adolescentem, diu caesum flagellis, videret non posse dimoveri ab iis, quae prius dixerat, statuit in eum ferre sententiam capitis.

XI. Et in eum quidem res hoc modo processit: reliquos autem Aegyptios cum simili palaestra exercicuisset, similem quoque in eos fert sententiam. Deinde cum ab his transisset ad Pamphil? m, accepit quod ii jam prius essent plurima experti tormenta. Absurdum autem esse arbitratus, eosdem iisdem rursus afficere tormentis, et frustra laborare, hoc solum est percontatus, an nunc saltem obedirent? Cum vero ab unoquoque eorum andiisset ultimam vocem martyrii, in eos similiter fert sententiam capitis.

XII. Nondum autem dictum universum absolverat, et alicunde exclamat quidam adolescens ex familia Pamphili, et ex media turba accedens in medium eorum, qui circumsidebant judicium, alta voce corpora eorum petiit sepulturae. Is autem erat beatus Porphyrius, Pamphili germanum pecus, nondum totos octodecim annos natus, recte scribendi scientiae peritus, modestia vero morum has laudes celans, ut qui a tali viro fuisset institutus. Is, postquam adversus dominum latam cognovit sententiam, exclamavit ex media multitudine, Corpora rogo, ut humi mandentur. Ille autem non homō, sed fera, et quavis fera agrestior, neque honestam et rationi consentaneam admittens petitionem, neque juvenili aetati dans veniam, cum hoc solum intellexisset, eum fateri se esse Christianum, jubet tortoribus ut totis viribus in eum uterentur. Cum vero, eo jubente, sacrificare recusasset vir admirandus, non utique tanquam carnem hominis, sed tanquam lapides et lignum, aut aliquid aliud inanimum usque ad ipsa ossa et ima viscera jubet eum torquere et corpus ejus caedere. Cum autem hoc diu fieret, agnovit se hoc frustra aggredi, cum propemodum mutum et inanimum effectum esset corpus generoso Martyri. Perseverans vero Judex in saevitia et inhumanitate, iubet latera tormentis exagitata, pilorum textis amplius atteri. Deinde cum sic eum cepisset satietas et furore esset exsatiatus, pronunciat sententiam ut tradatur lento et molli igni. Atque hic quidem, cum ante Pamphili consummationem postremus accessisset, prior e corpore excessit ad Dominum.

XIII. Licebat autem videre Porphyrium, non secus affectum quam victorem in sacris certaminibus, qui in omnibus pugnis evaserat superior, corpore pulverulentum, vultu laetum, audenter et exultando ad mortem progredientem, re vera plenum divino spiritu. Philosophico autem habitu suo indumento amictus instar superhumeralis, rursum aspiciens et omnia humana despiciens, sicut vitam mortalem, quieto animo accedit ad rogum. Cum jam flamma ei appropinquaret, et tanquam nihil ei adesset molestum, sana mente et nulla affecta perturbatione de rebus suis mandavit suis necessariis, adhuc vultum et universum corpus laetum conservans et immutatum. Postquam autem notos suos satis allocutus, eos valere jussit, jam de caetero contendebat ad Dominum. Cum vero rogus, satis lòngo spatio disjunctus, circa eum esset accensus, hinc et illinc ore flammam arripiebat, se ipsum incitans ad iter propositum. Hoc autem faciebat nihil aliud quam Jesum invocans. Tale est certamen Porphyrii.

XIV. Cum ejus autem consummationis Pamphilo nuncius fuisset Seleucus, dignus. habetur, cui sors eadem cum eis obtingeret. Cum primum itaque renuntiasset Pamphilo exitum Porphyrii, et uno osculo salutasset Martyres, comprehendunt eum milites et ducunt ad

Praesidem. Ille autem perinde ac urgens, ut ipse abiret simul cum prioribus, jubet eum affici supplicio capitis. Is erat ex regione Cappadocum, cum autem militia se praeclare gessisset, ad non parvos gradus dignitatum pervenerat in Romano exercitu. Quin etiam statura, viribusque et magnitudine corporis, reliquos omnes longe superabat: ipso quoque aspectu erat omnibus suspiciendus, et tota forma corporis plane admirabilis, tam propter magnitudinem quam propter pulchritudinem. Atque in principio quidem persecutionis, per flagellorum perpessionem clarus extitit in certaminibus confessionis. Postquam autem fuerat liberatus a militia, seipsum constituens aemulatorem eorum, qui se exercent in pietate, efficitur Christi germanus miles, orphanorum desertorum et viduarum, quae carebant praesidio, eorumque qui paupertate opprimebantur et imbecillitate, tanquam episcopus quispiam et procurator, curam gerens et instar diligentis et soliciti patris, omnium, qui abjecti erant, labores recreans et affectiones. Quamobrem merito Deo his magis laetante quam quae per fumum et sanguinem fiunt, sacrificiis, dignus fuit habitus consummatione, quae fit per martyrium. Hic decimus athleta cum iis, qui dicti sunt, consummatus fuit uno eodemque die: in quo, ut est coiisentaneum, maxima Pamphili martyrio porta coelorum aperta, facilis et expeditus ei fuit aditus regni coelorum.

XV. Seleuci institit vestigiis Theodulus quidam, venerandus et pius senex, qui primum honoris locum obtinuerat inter servos praesidis, et morum et aetatis gratia, et quod trium filiorum esset pater, et maxime propter benevolentiam quam conservabat in suos. Is autem, cum similiter fecisset atque Seleucus, et quendam ex martyribus salutasset osculo, adducitur ad dominum. Quem cum magis ad iram irritasset quam alii, salutaris passionis cruci traditus, subiit martyrium.

XVI. Cum post hos unus adhuc restaret, qui inter eos, qui dicti sunt, numerum impleret duodecimum, eum impleturus aderat Julianus. Is, cum ea ipsa hora rediisset ex peregrinatione, ne ingressus quidem civitatem, ita ut erat ex itinere, hoc audito profectus ad videndos martyres, postquam adspexit sanctorum corpora humi jacentia, gaudio repletus, unumquemque amplectitur, omnes salutans osculo. Eo autem adhuc agente, eum comprehendunt lictores et adducunt ad praesidem. Impius vero suo instituto faciens consentanea, eum quoque tradit lento igni. Sic itaque Julianus laetans et exultans, et magna voce Deo, qui tantis bonis eum erat dignatus, agens gratias, assumptus fuit in choros martyrum. Erat autem is quoque genere quidem Cappadox, moribus plenus quidem pietate, plenus et fide, vir mitis et mansuetus, et alioqui vir bonus, et spirans bonum odorem Sancti Spiritus. Tanta turba comitatus, dignatus fuit consummatione martyrii cum beatissimo Pamphilo.

Et quatuor quidem dies et totidem noctes jussu Firmilliani sanctissima martyrum corpora exposita fuerunt bestiis carnivoris. Cum autem Dei providentia nihil ad eos accessisset, non fera, non avis, non aliquid aliud, sed sana permansissent et integra, justum et convenientem honorem consecuta, consuetae mandata sunt sepulturae, reposita in pulchris templorum aedibus, et sacris traditae oratoriis ad perpetuam memoriam, ut honorarentur a populo, ad gloriam Christi, veri Dei nostri. ”

《优西比乌:生平、作品及声誉》索引
(索引中的页码为原书页码,即本书边码)

《巴勒斯坦殉道者史》索引

（索引中的页码为原书页码，即本书边码）

上海三联人文经典书库

已出书目

（上、下）　［美］亨利·富兰克弗特　著　郭子林　李　岩　李
　　凤伟　译

15.《大学的兴起》　［美］查尔斯·哈斯金斯　著　梅义征　译

16.《阅读纸草，书写历史》　［美］罗杰·巴格诺尔　著　宋立宏
　　郑　阳　译

17.《秘史》　［东罗马］普罗柯比　著　吴舒屏　吕丽蓉　译

18.《论神性》　［古罗马］西塞罗　著　石敏敏　译

19.《护教篇》　［古罗马］德尔图良　著　涂世华　译

20.《宇宙与创造主：创造神学引论》　［英］大卫·弗格森　著
　　刘光耀　译

21.《世界主义与民族国家》　［德］弗里德里希·梅尼克　著　孟
　　钟捷　译

22.《古代世界的终结》　［法］菲迪南·罗特　著　王春侠　曹明
　　玉　译

23.《近代欧洲的生活与劳作（从 15—18 世纪）》　［法］G. 勒纳尔
　　G. 乌勒西　著　杨　军　译

24.《十二世纪文艺复兴》　［美］查尔斯·哈斯金斯　著　张　澜
　　刘　疆　译

25.《五十年伤痕：美国的冷战历史观与世界》（上、下）　［美］德瑞
　　克·李波厄特　著　郭学堂　潘忠岐　孙小林　译

26.《欧洲文明的曙光》　［英］戈登·柴尔德　著　陈　淳　陈洪
　　波　译

27.《考古学导论》　［英］戈登·柴尔德　著　安志敏　安家瑗
　　译

28.《历史发生了什么》　［英］戈登·柴尔德　著　李宁利　译

29.《人类创造了自身》　［英］戈登·柴尔德　著　安家瑗　余敬
　　东　译

30.《历史的重建：考古材料的阐释》　［英］戈登·柴尔德　著
　　方　辉　方堃杨　译

31.《中国与大战：寻求新的国家认同与国际化》　［美］徐国琦
　　著　马建标　译

32.《罗马帝国主义》　［美］腾尼·弗兰克　著　宫秀华　译

33.《追寻人类的过去》 〔美〕路易斯·宾福德 著 陈胜前 译

34.《古代哲学史》 〔德〕文德尔班 著 詹文杰 译

35.《自由精神哲学》 〔俄〕尼古拉·别尔嘉耶夫 著 石衡潭 译

36.《波斯帝国史》 〔美〕A. T. 奥姆斯特德 著 李铁匠等 译

37.《战争的技艺》 〔意〕尼科洛·马基雅维里 著 崔树义 译 冯克利 校

38.《民族主义:走向现代的五条道路》 〔美〕里亚·格林菲尔德 著 王春华等 译 刘北成 校

39.《性格与文化:论东方与西方》 〔美〕欧文·白璧德 著 孙宜学 译

40.《骑士制度》 〔英〕埃德加·普雷斯蒂奇 编 林中泽 等译

41.《光荣属于希腊》 〔英〕J. C. 斯托巴特 著 史国荣 译

42.《伟大属于罗马》 〔英〕J. C. 斯托巴特 著 王三义 译

43.《图像学研究》 〔美〕欧文·潘诺夫斯基 著 戚印平 范景中 译

44.《霍布斯与共和主义自由》 〔英〕昆廷·斯金纳 著 管可秾 译

45.《爱之道与爱之力:道德转变的类型、因素与技术》 〔美〕皮蒂里姆·A. 索罗金 著 陈雪飞 译

46.《法国革命的思想起源》 〔法〕达尼埃尔·莫尔内 著 黄艳红 译

47.《穆罕默德和查理曼》 〔比〕亨利·皮朗 著 王晋新 译

48.《16 世纪的不信教问题:拉伯雷的宗教》 〔法〕吕西安·费弗尔 著 赖国栋 译

49.《大地与人类演进:地理学视野下的史学引论》 〔法〕吕西安·费弗尔 著 高福进 等译

50.《词与物》(修订译本)〔法〕福柯 著 莫伟民 译 (即出)

51.《希腊化文明与犹太人》 〔以〕维克多·切利科夫 著 石敏敏 译

52.《古代东方的艺术与建筑》 〔美〕亨利·富兰克弗特 著 郝海迪 袁指挥 译

53.《欧洲的宗教与虔诚:1215—1515》 〔英〕罗伯特·诺布尔·斯旺森 著 龙秀清 张日元 译

54.《中世纪的思维:思想情感发展史》 〔美〕亨利·奥斯本·泰勒 著 赵立行 周光发 译

55.《论成为人:神学人类学专论》 〔美〕雷·S.安德森 著 叶汀 译 王作虹 校

56.《自律的发明:近代道德哲学史》 〔美〕J.B.施尼温德 著 张志平 译

57.《城市人:环境及其影响》 〔美〕爱德华·克鲁帕特 著 陆伟芳 译

58.《历史与信仰:个人的探询》 〔英〕科林·布朗 著 查常平 译

59.《以色列的先知及其历史地位》 〔英〕威廉·史密斯 著 孙增霖 译

60.《欧洲民族思想变迁:一部文化史》 〔荷〕叶普·列尔森普 著 周明圣 骆海辉 译

61.《有限性的悲剧:狄尔泰的生命释义学》 〔荷〕约斯·德·穆尔 著 吕和应 译

62.希腊史 〔古希腊〕色诺芬 著 徐松岩 译注

63.罗马经济史 〔美〕腾尼·弗兰克 著 王桂玲 杨金龙 译

64.《修辞学与文学讲义》 〔英〕亚当·斯密 著 朱卫红 译

65.《从宗教到哲学:西方思想起源研究》 〔英〕康福德 著 曾琼 王涛 译

66.《中世纪的人们》〔英〕艾琳·帕瓦 著 苏圣提 译

67.《世界戏剧史》〔美〕G.布罗凯特 J.希尔蒂 著 周靖波 译

68.《20世纪文化百科词典》 〔俄〕瓦季姆·鲁德涅夫 著 杨明天 陈瑞静 译

69.《英语文学与圣经传统大词典》 〔美〕戴维·莱尔·杰弗里(谢大卫)主编 刘光耀 章智源等 译

70.《刘松龄——旧耶稣会在京最后一位伟大的天文学家》 〔美〕斯坦尼斯拉夫·叶茨尼克 著 周萍萍 译

71.《地理学》〔古希腊〕斯特拉博 著 李铁匠 译

72.《马丁·路德的时运》 〔法〕吕西安·费弗尔 著 王永环

肖华锋　译

73.《希腊化文明》　[英]威廉·塔恩　著　陈　恒　倪华强　李
月　译

74.《优西比乌:生平、作品及声誉》　[美]麦克吉佛特　著　林中
泽　龚伟英　译

欢迎广大读者垂询,垂询电话:021－24175971

图书在版编目（CIP）数据

优西比乌:生平、作品及声誉/（美）麦克吉佛特著；林中泽，龚伟英译. —上海：上海三联书店，2015.4
（上海三联人文经典书库）
ISBN 978 - 7 - 5426 - 5121 - 1

Ⅰ.①优…　Ⅱ.①麦…②林…③龚…　Ⅲ.①该撒利亚的优西比乌(265～340)-传记-英文　Ⅳ.①B979.9

中国版本图书馆 CIP 数据核字(2015)第 053586 号

优西比乌:生平、作品及声誉

著　者 / ［美］麦克吉佛特
译　者 / 林中泽　龚伟英
责任编辑 / 殷亚平
装帧设计 / 鲁继德
监　制 / 李　敏
责任校对 / 张大伟

出版发行 / 上海三联书店
　　　　（201199)中国上海市都市路 4855 号 2 座 10 楼
网　　址 / www.sjpc1932.com
邮购电话 / 24175971
印　　刷 / 上海叶大印务发展有限公司

版　　次 / 2015 年 4 月第 1 版
印　　次 / 2015 年 4 月第 1 次印刷
开　　本 / 640×960　1/16
字　　数 / 150 千字
印　　张 / 16
书　　号 / ISBN 978 - 7 - 5426 - 5121 - 1/K · 316
定　　价 / 38.00 元

敬启读者，如发现本书有印装质量问题，请与印刷厂联系 021 - 66019858